UNE HISTOIRE POPULAIRE DU

PSG

34-36, rue La Pérouse
75116 Paris

Couverture et mise en page : Emmanuel Pinchon
Crédits photos : © Pressesports
ISBN : 9782755643305
Dépôt légal : octobre 2019
Imprimé en Espagne

UNE HISTOIRE POPULAIRE DU

PSG

1970-2020 :
50 ans de passion

PARIS UNITED

Clément Pernia, Jean-Baptiste Guégan et Mustapha Boullime

Hugo Sport

« Ô Ville Lumière… »

« Devenir ce que nous sommes. »

SOMMAIRE

INTRODUCTION

« Tout ce qui vient du Paris Saint-Germain m'enchante. J'ai presque envie de vous dire que je suis souvent triste. J'ai connu des moments merveilleux, extraordinaires, mais c'est vrai que là je me sens un peu mal à l'aise parce que je sais que plus jamais je ne pourrai travailler, m'amuser, vivre avec le PSG. Il m'arrive d'être triste, de temps en temps très gai. Le PSG est quelque chose d'extraordinaire, c'est tout mon amour. Il n'y a rien qui me soit arrivé de mieux. » Ces mots de Francis Borelli pourraient résumer à eux seuls l'histoire que nous allons vous raconter.

Celle de cet homme ayant embrassé la pelouse du Parc, cette *terre bénie* comme il la qualifiait, pour le premier trophée de l'histoire du Paris Saint-Germain en 1982. Le premier d'une longue série faisant du club de la capitale le plus titré du pays, et par là-même le plus grand, alors qu'il s'apprête à souffler ses cinquante bougies. L'histoire que nous allons vous raconter est celle d'un anniversaire, c'est aussi celle d'une enceinte située entre porte d'Auteuil et porte de Saint-Cloud, un Parc et ses plus de 45 000 princes.

Le rituel *Who Said I Would* de Phil Collins à l'entrée des joueurs. Michel Montana le micro en main, au bord d'une pelouse où résonnent chants d'Auteuil et de Boulogne, tifos et fumigènes. Une arène où les artistes se sont succédés. Le premier s'appelait Mustapha Dahleb, il a aujourd'hui 67 ans, quarante ans de plus que Neymar, le génie brésilien héritier au Parc de Raï et Ronaldinho. Des artistes, des légendes et des capitaines laissant derrière eux une passion toujours intacte, des supporters on ne peut plus fidèles durant ces cinq décennies qui nous lient, capables de faire des heures de transport en plein hiver pour se rendre au Camp des Loges, dans l'attente d'un autographe ou d'une photo de leur joueur préféré. L'apercevant parfois, lui parlant rarement. Souvent lui ne s'arrête pas. Cela ne fait rien. Le PSG génère l'irrationnel. Club de la Ville Lumière, il illumine le cœur de ses fans, avant de les briser tous un par un.

Parce qu'il est Paris, il est aimé et détesté. Il est Safet Susic et Marco Verratti. Puissant et arrogant mais porté par une ferveur inébranlable, il est un objet bien singulier.

Le PSG est usant mais sans lui rien ne se passe. Il est amour en sa présence et tristesse en son absence. Les larmes de Raï et de Pauleta à leurs adieux au Parc sont ce manifeste d'une passion indéfectible, d'un trop plein mais aussi probablement d'une peur du vide. Comment faire sans ? Personne n'a la réponse. Juin et juillet sont les deux pires mois de l'année. Le Parc a fermé ses portes, sans savoir si ses princes reverront leurs idoles évoluer sous un maillot jamais plus beau que lorsqu'il se rapproche de la « tunique Hechter ». Un seul maillot, un seul stade et un seul amour. L'accepter ou s'en aller.

Vivre sous un tifo, derrière la fumée d'un fumigène ou d'un pétard. Grimper les premières marches et regarder par réflexe et impatience à travers les grilles ce qui se trame. Ici, chacun est enfant. Il ne reste que quelques marches. Celles qui vous emmènent au paradis… dans l'histoire du PSG.

PARTIE I

La naissance de notre club, la légende commence

(1970-1991)

1. LE MONDE D'AVANT

Il y eut un monde, des vies avant le PSG. L'époque est lointaine et déjà quinquagénaire. Beaucoup l'ont oublié. Nombreux sont ceux qui n'en ont aucune idée.
Elle remonte aux débuts de la décennie 1970, un temps où le football français de première division avait abandonné la capitale. La France était pompidolienne, en pleine croissance. Elle pleurerait bientôt le Général de Gaulle, celui qui descendit triomphalement le 26 août 1944 les Champs-Élysées en libérateur. L'heure d'une autre Victoire.
Ainsi allait commencer l'année première de notre histoire. De celles que l'on n'oublie jamais et que l'on arbore fièrement sur le blason qui orne nos poitrines gonflées d'espoir et d'orgueil : 1970. Le PSG n'était pas encore né qu'il avait déjà une histoire unique. D'autres diraient une destinée particulière.
Orphelins d'un club à supporter, d'un spectacle à partager et de couleurs à aimer, les amateurs parisiens de football cherchent l'objet de leur désir. En somme, une raison d'aimer.
À la fin des années 60, le football parisien a plus des allures de cimetière que de place forte du football français. Aucun club n'est présent en première division pour faire vibrer la montagne Sainte-Geneviève, animer les brasseries de Montmartre ou agiter la foule des Grands Boulevards. Le néant.
Or, ils sont nombreux ceux qui désirent faire coïncider leur amour pour leur ville et leur passion du ballon rond.
Les Trente Glorieuses vont bientôt finir. Les Verts règnent encore. Tandis que Rachid Mekhloufi continue d'illuminer la Division 1

de son talent, l'équipe de France désespère son monde. Et Paris est un désert du football français.
L'attente est pourtant forte, la demande évidente mais aucun club parisien n'a réussi jusque-là à se maintenir. Aucun n'est parvenu à survivre. Pire encore, aucun ne semble pouvoir briguer en première division le statut pourtant légitime de club de la capitale !
Paris a toujours été unique. Ici, définitivement, rien ne se passe comme ailleurs.

Dès le début des années 50, les capitales que sont Madrid et Lisbonne accumulent déjà leurs premières Coupes d'Europe des clubs champions dans leurs vitrines de trophées. Six pour l'ogre madrilène depuis 1955, deux pour le club lisboète (1961, 1962). Quant à Milan, dans les années suivantes, la capitale de la mode impose à l'Europe du football un modèle que l'on retrouve à Londres, Rome ou encore Manchester, celui d'une ville à plusieurs têtes. Dominant l'Europe du ballon rond au mitan des années 60, la cité lombarde règne en place forte du football européen avec ses deux clubs, l'Inter et le Milan AC. À eux deux, ils remportent à quatre reprises en dix ans la plus prestigieuse des compétitions de clubs.
Leurs derbys enflamment l'Europe et ils ne sont pas les seuls. Partout, les capitales et les grandes cités s'animent de leurs affrontements fraternels, de ces matchs où les couleurs des différents quartiers s'opposent pour conquérir la suprématie locale. La presse se déchaîne, les voisinages s'entrechoquent, les cœurs s'embrasent, les familles s'y déchirent. C'est plus qu'une question de football. C'est une question de suprématie locale. Sur le terrain et en dehors, l'affrontement fratricide des loyautés est à son paroxysme. Un maillot, un club, c'est une passion, un fragment de son identité, la preuve de ce que l'on est. Toutes les villes de football s'agitent et retiennent leur souffle. Ça lutte à Madrid, Turin ou en plein

cœur de la cité londonienne. Le parfum de derby règne, il flotte partout dans l'air léger des années 60.

Sauf à Paris où rien ne se passe ou presque.

Le football est pourtant partout et son centre de gravité change à chaque finale disputée. À Glasgow, la moitié de la ville se pâme devant le triomphe du Celtic face à l'Inter lors de l'édition 1967, tandis que le peuple des Rangers pleure sa rage. Bientôt viendra le temps de Rotterdam et d'Amsterdam. Quant à Paris, une nouvelle fois et c'est peu dire, il n'y a rien à raconter. Sauf la chronique d'une mort annoncée.
Ailleurs, le football européen offre aux enfants les repères qui font déjà son histoire. Les noms des entraîneurs victorieux Miguel Muñoz, Nereo Rocco ou Helenio Herrera résonnent dans tout le Vieux continent. Les unes des journaux se passionnent pour Alfredo Di Stéfano (Ballon d'Or 1957 et 1959), Ferenc Puskas, Eusébio (Ballon d'Or 1965) ou encore Gianni Rivera (Ballon d'Or 1969). Des Coupes de villes de foire jusqu'à la naissance de la plus grande des compétitions de clubs sous l'égide de Gabriel Hanot et Jacques Ferran, on ne déplore qu'un seul absent : le football parisien. Même les clubs anglais sont présents. À l'heure où le Royaume-Uni tente à nouveau d'intégrer la CEE, ce vide a des allures de néant.

La demande de football est pourtant là, vivace, intense. Comme le rappelle Jean-François Chenut, supporter de la première heure, *« Paris se désespérait. Colombes était silencieux et le Parc un chantier à ciel ouvert. »* La jeunesse des yéyés et des blousons noirs n'a plus d'équipe à supporter et à encourager. Elle trépigne tandis qu'à Saint-Étienne, Marseille ou Nantes, on s'enflamme. Le rock agite une jeunesse qui demande à « *changer la vie* ». Mais pour l'heure,

côté football, rien ne bouge. Pas de ballon rond à l'horizon. Sous les pavés, pas de pelouse.
À l'image de ce qu'est le football français d'alors, l'heure est à l'impuissance, à l'absence. En pleine période *Salut les copains*, l'époque se déchire pour savoir qui des Beatles et des Stones est le groupe le plus populaire. En terrasse des cafés parisiens, l'agitation étudiante des années 60 est encore sur toutes les lèvres. «*Il est interdit d'interdire*» résonne encore comme une promesse à réaliser. Pour une jeunesse qui ne demande qu'à s'enflammer une nouvelle fois, le Quartier latin est toujours aussi animé. Les relents de mai 68 sont encore présents dans l'air. Pour les amateurs de ballon rond, l'espoir d'une révolution a pourtant vécu : il n'y a plus de club à suivre dans la capitale, plus de passion ni de matchs dans ses stades. C'est à peine si le Stade de Reims, Nantes ou Saint-Étienne parviennent à combler les cœurs des Parisiens. Obligés de vibrer ailleurs, contraints de se passionner pour d'autres couleurs, pour eux, l'atmosphère est morose.
Nostalgiques de l'épopée des Bleus de 1958, confrontés à l'atonie de leur football, tous s'exaspèrent devant le vide qui frappe la capitale, leur ville. Ils s'impatientent pourtant de retrouver ce que l'on appelle alors la Division 1, ses chocs de haut de tableau et l'euphorie des trophées arrachés. Mais rien ne vient.
Le Club Français et l'Olympique de Paris, tous deux disparus, sont des noms sur des photos jaunies. Ils ne parlent qu'à ceux qui ont connu le Front populaire, c'est tout dire. Quant aux clubs d'après-guerre, leur destin est commun : la relégation ou la disparition. Le Stade Français a déposé son bilan en 1968, le CA Paris a sombré au début de la décennie. Quant au Racing Club de Paris, depuis 1962, il n'est plus qu'un souvenir pour les nostalgiques de la porte de Saint-Cloud. Seul le Red Star, sauvé miraculeusement par le milliardaire communiste Paul Doumeng, surnage encore dans les tréfonds d'une Division 1 qui se joue ailleurs.

Aucune alternative ne semble pouvoir combler l'abîme. Les sommets se dessinent loin de Paris. Les grands matchs se déroulent à Marseille, à Nantes ou au cœur du Forez.
Le vent d'une autre histoire, la nôtre, va pourtant souffler.

2. DU PFC AU PSG, LE TEMPS DES PIONNIERS (1970-1972)

Un nouveau Parc et personne pour y entrer

À Paris, le football professionnel d'élite a vécu ; les années 60 ont été son tombeau. Les choses doivent changer. Le problème prend une tournure d'autant plus aigüe que le nouveau Parc des Princes commence à sortir de terre. Détruit par tronçons à partir de 1967 pour permettre la construction du périphérique parisien, l'ensemble fait partie des grands travaux gaulliens de la jeune Ve République. Fini le stade inauguré en 1897 à la lisière de Paris, place à un geste architectural d'envergure signé Roger Taillibert. Celui qui pilotera le stade olympique des Jeux de Montréal en 1976 et réalisera plus tard l'Aspire Dome au Qatar ne le sait pas encore : il va laisser une trace indélébile dans nos vies et dans les souvenirs de milliers de supporters parisiens et français. Il n'y aura jamais qu'un seul Parc des Princes.

Si la France montre avec un tel projet sa puissance au monde, la Mairie de Paris en fait sa vitrine sportive et lui cherche un club. Dans le triangle des sports de l'ouest parisien, l'ancien stade du Racing et son vélodrome redessiné en 1932 laissent donc la place à un écrin plus en phase avec son temps. Son architecture novatrice et sa modernité font écho à celles de La Défense, ultime achèvement de la diagonale du pouvoir parisien.

Le Parc va renaître. Il n'attend plus qu'un club pour vibrer. Il n'est pas le seul à attendre.

Tout semble aligné pour qu'un projet surgisse et aboutisse à Paris. Comme se le remémorent les supporters de l'époque, «*l'attente était à la hauteur du vide ressenti*». Colossale.
Pour voir du football à Paris, il n'y avait pas vingt-cinq options: il fallait sortir de la ville, quitter la petite couronne ou gagner la province.

L'appel au peuple de février 1969 ou comment un référendum populaire fait naître un club

1969 est une année à part. Le destin sait parfois choisir ses moments. L'année qui clôt les *sixties* n'est pas sans impatience pour le supporter parisien et l'amateur de football qui se languissent sans rien voir venir. Joe Dassin et ses *Champs-Élysées* côtoient *Que je t'aime* de Johnny Hallyday au sommet du hit-parade. L'un chante Paris quand l'autre raconte l'histoire d'une folle passion. *A priori* rien de commun, si ce n'est ce clin d'oeil involontaire fait aux Parisiens. Comme une annonce préfigurant la nouvelle que tous attendent: la naissance d'un club d'élite à Paris, la préfiguration du Paris Saint-Germain.
Deux référendums vont marquer cette année chère à Serge Gainsbourg. Celui dont tout le monde se souvient est le moins festif. Passé à la postérité, il a lieu en avril et tient du plébiscite gaullien. Mais il suit de trop près les événements de mai 68. Portant sur la régionalisation, un sujet trop technique, il débouche sur une défaite et, plus inattendu, sur le départ du Général. Il l'avait dit, il le fait. Après plus de dix ans au pouvoir, l'épuisement a fait son œuvre. Au revoir l'Élysée, retour à Colombey.
Mais 1969, c'est aussi une autre consultation populaire nettement moins politique. Le référendum qui nous intéresse s'est tenu quelques mois plus tôt en février de la même année. Il a posé deux questions simples aux Parisiens: voulez-vous un club de football

professionnel à Paris et quel nom voulez-vous qu'il porte ?
L'engouement est massif et les rares personnes qui doutaient encore sont convaincues. Près de 66 000 Parisiens répondent favorablement. Un nom s'est même dégagé : le Paris Football Club. Un nom classique à l'anglo-saxonne. Un écho aux premières places fortes du football français. Un nom typique d'une époque révolue où le ballon rond était l'affaire des Anglais et de quelques expatriés. Paris tient peut-être son club. Enfin.
Pour l'heure, la consultation populaire ayant réussi, il est temps d'avancer. La Fédération et le Groupement, l'ancêtre de la Ligue nationale, sont à l'origine de l'initiative. Pour y parvenir, ils ont réuni leurs troupes et chargé plusieurs personnalités de monter le projet parisien. Le fondateur de *L'Équipe*, Jacques Goddet, et son rédacteur en chef Jacques Ferrant, accompagnés d'un duo formé de Guy Crescent, le patron de Calberson, et de Pierre-Étienne Guyot, l'ancien dirigeant du Racing, sont à la manœuvre. Ils vont tout faire pour donner vie au club que tous espèrent enfin.
Guy Adam, l'ancien intendant et coordinateur sportif du PSG, se souvient très bien de cette époque, notamment de la volonté farouche de Guy Crescent et Pierre-Étienne Guyot. Tous deux « *voulaient sortir le football francilien du marasme dans lequel il se trouvait depuis des années et donner à Paris un club digne de ce nom* ». Quant à *L'Équipe*, par passion et par intérêt, elle a tout à gagner à faire naître un grand club parisien.

Reste maintenant à le financer et à le faire exister. Les foules ne suffisent pas. Le Real Madrid va indirectement soutenir le projet. Sollicité par ceux qui ont offert la plus belle des compétitions au club madrilène, Santiago Bernabeu s'enthousiasme. L'historique président *merengue*, dont le nom a été donné au stade du Real, vient aider l'attelage parisien. Comprenant très vite qu'un club à Paris est la meilleure des nouvelles pour le football français comme pour le football européen, Bernabeu suggère à ses interlocuteurs de poursuivre leur appel au peuple et de mobiliser les gens sur un modèle proche des *socios* espagnols. Ses conseils vont être précieux et porter leurs fruits. L'objectif est simple : les supporters sevrés de football sont les mieux placés pour financer les débuts d'un club qu'ils réclament et appellent de leurs vœux.

L'idée, originale dans la France centralisée des années 60, séduit par sa simplicité et son efficacité. La machine est lancée. Au printemps 1969, les réseaux s'affairent. Une campagne, « Le Grand départ », est lancée. Relayée par les réseaux de *L'Équipe*, soutenue par Europe 1 et la presse nationale, les bons de souscription vont s'arracher. Grâce aux excellentes relations entretenues par Pierre-Étienne Guyot avec Maurice Siegel, le patron d'Europe 1, la première radio privée de France avec RTL soutient l'aventure. L'ancienne *Radio Barricades* qui agaça tant le pouvoir gaulliste deux ans auparavant aura un rôle décisif. Celui qui en sera la voix ne sera autre que Pierre Bellemare. Comme il l'avait fait quelques années plus tôt pour sauver le club du Havre, il s'engage à la demande de ceux « *qui voulaient fonder un club à Paris* » avec l'idée de « *refaire le même coup* ». Le dimanche 1er février 1970, dix ans après la fin de son émission *Vous êtes formidables*, ce dernier revient donc à l'antenne pour une édition spéciale. Avec un objectif clair : appeler les auditeurs à l'aide pour créer le club parisien dont tout le monde rêve. « *Toute l'émission avait été consacrée au football à Paris* », se souvient-il. « *Elle a servi de déclic pour créer le club* » en appelant « *les socios à donner 5 francs, 10 francs* ».

Avec quelques stars de l'époque, Pierre Bellemare va s'imposer presque malgré lui comme l'un des fondateurs du nouveau club parisien. L'appel un rien dramatisant qu'il lance ce soir-là va rester dans les mémoires. Avec sa voix si caractéristique, ses mots résonnent encore aujourd'hui : « *Chers amis, nous allons faire appel à vous une nouvelle fois. Si le peuple de Paris ne se penche pas sur le*

drame qui le guette, imaginez le train de péniches remontant la Seine et portant la terre rouge du Parc des Princes vers son dernier cercueil. La mort d'un grand lieu, la disparition du patrimoine national… »
Le ton saisit, les paroles frappent. Elles touchent.
L'appel va dépasser les attentes. Le peuple de Paris se lève. Supporter de la première heure et sevré de football à Paris, Jean-François Chenut se souvient s'être enthousiasmé alors pour le projet : « *Ce club, on l'attendait depuis si longtemps. J'ai répondu de suite à l'appel.* »
Participant lui aussi avec ses moyens de l'époque à la souscription, il n'a pas été le seul à donner pour que le rêve d'un club parisien se réalise enfin. Tout comme lui, Daniel Germon, qui a longtemps tenu la buvette du Parc, n'a pas attendu bien longtemps : « *J'habitais porte de Clignancourt, à Paris. Quand j'ai entendu l'appel de Pierre Bellemare à la radio, j'ai tout de suite répondu. On s'est retrouvés à plus de 16 000 cotisants. On a tous donné 40 francs pour constituer le premier capital du club.* »[1]
Ils ne seront pas seuls. 17 382 amateurs de football vont répondre présent et souscrire un abonnement dans l'un des 85 stands ouverts dans tout Paris. Une centaine d'artistes bénévoles se sont mobilisés. Toutes les vedettes de l'époque sont là, au premier rang desquelles se trouvent Sacha Distel, Mireille Mathieu, Patrick Sabatier ou Annie Cordy. Nombreux sont ceux qui vont se prendre de passion pour le club qu'ils vont contribuer à faire naître. Fidèles de la première heure, certains comme Enrico Macias rempliront d'ailleurs pendant des années la corbeille du Parc. Une certaine idée du football parisien.
Tous veulent un club à Paris et vont aider la station et son inimitable animateur. Le succès en est plus impressionnant encore. L'engouement médiatique est devenu populaire.

1 *Le Parisien*, 7 janvier 2010.

L'idée de Santiago Bernabeu est devenue une heureuse réalité. L'appel aux *socios* parisiens a fonctionné : 842 000 francs de l'époque sont récoltés[2]. Une somme considérable pour le football de ces années-là, suffisante pour lancer le club. « *Un acte de foi* », dira plus tard Guy Crescent.[3]
Avec sa modestie habituelle, Pierre Bellemare n'en tire pas de gloire particulière, si ce n'est le contentement d'avoir été entendu. Il avouera d'ailleurs s'être « *rendu plusieurs fois au Parc des Princes ensuite* », devenant « *même un peu supporter* ». Décédé le 27 mai 2018, il aura contribué à sa manière à faire naître le PSG et plus encore à lui donner une dimension de son identité : son ancrage populaire.
S'ouvre ainsi l'ère des Associés, ces *socios* qui pourront faire entendre leur voix au sein du club comme cela se pratique déjà en Espagne depuis des années.
Une nouvelle révolution s'est produite à Paris. C'est la première fois en France que l'on crée un club de cette manière. L'aventure est d'autant plus belle que c'est grâce à l'engouement de tout le peuple parisien que le projet aboutit enfin. Paris sait se mobiliser pour les grandes causes.
Un grand club est sur le point de naître dans la capitale : le Paris Football Club va devenir réalité.
Si l'initiative est venue d'en haut, la ferveur a surgi d'en bas, des Associés, de tous ces anonymes et amateurs de football réunis et désireux de répondre à l'appel d'un grand club à Paris.
N'est-ce pas ce qui pouvait arriver de mieux ? Être porté sur les fonts baptismaux du football par ses futurs supporters, c'est ce qu'on appelle être bien né.

---

2 Environ 128 000 euros actuels.
3 *Mon histoire passionnée du Paris Saint-Germain*, Daniel Riolo, Hugo Sport.

Premiers matchs et premières clameurs

Le plus dur reste à faire : passer du rêve à la réalité. Construire un club après avoir tant espéré, tant attendu. Les artisans de l'ombre que sont Pierre-Étienne Guyot et Guy Crescent se retrouvent alors aux premières loges. Finie l'heure des réseaux, les voilà aux affaires : le Paris Football Club ne demande plus qu'à prendre son essor.
Guyot et Crescent n'ont pas attendu l'appel de Pierre Bellemare. Fondé dès le 1er août 1969, le Paris Football Club est même déjà enregistré à la Fédération française de football depuis le 13 décembre. Pour autant, la partie n'est pas gagnée. Même si l'argent est dans les caisses, il manque l'essentiel : les deux acolytes ont besoin du soutien d'un autre club pour prétendre accéder au plus haut niveau du football professionnel. Guy Adam s'en souvient parfaitement : « *Pour que ce club existe, il fallait qu'il puisse se reposer sur une équipe d'amateurs. Le Stade Saint-Germanois a été choisi. Durant l'été 1970, les deux structures ont fusionné et donné naissance au Paris Saint-Germain Football Club, qui jouera en deuxième division dès la saison 1970-1971.* »
Le temps est compté. La décision de fusionner les deux clubs doit être rapide, le déroulement de l'opération des plus efficaces. Dès le 21 mai 1970, le Paris Football Club opte donc pour la fusion avec le club de Saint-Germain, alors en Division 2. Moins de dix jours plus tard, le 30 mai, la FFF retient le nouveau club pour le championnat de deuxième division. Le tout jeune Paris Football Club né un an plus tôt et le vieux Stade Saint-Germinois né en 1904 fusionnent définitivement le 10 juin. Il faut trouver un nouveau nom au club ainsi créé. Le 26 juin, l'opération est terminée : le club s'appellera Paris Saint-Germain Football Club. Le PSG est né.
Cette double identité va considérablement compter dans l'histoire du club et le cœur des supporters. Le club s'installe et se partage entre Paris, la capitale révolutionnaire et républicaine,

et Saint-Germain-en-Laye, l'ancienne cité royale. Deux cœurs pour une seule histoire.
L'opération a été rapide, l'ensemble des acteurs est satisfait. Le PSG va pouvoir faire son entrée sur la scène du football national. Pierre-Étienne Guyot, l'un des deux artisans de l'aventure, devient le premier président de la nouvelle entité. Guy Crescent et Henri Patrelle, le président du Stade Saint-Germinois, accèdent au statut de vice-président. L'organigramme est au complet.

Les supporters, eux, n'en peuvent plus : « *Place au terrain !* » Ceux qui ont vécu cette période se souviennent de cette parenthèse où le temps semble comme suspendu, de cette attente comparable à l'arrivée du printemps après un long hiver. Paris va renaître au football.
Une équipe est recrutée à la va-vite. Rassemblant professionnels et amateurs, elle s'appuie sur deux premières recrues charismatiques, deux internationaux français : l'ailier du Red Star et du RCF de Liège Jean-Claude Bras et Jean Djorkaeff qui sort de quatre saisons à l'Olympique de Marseille et de neuf saisons à Lyon. Non sans ambition, elle fait (très) belle figure pour une équipe de Division 2. Accompagnés du gardien Patrice Py et du premier étranger de l'histoire du club, le milieu yougoslave Živko Lukić, les défenseurs Jean-Pierre Destrumelle, ancien de l'OM, Roland Mitoraj, quintuple champion de France avec Saint-Étienne, et Daniel Guicci forment l'ossature du premier PSG de l'histoire. Le milieu Jacques Rémond et l'ancien international portugais Fernando Cruz, l'homme aux 346 matchs avec le Benfica Lisbonne, viennent compléter le onze.
Ils sont coachés par un entraîneur-joueur inattendu, Pierre Phelipon. Celui-ci a surpris son monde en signant pour Paris alors qu'il avait décroché la montée en D1 avec Angoulême. Le temps pressait. Le pari est réussi : Paris s'engage en Division 2

sous ses nouvelles couleurs. Après quelques semaines de préparation, tous sont prêts à s'élancer : une équipe est née. La nôtre. La première de notre histoire, le premier onze de nos cinquante premières années.

Le 1er août 1970, le nouveau club parisien dispute son premier match dans le cadre d'une rencontre amicale de pré-saison face au club normand de Quevilly. Les visiteurs s'imposent 2-1 au stade Jean-Bouin. Daniel Germon se souvient non sans émotion de leurs premières tenues, celles qui vont donner ses couleurs au club : « *Les maillots étaient rouges avec des shorts blancs et des chaussettes bleues.* » À l'époque, Paris n'a pas encore profité des talents de Daniel Hechter. Les Rouge et bleu ne sont pas encore totalement eux-mêmes. Plus de 2000 personnes ont fait le déplacement. Le match est un événement. Le premier de ceux que l'on surnomme alors les « *diables rouges* » en raison de leur maillot rouge écarlate. L'ambiance est festive et dès son premier rendez-vous, l'enthousiasme populaire accompagne le club nouvellement né : le PSG. Premier match, première défaite, mais peu importe, le plus dur est fait. Paris a une équipe. Il lui reste à trouver un stade ! En effet, le jardin qui lui est promis est encore inachevé. Il faudra attendre 1972 pour que le Paris Saint-Germain gagne le stade qui va devenir sa maison, celle de ses futurs succès. Les matchs à domicile se jouent dans l'intervalle soit à Jean-Bouin, soit au stade Georges-Lefèvre à Saint-Germain. Le Camp des Loges, quant à lui, accueille les entraînements et sonne pour nous, supporters, comme le cœur du club.
Les supporters devront patienter jusqu'au 23 août 1970 et attendre la reprise du championnat de France pour voir leur club disputer son premier match officiel. Paris joue à l'extérieur et arrache vaillamment un match nul à Poitiers (1-1). Le championnat est commencé, l'histoire débute enfin. Le premier buteur de l'ère

parisienne s'appelle Bernard Guignedoux. Sa frappe en lucarne de plus de vingt mètres ouvre le grand livre offensif du PSG. Plus de 3400 buts suivront…

Quelques jours plus tard, le 27 août, l'acte administratif officiel de constitution du PSG paraît au Journal officiel. Cette date s'impose comme la date de naissance officielle du club. Elle reste définitivement dans les mémoires des supporters même si certains préfèrent parfois en retenir une autre. Pour eux, et ce fut longtemps le cas pour le club, le 12 août demeure la date d'officialisation par la Préfecture de Police de Paris du changement de nom de l'association Paris Football Club qui devient ce jour-là le Paris Saint-Germain Football Club. Peu importe si les aïeux du PSG sont nés en 1904 pour le Stade Saint-Germinois ou en 1969 pour le Paris Football Club, peu importe que l'on retienne le 12 ou le 27 août comme date de naissance officielle, l'essentiel est ailleurs. Le Paris Saint-Germain est né de la passion de ses supporters et celle-ci n'a eu de cesse de s'exprimer dès 1970. Et tant mieux si pour certains, elle a commencé avant.

Lors de cette première saison, le mode de fonctionnement particulier du club démontre des vertus insoupçonnées. Non seulement l'équipe est solide, mais elle est surtout très bien accompagnée. Aux dires mêmes des joueurs, le public parisien composé majoritairement des Associés du club et des fidèles du Stade Saint-Germinois est déchaîné. Les adversaires en tremblent et subissent. Paris est une belle équipe mais elle peut s'appuyer sans compter sur des supporters ô combien déterminés.
À Jean-Bouin, le 3 octobre 1970, les Brestois vont notamment subir une pression intense de la part du public. Les 3903 spectateurs de la rencontre, présentés comme «*féroces*» par les officiels bretons, encouragent à tout rompre l'intense première mi-temps

des Rouges. Finalement battus 2-1, les Brestois se plaignent de l'atmosphère qui règne dans le stade parisien : « *Jamais leurs joueurs n'avaient évolué dans une ambiance aussi détestable.* » Le plus exigeant, le plus bouillant des publics de France est déjà présent aux côtés de son club. Sans limite, sans concessions.

Si « *l'attente est en proportion du bonheur qu'elle prépare* »[4], la frustration des supporters parisiens durant toutes ces années a payé : ils sont redoutés et jouent pleinement leur rôle de douzième homme. En février 1971, l'ancien Stéphanois Roland Mitoraj exprimera d'ailleurs dans la revue du club sa reconnaissance et son admiration en adressant « *un grand coup de chapeau au noyau de mordus qui (les) accompagnent à chacune de (leurs) productions* ». Pourtant habitué des chaudes ambiances stéphanoises et des derbys du Rhône, celui qui a connu la domination stéphanoise sur la France du football ajoutera même : « *À Saint-Étienne, je n'ai pas connu ça, même pour nos déplacements à Lyon pourtant tout proche.* » La reconnaissance vient des joueurs. Le compliment n'est pas feint. Loin d'être un simple élément de communication, le PSG a su fédérer et rassembler des supporters qui le lui rendent au centuple, à commencer par ses Associés. L'envie de gagner est commune et cette ambiance change tout : elle pousse les joueurs, fait craindre le pire aux adversaires et mène le club vers une saison des plus réussies. Avec sa belle équipe, Paris finit troisième du championnat du National, le nom de la Division 2 d'alors. Dès sa première saison, le PSG, alors qu'il est né quelques mois plus tôt, décroche sa montée en Division 1. Il est même déclaré champion de Division 2 au terme d'un tournoi final qui le voit surpasser l'AS Monaco et le LOSC.

Daniel Germon comme d'autres supporters de la première heure reconnaissent que « *l'époque était différente. Les joueurs étaient com-*

4 *La source et le feu,* Michel Dupuy.

plètement accessibles. Dès la première saison, on organisait des repas de sections de supporters et les joueurs venaient manger avec nous.»
Le projet PSG suscite l'adhésion de tous. Tout le monde était «*plein d'espoir*», se rappelle Guy Adam qui organise alors les déplacements du club.
La route vers les sommets de la première division s'ouvre. L'heure est à la montée et à une fête bien méritée. La suite sera moins radieuse.

3. LES ANNÉES HECHTER, LES PREMIERS ÉMOIS (1972-1978)

1971-1972 : une saison en Ligue 1, la seule descente du club parisien

Première saison en Division 1, premières désillusions. L'équipe a beau s'être renforcée avec l'arrivée de Daniel Horlaville, les méformes, les blessures, l'absence de structures et d'expérience du haut niveau ont raison des espoirs parisiens. Déjà, on se désespère.

Alors que l'Olympique de Marseille finit champion, tout le monde a trop attendu du PSG. Paris est de retour dans l'élite pour la première fois depuis des années, mais la saison ne sera jamais à la hauteur des espérances suscitées. Malgré une victoire contre Saint-Étienne, supporters, joueurs et dirigeants achèvent l'exercice à une triste et décevante seizième place. Dix victoires, dix nuls, dix-huit défaites. Si nous devançons le Red Star pour la suprématie régionale avec nos maigres trente points, le bilan est loin d'être reluisant. Sans parcours en Coupe de France, on n'a pas eu le temps de s'enthousiasmer. La presse est circonspecte et le vestiaire profondément déçu.

Ne restent de cette saison que quelques souvenirs malheureux comme la déroute de début de championnat : dès la cinquième journée, Paris s'écroule 6 buts à 0 à Nantes. Les victoires elles-mêmes laissent un goût amer. Les fans parisiens les plus anciens se rappellent ainsi d'un match incroyablement engagé à Nancy où le PSG l'emporte 3-2. Un match qui s'achève par un envahissement

de terrain qui fera hurler Henri Patrelle, alors président du PSG : *« 1500 excités sur 13 000 spectateurs ont provoqué des incidents qui dépassent tout ce que j'avais pu voir jusqu'à présent. »* Les défaites se sont succédé, les recrues n'ont rien apporté, les héros de la saison passée se sont moins montrés. Passons à autre chose.
La saison a été longue et difficile. Comme pour tout promu. Sauf que le PSG n'est pas n'importe quel club venu de Division 2. C'est le club de la capitale. Il est le fruit d'une demande populaire, le résultat d'une volonté. Son statut est à part et lui vaut d'être déjà scruté comme aucun autre.
L'adaptation au plus haut niveau n'a pas été simple et la jeunesse du club n'aide en rien. La déception est proportionnelle aux attentes et l'enthousiasme né de la montée en Division 1 est douché. À Paris, personne n'a le temps de s'installer. Il faut vaincre et séduire, ou accepter de lasser.
On a trop attendu du premier PSG de notre histoire. Mais le pire est à venir : c'est au cours de cette année, décidément *horribilis*, que se noue la situation qui va bouleverser le club.

La scission de 1972 : le PSG et le PFC se séparent. Retour dans l'enfer des étages inférieurs

Dès le début de l'année 1971, la Mairie de Paris annonce qu'elle accepte de financer le club en cas de maintien et d'accorder une subvention substantielle… conditionnée à l'abandon de son nom ! En somme, Saint-Germain doit disparaître ou l'argent ne sera pas versé. Le PSG doit redevenir PFC ou il ne sera plus. Le dilemme est terrible, le chantage insoutenable : à l'époque, sans argent public ou mécène généreux, le football de haut niveau est condamné. La coulisse s'agite et tout le monde s'en mêle. Le club s'anime, s'émeut et les rumeurs bruissent. La saison est définitivement perturbée. Pendant ce temps, les responsables politiques de Paris

et de Saint-Germain s'affrontent. Le mariage de raison qui a permis au PSG d'exister se délite. La lune de miel tourne à l'aigre face aux intérêts irréconciliables de chacun. Mais Guy Crescent et Pierre-Étienne Guyot ont une idée en tête.
Ces derniers sont prêts à accepter les demandes de la Mairie de Paris. Henri Patrelle, de son côté, serait plutôt enclin à temporiser et à accepter un changement de nom, mais à moyen terme. À Saint-Germain, tous crient à la trahison. L'ensemble du club est déstabilisé. Jean Djorkaeff confirme : « *La période était trouble. Cela a forcément joué sur nos performances. On savait que la dénomination du club pouvait changer. On vivait tous à Saint-Germain-en-Laye et on ne souhaitait pas quitter la région.* »[5]. L'avenir du PSG est en train de se jouer. C'est la funeste nuit du Méridien, celle qui a décidé de notre destin.

Le sort du club se joue le 16 mai 1972 lors de ce conseil d'administration tristement fondateur. Le règlement de comptes est shakespearien. L'affrontement est rude entre les fondateurs du Paris Saint-Germain. Les paroles fusent, la tension est à son comble. Les Associés sont au cœur des discussions. Il est temps de voter pour connaître le sort réservé au PSG : avec 1191 inscrits et 939 votes exprimés, le scrutin est serré. 623 Associés se rangent derrière la proposition défendue par la Mairie de Paris. Le club manque de disparaître... 316 restent fidèles à la cause de Saint-Germain[6]. Heureusement pour le PSG, il n'y a pas assez de votes favorables pour changer les statuts et le nom du club. Tous retiennent leur souffle. Notre avenir ne tient plus qu'à un fil. Le PSG ne disparaît pas. Pour trois voix seulement.
Puisque le club ne peut changer d'appellation, reste à trouver une

5 *40 stars pour 40 ans de passion, Témoignages*, Michel Kollar et Bruno Salomon, Hugo & Cie.
6 Le roman noir du PSG, www.paris-canalhistorique.com.

solution. Le verdict tombe le 23 mai 1972. Ce sera la scission. « *Écœuré* », Henri Patrelle ne s'en remet pas. En réponse à une question de *France Football*, « Paris, où vas-tu ? », il se fâche et ne mâche pas ses mots : « *Dans cette affaire, nous sommes très loin du football. Trop de problèmes politiques sont venus salir notre sport.* » Le 20 juin suivant, les modalités de séparation sont actées, la décision est entérinée. La structure professionnelle reste en Division 1 et prend pour nom Paris FC. Le duo Crescent-Guyot emporte avec lui l'équipe professionnelle et l'affiliation en première division. Le club s'associe au CA Montreuil, la nouvelle entité parisienne reprend les droits gagnés par le PSG sur le terrain. L'amour n'aura pas duré trois ans.

Saint-Germain et Henri Patrelle préservent l'essentiel : ils peuvent conserver le nom du club. Aux côtés du maire de Saint-Germain, Jean Chastang, il est temps de repartir de zéro ou presque. Le PSG redevient un club amateur et redescend en troisième division, emmenant avec lui une poignée de supporters. Ce sera notre seule descente en division inférieure. Guy Adam aura à ce sujet une belle formule : pour le PSG, c'est « *une seconde naissance* ». Le Paris Saint-Germain aura donc tout connu au cours de cette saison 1971-1972 : une montée, un maintien compliqué et la perspective d'une disparition. Le dépit est grand chez les joueurs. Tchouki, notre capitaine, ne s'en cache pas : « *Avec le recul, ce fut une énorme erreur, le début de la fin pour le groupe professionnel du PFC. Avec la fin de la construction du Parc des Princes, on aurait pu repartir différemment.* » La déception est grande également pour les supporters de la première heure. La majorité d'entre eux resteront fidèles à la nouvelle entité... À Paris, on n'aime pas les perdants. Or le club a presque tout perdu : ses joueurs, sa place en Division 1, ses capitaux, la majeure partie de ses Associés et ses premiers soutiens, ses supporters. Et il a bien failli ne pas connaître de troisième saison.

Tous promettent l'enfer à l'équipe reléguée. Pourtant, c'est véritablement au cœur de ces années que va s'écrire notre histoire. Alors que le sort aurait pu préfigurer la fin du PSG, Henri Patrelle a sauvé les couleurs et le nom du club. L'aventure aux allures de désastre va connaître un épilogue bien différent.
Paris a besoin d'une homme providentiel, d'un sauveur. Il s'appellera Daniel Hechter… et il ne vient pas seul, accompagné qu'il est d'une bande de joyeux excités.

Hechter, Bébel et les amis, des Polymusclés au gang des chemises roses : l'heure de nos pères fondateurs (1972-1978)

Ne dit-on pas qu'il faut mourir un peu pour renaître et revenir plus fort ? Avec le PSG, l'expression a valeur de présage. Elle accompagne même nos cinquante ans d'histoire. En cette saison 1972-1973, le football à Paris reste traversé par de profondes turpitudes. Pour le PSG, l'horizon est sombre. Il faut digérer la scission avec le PFC. Malgré une compensation financière de la Mairie de Paris et en raison de la relégation administrative qui le conduit en Division 3, le club est exsangue, au bord du dépôt de bilan. Il ne lui reste que son nom, sa fierté et ses couleurs.
Reparti avec l'équipe amateurs que chapeaute le gardien Camille Choquier, le PSG réussit pourtant une très bonne saison. Malgré les 464 spectateurs présents pour le premier match face à la réserve de Rennes, notre seconde place fait office de passeport pour l'échelon supérieur. Quevilly, le leader, étant dans l'incapacité financière d'assurer sa montée, les portes s'ouvrent : direction la Division 2. La chance sourit aux audacieux. La reconstruction se fait doucement tandis que les joueurs ajoutent à notre palmarès la Coupe de Paris, un trophée gagné contre Juvisy. « *Une belle conclusion pour*

une saison exceptionnelle »[7] aux dires mêmes de Camille Choquet, qui a consacré près d'un quart de siècle à nos couleurs.

Pendant ce temps, Daniel Hechter, dont la fortune et la notoriété ne sont plus à faire, observe la joie de l'équipe parisienne depuis les tribunes. Il souhaite s'investir dans le football, sa deuxième passion après la mode. Éconduit par les dirigeants du nouveau PFC qui l'ont méprisé en ne « *voulant pas de son argent* », dans l'incapacité de conclure avec le Red Star et la mairie communiste de l'époque, ce dernier cherche un club.

Bientôt accompagné d'un petit groupe que tout le monde va apprendre à connaître sous le nom de « gang des chemises roses », Daniel Hechter poursuit ses recherches. Il envisage même un temps de monter un club de toutes pièces. La joyeuse bande que complètent Charles Talar, Francis Borelli, Guy Bossant, Adolphe Dhrey et un Jean-Paul Belmondo au sommet se prend alors au jeu. Conseillé par le précieux Jacky Bloch, le couturier des vedettes approche le PSG. Une chose presque normale pour celui que l'on surnomme alors « *le Petit prince de la mode* ».

La rencontre avec le maire de Saint-Germain et Henri Patrelle, encore sous le coup de la scission vécue la saison passée, n'est pas amicale. La prudence est de mise. Comme Daniel Hechter le raconte lui-même, Jean Chastang a été clair : « *On a été cocus une fois, on ne le sera pas deux fois.* » Deux mondes se rencontrent. Un club déchu, banlieusard et sans argent fait face aux personnalités du moment. L'austérité face au clinquant de la capitale.

Et pourtant le courant passe entre l'édile saint-germinois, l'assureur et ceux qu'il présente comme « *des gens qui vivent en marge* »[8]. Le deal est conclu. L'argent arrive, l'aventure du nouveau PSG commence. Daniel Hechter tient sa revanche et nous, notre guide. Lorsqu'il

7 Ibid.
8 Ibid.

jette son dévolu sur notre club avec sa «*bande de mecs hors normes*», personne ne peut savoir qu'il va inventer le Paris Saint-Germain, celui que l'on aime, celui que l'on connaît encore aujourd'hui. Dès la saison 1973-74, le club change d'ère. Avec style.
Pour y parvenir, il faut un homme idoine, le manager idéal: ce sera Just Fontaine. Il accompagnera l'entraîneur Robert Vicot déjà en place en tant que directeur technique. Approché avant même l'accord, Justo est une figure du football hexagonal, meilleur buteur de tous les temps sur une seule phase finale de Coupe du monde grâce à ses 13 buts marqués lors de l'épopée française de 1958. Il s'enthousiasme de participer à l'aventure parisienne. Avec un objectif: donner du plaisir et jouer l'offensive en «*marquant un but de plus que l'adversaire*». Une rupture totale dans la France de l'époque, qui chérit les idées de Georges Boulogne[9].
Le cocktail qui va faire des années Daniel Hechter une réussite est réuni: du jeu, du strass, du style et des vedettes. Au fur et à mesure de la saison, la presse ne s'y trompe pas. La révolution est en marche. Il n'est point question ici de Giscard qui emportera l'élection présidentielle un an plus tard mais d'un profond bouleversement dans le football national. Le PSG est devenu le club des «*jeunes loups de Saint-Germain qui apportent des idées et de l'argent*»[10]. Plus rien ne sera jamais comme avant.
Le monde a changé. Il est temps pour le football d'y prendre part. Une nouvelle génération s'empare du club et déclenche un véritable engouement local. Jacques Vendroux l'avoue lui-même, les médias se pressent autour du PSG. Il s'y passe toujours quelque chose alors qu'ailleurs, le football francilien ronronne – et c'est un euphémisme. L'engouement devient vite populaire ; mais pour

9 *Football à la française*, Thibaud Leplat, éditions Solar.
10 Comme l'a si justement rappelé Gérard Le Scour dans *France Soir* en juin 1973, repris par Thibaud Leplat dans son livre *Ici, c'est Paris*, éditions Solar.

s'ouvrir les portes d'un Parc des Princes qui va enfin sortir de terre au cours de l'année 1972, il faut monter encore et encore.

Avec seulement quatre joueurs professionnels recrutés par Just Fontaine (Jean-Pierre Dogliani, Jacky Novi, Louis Cardiet et Jean-Louis Leonetti), l'opération Division 2 commence bien. Une dynamique positive qui se traduit par une deuxième place à la trêve et se prolonge avec l'arrivée de M'Pelé et Mordechai Spiegler. Le PSG de Daniel Hechter et de Justo est prêt à déjouer les pronostics et relever un improbable défi : remonter.

La saison 1973-1974 est une réussite… si l'on excepte un match qui hérisse. Vainqueur 2-0 sur le terrain le 3 novembre 1973, le PSG perd stupidement sur tapis vert (0-3) contre Sète. Les Parisiens ont négligé une règle pourtant importante qui impose d'inscrire au minimum un joueur de moins de 21 ans sur la feuille de match. Les prémices d'une propension à la légèreté dont le club ne se départira jamais tout à fait au cours de son histoire. Le jeune Christian Quéré, tout juste âgé de 18 ans, ne figure pas dans le groupe : il a raté l'avion qui emmenait les Parisiens à Sète... Heureusement, si le PSG manque de structures, de rigueur et d'expérience, il répond sur le terrain. Mieux encore, il gagne. Deuxième du groupe B de Division 2 avec 19 victoires, 6 matchs nuls et 9 défaites, le PSG manque cependant la montée directe, le Red Star nous devançant de 4 points. Il faut en passer par un barrage aller-retour contre Valenciennes. Ce sera notre premier match couperet, un tournant de notre histoire.

Le barrage contre Valenciennes et la montée en Division 1, un premier « coup au cœur »

« *Quelque chose de spécial s'est passé ce 4 juin 1974.* » Ce fut « *une soirée mémorable* », « *une remontée historique* ». C'est avec ces mots que Daniel Hechter se souvient du barrage retour face à Valenciennes.

Tout le monde est impatient. Paris est mené depuis le barrage aller (1-2). On doit gagner par deux buts d'écart. L'attente est insupportable. «*Pour les journalistes aussi, c'était une journée spéciale*», comme le rappelle Jacques Vendroux au magazine du club à l'occasion du 45e anniversaire de la rencontre. «*Ce barrage retour était un événement. En arrivant au stade, la foule était bouillonnante et le Parc plein à craquer.*» Ce soir de juin, Paris joue son destin à domicile. «*Le PSG est chez lui et s'il gagne au Parc, il le sera définitivement*», rappelle Daniel Hechter.
Comme l'affiche le programme du barrage retour contre Valenciennes, «*Jean-Pierre Dogliani, le capitaine du PSG, espère bien mener ses hommes en Division 1*». Certes, «*la tâche n'est pas facile mais l'homme a suffisamment de classe pour y parvenir*», promet le fascicule vendu à l'entrée des tribunes. Tout le monde y croit et le programme du soir va s'avérer prémonitoire. Pour ceux qui se seront acquitté des deux francs de l'époque, c'est une relique. Le meneur de jeu va être étincelant et même plus que cela: il sera décisif. Maillot rouge et bleu sur les épaules, Canada Dry sur le torse, l'équipe portée par son leader d'attaque vit ce soir-là le dernier match de son épopée fantastique vers la montée. C'est la première forte émotion de notre histoire.
Michel Montana, le speaker officiel du PSG, se souvient de cette rencontre déterminante, à laquelle il a assisté: «*Je suis un Francilien pure souche. Né à Ivry, j'ai vécu à Drancy, Pantin, Courbevoie et Cergy. Le PSG, c'est mon club. Ce qui est dingue, c'est que j'ai assisté au match de barrage PSG - Valenciennes qui a permis au club d'accéder à la Division 1 en 1974. J'étais déjà supporter sans forcément aller au Parc régulièrement et j'ai assisté à cette victoire que je n'oublierai pas.*»
«*Ce match, c'est la première grosse ambiance du Parc.*» Tous s'accordent à le dire, des journalistes comme Jacques Vendroux jusqu'aux joueurs, le PSG est transcendé, l'équipe déchaînée. Dans un Parc des Princes où, pourtant, moins de 20 000 personnes se pressent,

le moment est fondateur. Sur le terrain, le match est âpre. À la mi-temps, le PSG est à égalité avec Valenciennes 1-1. Il faut encore marquer au moins deux buts. La victoire 4-2 est arrachée grâce au talent de Jean-Pierre Dogliani. Just Fontaine est célébré par ses joueurs. Tous s'étreignent. L'heure est à la liesse.
Ce succès nous assure la montée. Mais pas seulement. Notre milieu de terrain Jean-Louis Leonetti avait déclaré à la presse avant le match que l'arbitre décidait ce soir-là de la vie des deux clubs. Il était loin d'avoir tort. L'enjeu n'était pas uniquement sportif. Il était également financier : pour le PSG, c'était l'accès à la Division 1 ou la faillite. En effet, Daniel Hechter avait obtenu de RTL en début de saison une subvention de plus d'un million de francs… remboursable en cas de maintien en Division 2. Que ce serait-il passé si Dogliani n'avait pas marqué ? Nul ne le sait et c'est peut-être mieux ainsi. En tout cas, au coup de sifflet final, tout le monde peut souffler et exulter. Malgré le léger malaise de Just Fontaine, il faut profiter de cette victoire arrachée au forceps et fêter ça.
En remportant ce barrage aller-retour contre Valenciennes, le PSG s'ouvre en grand les portes de la première division. Le lendemain, *L'Équipe* titre : « *Paris en Terre promise mais après quelle lutte !* » Une photographie illustre le quotidien, celle de Justo porté en triomphe par les siens. Les commentaires, eux, insistent sur la performance de Jean-Pierre Dogliani « *qui assure au club le point de la remontée à la 75*e *minute* ». Tout est dit. C'est la première belle soirée de notre vie de supporter, le premier jalon du PSG dirigé par Daniel Hechter. Ce dernier a réussi sa mission. Ou plutôt son incroyable pari. L'engouement a pris. Paris est à jamais en Division 1.

Nos premières idoles

En politique comme ailleurs, on a coutume de dire que les présidents passent mais que les institutions demeurent. Le sport, *a fortiori* le football, ne déroge pas à l'adage, il le complète. Un club, avant toute chose, outre les supporters, ce sont d'abord et surtout les joueurs et les joueuses qui l'incarnent. Ce sont eux qui font l'institution lorsqu'elle existe. Ils sont la raison pour laquelle nous nous déplaçons, la justification de nos abonnements. Ils sont le visage et le cœur de notre passion. Ils en sont le moteur.

Dans le cas du PSG, l'affaire est entendue. Le Parc raffole du talent mais ne rechigne jamais à louer les valeurs de l'engagement et de la sueur. Pour gagner, il faut des artistes, des manieurs de ballons et des attaquants hors pair, mais sans hommes de devoir, point de victoire. Dès sa naissance et le début des années 70, le club a su marier avec clairvoyance cette subtile combinaison de génie et de labeur. Les joueurs offensifs que furent Dahleb, Bianchi, Rocheteau ou Toko sont indissociables des joueurs cadres que furent Bras, Leonetti ou Pilorget.

En créant une alchimie particulière entre certains profils de joueurs, en associant des personnalités de tempérament, le PSG s'est forgé une histoire. Il a donné corps à sa destinée. À certains l'obscurité, à d'autres la lumière. Mais tous se sont pleinement mis au service de leurs partenaires, et tous se sont totalement investis pour nos couleurs. Ils ont fait ce club. Comme Othniel Dossevi, le premier joueur africain du Paris Saint-Germain. Il reste dans nos annales pour avoir été le premier buteur du club au Parc des Princes. C'était face au Red Star, le 10 novembre 1973. Éric Renaut est un autre exemple de joueur estampillé PSG. Il y a été formé et y a passé plus de dix ans de 1972 à 1982. Le défenseur demeure encore aujourd'hui l'un des joueurs les plus capés du club avec 291 matchs pour 36 buts. Le prototype du bon élève, du joueur de club, du titi parisien.

Il n'est pas seulement affaire ici de statistiques, de buts marqués ou de passes décisives. Porter le maillot parisien signifie quelque chose de plus. Pour ceux que nous avons choisis, c'est le supplément d'âme qui fait toute la différence.

Le Parc a ses têtes et parfois des amours particulières. Il n'est pas facile. Seuls ceux qui se donnent à plein et savent ce que porter ce maillot signifie trouvent grâce à nos yeux. Nos sifflets sont sans égards pour ceux que l'on estime ne pas être à la hauteur de notre engagement.

Dès les premières saisons du club, certains joueurs sont devenus nos idoles. Ils ont fait office de figures tutélaires, de piliers. Ils ont permis au PSG de (sur)vivre en Division 1, d'y subsister avant de gagner. Tous n'étaient pas attaquants, loin de là. Paris a ainsi toujours su s'appuyer sur des défenseurs rugueux et hâbleurs, à commencer par ses gardiens. Ilija Pantelić en fut un bel exemple, lui qui disputa 114 matchs en trois saisons de 1974 à 1977.

Dans un club comme Paris, il faut savoir jouer, plaire et supporter la pression sous les yeux d'une capitale entière. Il faut savoir plier l'échine et endurer les critiques venues de toute la France pour être justement récompensé et reconnu. Car le public ne vient pas au Parc insouciant ou contraint. L'offre de spectacles est abondante, le divertissement n'est jamais loin. Le supporter de football parisien est exigeant, il demande plus que des divas. Il ne veut pas seulement des gladiateurs ou de simples combattants. Il veut leur union sur et en dehors du terrain. Tous sous le même maillot et portant les mêmes valeurs.

On ne va pas au Parc comme au théâtre, on y vient pour y vivre un ailleurs. C'est un moment en rupture avec le quotidien, la promesse d'un monde réinventé et meilleur.

Les joueurs taillés pour le PSG ne sont donc pas légion. Ceux qui y sont parvenus ont simplement permis au club d'être ce que nous sommes. Ils sont notre identité, notre ADN. Ils ont donné leur sueur à nos couleurs pour que notre maillot et notre club s'offrent une âme.

Dès les premières heures, avant même de gagner le Parc, le club et ses suiveurs avaient l'exigence chevillée au corps. Ils ont vite séparé les champions des simples joueurs. Ceux qui n'avaient pas le talent, l'expérience ou l'engagement nécessaires furent vite déchus. *A contrario*, ils ont couronné ceux qui ont tout donné, tout offert. Ils leur ont fait cadeau en retour d'une part d'éternité : rentrer à jamais dans notre légende et dans nos cœurs.
Quant aux autres, et notamment ceux qui n'adhèrent pas à ce qu'est le PSG, le Parc ne pardonne rien. Il ne souffre pas la médiocrité. Il ne supporte pas la paresse ou l'hypocrisie. Dans ces cas-là, tant pis. La porte s'ouvre vite pour un transfert.
L'heure est venue de saluer les premiers joueurs qui ont porté haut nos couleurs. Parfois longuement, parfois trop brièvement.

■ **Jean Djorkaeff,** Tchouki le magnifique

Il est le premier. Pour toujours. Dans nos souvenirs, il restera celui qui a porté le premier brassard de capitaine de notre histoire. Après quatre saisons à l'Olympique de Marseille et neuf au sein de l'Olympique Lyonnais, Jean Djorkaeff arrive au club.
Certes, il est déjà en fin de carrière, mais pour nous supporters, il marque à sa manière la naissance du club. Lorsqu'il rejoint Paris le 22 juin 1970, Jean Djorkaeff n'est pas un inconnu et pour le PSG, ce n'est pas un jour comme les autres. Capitaine de l'équipe de France et futur père de Youri, celui qui éclairera les années 90 de son talent, le joueur est un talent reconnu. Le voir arriver à Paris, qui évolue alors en deuxième division, peut surprendre. Celui qu'on appelle Tchouki a beau être au crépuscule de sa vie de footballeur, il va laisser une trace profonde dans la mémoire du club.
Dès sa première saison, avec 29 apparitions en match officiel et 5 buts marqués, son rôle est essentiel dans la quête de la première

place du groupe B de deuxième division, appelée alors National. Les portes de la Division 1 s'ouvrent.

Notre capitaine a réussi son pari. La saison suivante, 1971-1972, va être riche et tendue comme une annonce des turbulences qui s'amorcent au sein du club. Avec 39 matchs joués, 2 buts marqués, une seizième place et un maintien assuré de haute lutte, Jean Djorkaeff réalise une bonne saison sous le maillot rouge du club. Pourtant tout ne fut pas simple, comme il le dit lui-même lorsqu'il évoque son épopée parisienne. «*La première année dans l'histoire du club a été exceptionnelle, il y avait un véritable engouement du public et des Associés.*» La saison 1971-72, en revanche, lui laisse «*un goût amer*»: les retards pris par le chantier du Parc des Princes et l'absence du soutien populaire que le Parc aurait permis empêchent de goûter pleinement à l'effervescence de la première division. La saison s'achève mais elle a été longue et frustrante. Une certaine déception demeure malgré tout ce qui a été accompli. La trajectoire est pourtant normale pour un promu, quand bien même fût-il parisien.

La promesse de poursuivre ensemble l'aventure parisienne semble évidente – elle va pourtant tourner court.

Il faut dire qu'à Paris, tout ne fut pas évident pour Jean Djorkaeff. Celui qui évolue avec Daniel Horlaville ou Camille Choquier s'est longtemps interrogé sur l'opportunité de rejoindre les rangs du prometteur club parisien. Comme il le dit lui-même: «*À l'été 1970, Guy Crescent, le vice-président du PSG FC et patron de Calberson, m'a contacté. C'était un personnage atypique, un gars extraordinaire, animé d'une grande passion pour le foot. À l'époque, j'étais international français. J'ai hésité. Je ne savais pas où je mettais les pieds. Mais Crescent s'est montré très persuasif. Il a su trouver les mots. Je me suis senti désiré, je ne regrette pas. Tout était à construire.*»[11]

---

11 *40 stars pour 40 ans de passion, Témoignages*, Michel Kollar et Bruno Salomon, Hugo & Cie.

Ballotté entre le Camp des Loges et le stade Jean-Bouin pour les premiers matchs, Jean Djorkaeff découvre une aventure parisienne très éloignée de ses années marseillaises et lyonnaises. À des années-lumière de ce qu'un footballeur professionnel, international de surcroît, peut attendre du club d'une capitale. Les structures sont inexistantes, les *« équipements sont vétustes »*. Surtout, tout est à faire. La majeure partie de l'équipe est composée d'amateurs. Seuls cinq joueurs professionnels composent l'effectif. Pour autant, il ne regrettera rien. Il avoue même que *« l'ambiance dans l'équipe était fantastique »*. Pour lui, l'histoire avec le Paris Saint-Germain reste inattendue et profondément marquante. Il est rare de participer à la construction d'un club, de vivre ses premières heures tout en pressentant le début d'une grande aventure, le commencement d'une belle histoire. Comme il l'avoue avec émotion, *« le PSG, c'était notre bébé »*. Comme d'autres, il est resté très attaché au PSG. Parce qu'il a participé à sa création, il se perçoit même à raison comme *« l'un des pionniers »* de l'aventure parisienne.

Les histoires d'amour, hélas, finissent mal et lorsque le club se scinde en deux au terme de la saison 1971-72, Jean Djorkaeff choisit de quitter le Paris Saint-Germain comme le reste de l'équipe professionnelle pour aller jouer les derniers matchs de sa carrière au PFC, le club créé au moment de la scission.

Pour lui, rien n'a plus jamais été pareil et son histoire s'achève tristement. *« On a quitté Saint-Germain à contrecœur et on n'a plus jamais retrouvé les conditions idéales pour s'entraîner. On était baladé d'un stade à un autre. »* Jean Djorkaeff regrette ses premières heures parisiennes : *« On était bien à Saint-Germain, nous étions chez nous. Quand nous sommes devenus Paris FC, nous sommes devenus des enfants perdus. »*[12]

---

12 *France Football*, 28 mai 1974.

Après deux saisons sous le maillot du PSG, l'international français quitte le club pour le PFC où il met un terme deux ans plus tard à sa carrière, après 489 matchs professionnels et avec un dernier titre à son palmarès, celui de champion de Division 2 avec le PSG en 1971.
Le destin joue parfois d'étranges tours. Lorsque Tchouki raccroche les crampons au terme de la saison 1974, le PSG remonte en division 1 tandis que son club, le PFC, est relégué.
Premier joueur du PSG à être sélectionné en équipe de France et parmi les premiers professionnels du club, Jean Djorkaeff ne sera resté que deux saisons sous le maillot du Paris Saint-Germain. Mais il demeure dans nos mémoires comme le leader des premières heures et le footballeur qui a permis de guider un groupe et un club au commencement de son histoire. Bien qu'il ait quitté le PSG pour le Paris FC, son attachement à nos couleurs ne s'est jamais démenti. Point de traîtrise ou de rupture de ban, Tchouki reste à jamais notre capitaine.

■ **Jean-Pierre Dogliani,**
le premier capitaine de Fontaine

À Paris, on aime les stars et les manieurs de ballon, les joueurs qui respectent notre maillot et ceux qui font preuve de caractère. À Paris, on ne réussit que si l'on réunit au moins deux de ces trois conditions. C'est ainsi que l'on touche le cœur des supporters, que l'on gagne leur soutien indéfectible. Jean-Pierre Dogliani était fait de ce bois-là. Jean-Marc Pilorget s'en souvient avec admiration : « *Le premier joueur qui m'a marqué, c'est Jean-Pierre Dogliani. Une personne d'une gentillesse extrême et une très grosse personnalité. Il m'a laissé une très belle image.* »
Lorsqu'on pense aux premières années du Paris Saint-Germain, son nom ne vient certes pas spontanément aux lèvres. Pourtant,

Jean-Pierre Dogliani a été un joueur fondamental de cette période. Ami de Just Fontaine qui le fit venir pour être son capitaine et son meneur de jeu, l'éphémère international français est un homme de caractère. L'idéal pour une équipe parisienne en quête de talent, de leader et de tempérament.
Jean-Pierre Dogliani rachète lui-même sa dernière année de contrat et rejoint le Paris Saint-Germain au début de la saison 1973-1974 en provenance de l'AS Monaco. Figurant parmi les premières recrues du nouvel entraîneur du PSG, le milieu de terrain est connu pour être aussi talentueux que volcanique. Ancien de l'OM, d'Angers ou de Bastia, c'est peu dire que le joueur a du répondant. Son histoire à Paris en sera d'autant plus forte.
Acteur majeur de l'épopée de 1974 avec 26 matchs disputés, il est celui qui permet au PSG d'accéder à la première division. Car c'est à lui que l'on doit la remontée fantastique du 4 juin 1974. En inscrivant deux buts déterminants, il permet au PSG de battre en barrages retour une pugnace équipe de Valenciennes qui menait pourtant 2-0 à la mi-temps. Héros du « *match le plus important de l'histoire du club* »[13], il demeure l'artisan d'un renversement historique comme le Parc en connaîtra peu sur sa pelouse. Celui que la presse surnomma le lendemain « *le messie* » aura « *rendu une équipe au Parc* » et propulsé Paris vers les étoiles. Face au virage Boulogne, d'une feinte de corps magistrale ponctuée d'un tir aussi décisif que chirurgical, il a marqué à la 75e minute un quatrième but décisif. Celui de la montée, des grandes victoires et d'un destin : celui du Paris Saint-Germain.
Ce soir-là, malgré la tension, Paris est devenu magique et c'est en partie à Jean-Pierre Dogliani qu'il le doit. De mémoire de suiveurs et malgré un hors-jeu non sifflé, il reste celui qui a offert leurs

13 *Ici c'est Paris*, Thibaud Leplat, éditions Solar.

premiers frissons à des milliers de supporters parisiens. Devant 19 511 spectateurs hors d'haleine, alors que les tribunes stressées scandaient «*Paris! Paris! Paris!*», Dogliani prit la destinée du match en main. Il changea le cours de notre histoire. Ce soir-là, le Parc a connu «*sa première grosse ambiance*». La folie emporta le stade, les dirigeants extatiques se ruèrent sur la pelouse et la fête dura longtemps. Lors de cette soirée inoubliable, la première de notre histoire, le milieu natif de Marseille a été l'incarnation parfaite de cette équipe dirigée par Justo et présidée par Daniel Hechter: imprévisible et irrévérencieuse, vaillante et prête à tout pour relancer le football à Paris.

Sous le maillot aux trois bandes, sa personnalité a profondément marqué le vestiaire parisien et enthousiasmé tous ceux qui l'ont côtoyé pendant trois saisons. Celui que Justo avait fait venir pour avoir «*un vrai numéro 10, grand meneur de jeu*» a formé avec trois autres recrues (Louis Cardiet, Jean-Louis Leonetti, Jean Deloffre) un quatuor qui a mené le PSG jusqu'aux joutes de Division 1, et que l'on surnommera comme il se doit les «Quatre mousquetaires».

Des journalistes jusqu'à ses anciens partenaires, du «gang des chemises roses» jusqu'aux supporters, son souvenir reste vif et les avis sont unanimes. Mustapha Dahleb dit de Jean-Pierre Dogliani qu'il lui a donné «*le goût du football, du beau jeu*», qu'il était «*phénoménal*»[14]. Même s'il n'était «*pas le plus fou, mais doté d'un sacré caractère*», l'homme avait du cran et surtout du talent.

Caractère entier, l'ancien buteur des Bleus s'est affirmé comme un élément de valeur du PSG, un joueur-cadre, jusqu'au jour où il s'est emporté pour de bon. Alors qu'il n'était pas d'accord avec Just Fontaine sur la manière de jouer de l'équipe, le ton est monté

14 *Le Temps*, 17 mars 2019.

jusqu'à l'engueulade. Cette histoire de vestiaire qui arrive dans toutes les équipes aurait pu s'arrêter là. C'était mal connaître celui qui compilera 100 matchs et 26 buts sous nos couleurs. Daniel Hechter, alors jeune président, le raconte à merveille : « *Jean-Pierre Dogliani quitte furieux le Camp des Loges et avant de partir, il prend son maillot, ses chaussures... et il fout le feu.* »[15] Le tout sous les yeux médusés de Just Fontaine, de Mustapha Dahleb et de ses coéquipiers interloqués, mais aussi de Jacques Vendroux, journaliste de France Inter. L'affaire se négocie en interne. Elle s'ébruite à peine à l'extérieur et la sanction prévue n'est pas appliquée. Preuve si besoin est de l'importance prise par Jean-Pierre Dogliani au sein du PSG.

Malheureusement, les choses ne s'arrangeront pas entre les deux anciens amis. La rupture apparaît définitive lors de leur troisième saison commune. Mais c'est une grave blessure au genou, fatale, qui va décider de la fin de l'histoire. Jean-Pierre Dogliani met fin à sa carrière. Paris aura été son dernier club. Celui qui deviendra recruteur pour le PSG de 1996 à 2001 ne foulera plus la pelouse du Parc en tant que joueur professionnel. À une exception près.

Le 5 septembre 1981, le fantasque Francis Borelli organise un jubilé d'exception pour lui et son ami, l'ancien Parisien Jean-Louis Leonetti. Face au Boca Juniors de Maradona, le Parc fête ses idoles et admire le génie argentin pour la première fois sur le sol français. Contrairement à l'habitude, les Rouge et bleu vont jouer en vert mais leurs maillots sont floqués aux noms des héros du soir. L'hommage est à la hauteur du capitaine emblématique, aujourd'hui disparu, que fut Jean-Pierre Dogliani pour le PSG. Le capitaine d'une montée qui mit à rude épreuve le cœur des supporters et de Just Fontaine.

---

15 *Paris Saint-Germain, Au cœur du club*, mai-juin 2019.

■ **Just Fontaine,** *the right man at the right place*, l'homme de la situation

Parler du PSG des premières années sans rendre hommage à Just Fontaine, ce serait omettre son importance de bâtisseur. Recruté par Daniel Hechter dans un rôle de directeur technique, il est resté trois saisons sur notre banc avec Robert Vicot à ses côtés. Rouge et bleu comme aucun entraîneur dans notre histoire à l'exception de Luis Fernandez, l'éphémère sélectionneur des Bleus est unique. Il a posé sa griffe sur le club.

Avec 60 matchs remportés sur 137 dirigés, il cumule à peine 44 % de victoires. Pourtant, son empreinte est indéniable dans le jeu et le souffle qu'il a apporté à cette équipe tout juste promue en Division 2, quinze jours après son arrivée. Dès ses premiers matchs, il a contribué à faire du PSG une équipe tournée vers le jeu et le plaisir de marquer. Mustapha Dahleb ne dit pas autre chose quand il décrit la philosophie résolument portée sur l'attaque qu'il prônait: « *C'était un entraîneur qui innovait. On prenait des risques offensifs. On pouvait parfois mener 4-0 à Nantes et finir le match à… 4-4.* »

Premier repère du Paris Saint-Germain de l'ère Hechter, celui qui est resté de 1973 à 1976 à la tête de l'équipe fanion avait tout compris des attentes parisiennes: gagner, remonter en Division 1 et faire preuve de panache. Comme Justo le dit lui-même, « *à l'époque, Paris avait une bonne image, celle d'un club jouant un beau football* »[16] et la stratégie s'est avérée payante. En termes de résultats, le PSG a franchi un cap. Auprès des premiers supporters et des suiveurs, Just Fontaine reste une figure tutélaire, sans laquelle nous ne serions pas ce que nous sommes.

De Justo, l'histoire a retenu l'image d'un vainqueur, celle d'un entraîneur porté en triomphe par ses joueurs un soir de juin 1974

16 Interview de Maxime Pousset pour PSG70.free.fr, juillet 2007.

dans un Parc des Princes qui allait devenir notre antre. En choisissant l'attaque comme mode de vie, il a permis au PSG de retrouver l'élite au terme du barrage inoubliable face à Valenciennes, ce «*match fabuleux*» gagné *in extremis* et qui lui valut, sous le coup de l'émotion, une petite alerte cardiaque.
L'entraîneur parisien a su viser juste comme l'ex-attaquant qu'il fut. On n'apprend pas le football à un homme qui a inscrit 164 buts en D1. La partie n'était pourtant pas gagnée d'avance, comme il l'avoue lui-même: «*La première année, je n'avais pas de contrat. La deuxième année, RTL venait d'arriver. Dès le premier repas avec leur responsable, j'ai compris que ça ne serait pas de la tarte, qu'ils allaient mettre autant d'argent que Daniel Hechter mais pas assez pour monter une très grande équipe. Pour le prix d'un ongle d'un joueur d'aujourd'hui, je devais me faire une équipe. J'ai fait venir d'anciens joueurs que je connaissais et en qui j'avais confiance comme Louis Cardiet, Jacky Bade que j'ai connu au TFC en amateur, Jean Deloffre, Jean-Louis Leonetti et Jean-Pierre Dogliani qui a coûté un million d'anciens francs. J'ai aussi fait venir l'Israélien Mordechai Spiegler du Paris FC et j'ai dit à Daniel Hechter que nous aurions des chances de monter s'il me laissait prendre François M'Pelé. Il a accepté, on l'a fait venir de Corse et on est monté! Le PSG, c'était à cette époque une équipe composée à moitié de professionnels et à moitié d'amateurs. Pourtant, l'amalgame a très vite pris et nous sommes montés après les barrages contre Valenciennes, sans avoir un grand budget.*»
Celui qui s'enorgueillit d'avoir dirigé Johan Cruyff sous le maillot du PSG à l'occasion du Tournoi de Paris 1975 en lui disant simplement «*Jouez comme vous voulez, où vous voulez*» continue de fasciner. Il est à l'origine d'une histoire qui dure depuis plus de 46 ans, l'aventure du PSG en Division 1.
Pour autant, un entraîneur se doit de gagner et ni les émotions, aussi fortes soient-elles, ni le curriculum vitae, même s'il est aussi impressionnant que celui de Justo, ne garantissent à un coach de

se maintenir. Au cours de la saison 1975-1976, lors de la trêve, Daniel Hechter décide de débarquer Just Fontaine de manière «*brutale*», si l'on en croit Jacky Novi, le défenseur international français du PSG. Son remplaçant s'appelle Velibor Vasovic. Il vient de gagner une Coupe d'Europe avec l'Ajax.
Malgré son éviction, Just Fontaine ne se montre pas rancunier; il faut dire que personne ne l'a oublié. Le temps a aussi fait son œuvre. Fréquemment célébré, il reste viscéralement attaché au club parisien. Un attachement qu'il résume en une formule: «*Le Paris-SG, c'est la classe.*»
Comme Just Fontaine.

■ **Mustapha Dahleb,** l'étoile

Parmi les immenses joueurs qui ont porté les couleurs Rouge et bleu et fait du PSG un club capital, il en est peu qui brillent autant au firmament. Plus rares encore sont ceux qui ont aussi durablement conquis nos cœurs de supporters.
Aux côtés de Luis Fernandez et Safet Susic, un joueur se détache. L'époque est lointaine, de celle que les moins de 20 ans ne peuvent pas connaître. Son patronyme est incontournable. Tous ceux qui s'intéressent à l'histoire du club le connaissent. Nombreux sont ceux qui l'ont vu jouer. Plus nombreux encore sont ceux qui le regrettent.
Son nom résonne d'ailleurs comme une promesse: il s'appelle Mustapha Dahleb.
De son arrivée au club qu'il négocie seul le 13 juillet 1974 à son départ en 1984, l'attaquant s'est imposé durant dix ans comme l'une des plus importantes recrues de toute notre histoire. Pendant neuf saisons, l'international algérien a conquis nos cœurs. «Mus» s'est identifié au Parc, «Moumousse» a porté Paris. Il a rempli sans faillir nos poitrines de fierté, d'ardeur et d'espoir.

Carlos Bianchi, l'immense buteur argentin, résume bien le personnage et plus encore l'attaquant qu'il fut pour le club et la Division 1 : « *Dahleb était un phénomène. Il savait tout faire. Il avait une qualité technique incroyable. C'est l'un des plus grands joueurs que j'ai eu la chance de côtoyer tout au long de ma carrière de footballeur en Argentine et en France. Aujourd'hui je ne sais pas s'il y a un Dahleb en Ligue 1. Comme joueur, il n'a pas eu la possibilité d'être reconnu à sa juste valeur. (...) C'était un joueur avec des qualités qu'on ne voyait pas très souvent.* »[17] Le compliment est de taille lorsqu'il émane d'un coéquipier qui fut quadruple meilleur buteur du championnat de France. Un hommage amplement mérité.

Jean-Marc Pilorget abonde dans le même sens : « *Mustapha Dahleb était un génie. Sur un terrain, il était fabuleux. Il était complètement différent des autres. Il était joueur de foot mais il pensait déjà à son avenir. J'ai vu Mus distribuer des cartes de visite lors de matchs amicaux ! Il n'était pas commun. Il travaillait dans l'import-export, on ne savait pas trop dans quoi mais il envisageait déjà l'avenir hors du terrain.* »

Meilleur joueur du championnat en 1976 et 1978, meilleur joueur étranger en 1977 et double vainqueur de la Coupe de France en 1982 et 1983, « le Petit Prince du Parc » reste un joueur hors normes. Pour Daniel Hechter, Mustapha Dahleb « *a été la première vraie star du PSG. Quand il partait dribbler sur son aile gauche, le stade se levait.* » Avec 310 matchs officiels joués, 98 buts marqués et 85 passes décisives délivrées, l'international aux vingt sélections a donc durablement marqué le club. Celui qui fut désigné « Fennec d'or » et meilleur joueur algérien du XXe siècle est un grand footballeur. Et plus encore un homme fidèle.

Le PSG a pu s'enorgueillir de compter dans ses rangs Zlatan Ibrahimovic, George Weah ou Neymar, mais rien de comparable à

---

17 *France Football*, 26 avril 2019. *40 stars pour 40 ans de passion, Témoignages*, Michel Kollar et Bruno Salomon, Hugo & Cie.

la trace que laissa Mustapha Dahleb sur les terrains de Division 1. Le natif de Béjaiä a toujours allié le talent à un certain supplément d'âme que d'autres peuvent lui envier. Courtisé par l'Ajax Amsterdam des grandes années, le Bayern Munich, le Milan AC ou l'Inter, il choisit Paris et décide d'y rester. Contacté par le Barça et les plus grands clubs brésiliens ou européens, Mustapha Dahleb n'hésite pas. Il ne transige ni ne tergiverse. Il opte pour la fidélité et la continuité au détriment de contrats plus valorisants. Alors que les frontières étrangères s'ouvrent aux footballeurs de talent, le capitaine du PSG se sent bien où il est et se demande pourquoi partir.
Première figure majeure du club, Mustapha Dahleb incarne à merveille les années Hechter et le brio des années Borelli. Si l'orgasme du football reste le but, pour paraphraser Eduardo Galeano, Mustapha Dahleb en fut le principal pourvoyeur.[18] Trente ans après son départ, il figure au panthéon du club. Il s'impose de loin parmi ceux qui l'ont fait entrer dans cette nouvelle dimension faite d'honneurs et de victoires, celle des grands clubs.
Au PSG, il n'a d'ailleurs connu qu'un seul mauvais souvenir, celui de le quitter.

■ Le mythe **Pelé**[19]

Quel supporter n'a jamais connu ce frisson, cette attente, cette folie à l'occasion du marché des transferts ? À Paris, les mercatos se vivent toujours de manière très intense. Cette première année en Division 1 n'échappe pas à une règle qui va même devenir immuable au fil des décennies : ici comme ailleurs, le marché des transferts est toujours l'occasion de promesses irréalistes, d'ambitions sans

18 *Le football, ombre et lumière*, Eduardo Galeano, Lux.
19 *40 stars pour 40 ans de passion, Témoignages*, Michel Kollar et Bruno Salomon, Hugo & Cie. Paris-canalhistorique.com.

limites, d'espoirs fous souvent laissés sans lendemain. Ce moment particulièrement important pour nous, supporters parisiens, vire à l'euphorie alors que se clôture l'exercice 1970-71.
Le 22 juin, une rumeur enfle et la France du football se prend à rêver lorsque *L'Équipe* annonce l'impossible en une. Guy Crescent, l'un des patrons du club, est parti au Brésil avec le secret espoir de faire signer Pelé. Le meilleur joueur du monde.
Le Brésilien a tout juste 31 ans. Triple champion du monde (1958, 1962, 1970), il est déjà entré dans l'histoire. Alors l'imaginer porter les couleurs du club a de quoi enflammer le peuple parisien. Même les supporters les plus méfiants espèrent son arrivée. Joel Camargo, son coéquipier avec lequel il a remporté la Coupe du monde 1970, lui a ouvert la voie. L'excitation est à son comble.
Premier Brésilien du PSG, Camargo a déçu. Il n'a pas laissé un souvenir plus vivace dans les esprits que les deux tristes matchs qu'il a joués sous nos couleurs lors de notre première saison en D1. Imaginer Pelé lui succéder pour porter le maillot rouge du club apparaît simplement fou.
Pelé, pour les supporters, c'est la promesse d'un spectacle unique, la certitude de moments inoubliables et la confirmation que le PSG peut être à la hauteur de la capitale. Associer le jeune PSG à la plus grande vedette de son temps, à l'artiste qui personnifie le mieux le joueur de ballon rond, était une idée incroyable !
La rencontre n'aurait d'ailleurs pas manqué de saveur. Avec un tel transfert, les mots d'Ernest Hemingway se seraient une nouvelle fois vérifiés : « *Paris est une fête.* »
Les dirigeants de l'époque avaient du flair et un grain de folie : Pelé était la vedette que le club réclamait pour se lancer, celle que les supporters auraient acclamé. Tout à fait le type de joueur pour lequel on se déplace et paie son billet.
Frasques, petits ponts, doubles contacts et autres arabesques auraient peuplé notre quotidien bien avant que l'on ne soit familier

de Valdo, de Raï, des virgules de Ronaldinho ou des cavalcades de Neymar.

Imaginez un instant le plus grand joueur de tous les temps porter nos couleurs et songez à ce que cela aurait pu donner... Les frissons dans le stade, l'émotion à chaque prise de balle, le souffle qui s'arrête et l'attention de la planète entière. Y repenser aujourd'hui n'est pas sans ironie si l'on se remémore l'histoire récente du club. Hélas, il n'en sera rien.

Mais ce 5 juillet 1971, tous ont voulu croire au fol espoir de son arrivée. Malgré l'accord décroché avec son club de Santos, le rêve brésilien s'envole. Pelé décline.

Comme l'a rappelé Jean Djorkaeff, notre premier capitaine, le PSG à l'époque était « *un club ambitieux à l'image de Paris, l'une des plus belles villes du monde* » et cela n'aurait rien eu de surprenant. Les dirigeants souhaitaient vraiment faire de Paris un club européen, un grand club. Faire venir l'un des joueurs les plus emblématiques de l'histoire avait du sens. Comme une sorte de politique de Galactiques avant l'heure, comme un écho aux futurs recrutements *auriverde* du club période Canal+ et QSI, la venue d'Edson Arantes do Nascimento au PSG aurait probablement permis à Paris de devenir Paris, bien avant les années 90-2000.

Pelé ne portera donc pas nos couleurs. Quelques années plus tard, le 14 septembre 1976, il viendra pourtant nous donner de ses nouvelles dans le cadre d'un match d'adieu au public parisien, au Parc des Princes. Étrangement accueilli par Mireille Mathieu, le joueur, qui a si souvent fait rêver les Parisiens, est au crépuscule de sa carrière et joue pour le Cosmos de New York. Il sera opposé à nos stars, M'Pelé et Mustapha Dahleb, tous deux buteurs ce soir-là ; mais lui ne marquera pas. Moins de 20 000 personnes s'étaient déplacées porte d'Auteuil. Le roi s'en est allé. Paris en avait rêvé.

Parce qu'on est fiers de nos couleurs : Daniel Hechter, le maillot d'une passion

Paris n'a pas toujours été Paris. Dans nos premières heures, le PSG évoluait en rouge. Point de bandes sur le maillot, le bleu était réservé aux shorts. La révolution est venue de Daniel Hechter ; c'est à lui que l'on doit notre maillot historique et nos couleurs actuelles. Qu'elle soit barrée par Canada Dry, Seat, Opel ou RTL, notre tunique iconique est le fruit de l'imagination du président qui fit entrer le Paris Saint-Germain dans la modernité. Elle nous rapproche de l'histoire de la capitale et fonde notre farouche attachement au maillot tricolore. Le seul qui vaille.

À l'occasion de la saison 1973-1974, celle qui précéda la montée, le créateur parisien invente le fameux tricot bleu-blanc-rouge-blanc-bleu (BBRBB), une part incontournable de notre identité. Ce maillot, il l'a imaginé et dessiné « *comme pour un spectacle. C'était un total look, avec le short rouge et l'équilibre sur le maillot bleu entre les rayures rouges et blanches.* »[20].

« *Désireux d'en faire quelque chose d'esthétique qui fonctionne comme un opéra* »[21], Daniel Hechter imprime la marque de son temps au club. « *À l'époque, les maillots du club étaient rouges. Notre logo existait et j'ai cherché un nouveau maillot pour cette équipe. L'inspiration, c'est comme la mode, ça vient tout d'un coup. On ne sait pas pourquoi. Dans la rue, j'ai vu une Ford Mustang avec sa bande centrale sur le capot qui se prolonge sur le toit. Et j'ai transposé ça, j'ai commencé à dessiner et j'ai trouvé cette bande centrale sur le maillot, quand, à l'époque, les bandes étaient horizontales. Seul l'Ajax Amsterdam avait une bande centrale ; certains ont d'ailleurs cru que je m'en étais inspiré, ce qui n'était pas le cas même si Johan est un ami et que je partage son idée du football (...) J'ai présenté mes croquis au comité du club, tout le monde a trouvé le maillot superbe. Deux ans plus tard, un magazine*

20 *Le JDD*, 28 septembre 2013.
21 Ibid.

italien a estimé que la tenue du PSG était la plus belle d'Europe.» Ce qu'aucun d'entre nous ne pourra jamais nier.
Objet de vénération et rappel de l'ADN du club, ce maillot témoigne de l'importance de Daniel Hechter dans notre panthéon personnel et de sa place essentielle dans nos imaginaires. Grâce à lui, le PSG a désormais un maillot et ses couleurs. Il ne lui reste plus qu'à trouver un écrin à sa mesure. Ce sera le Parc des Princes.

Le Parc pour la vie: «Ici c'est Paris»

Comme l'a écrit Simon Critchley dans son livre *What we think about when we think about football*[22], «*le stade est le lieu de l'utopie pour le supporter, le lieu des possibles où justement tout est possible. À la manière de l'Utopia de Thomas More, le stade que l'on aime fait rêver, il fait vivre une autre réalité dans un autre espace et une autre temporalité.*»
Lorsque l'on pense au Paris Saint-Germain, il ne viendrait à l'idée de personne de l'imaginer hors du Parc des Princes.
Pourtant, le PSG n'a pas toujours évolué devant les travées du Parc. Nombreux sont ceux qui ont oublié Jean-Bouin ou le stade Georges-Lefèvre de Saint-Germain. Plus nombreux encore sont ceux qui ont refusé la perspective d'un déménagement au Stade de France.
Le Parc est essentiel pour nous, pour comprendre qui nous sommes. Le Parc est notre maison, le lieu où se formulent nos rêves, l'endroit où parfois ils se réalisent. C'est à jamais le stade où l'on caresse l'espoir de jours toujours meilleurs. Pourtant, il n'en a pas toujours été ainsi. Le PSG a eu une vie avant le Parc et elle fut pour le moins agitée. Il a fallu attendre juillet 1974, notre montée en Division 1 et notre première saison dans l'élite, pour que l'on y pose définitivement nos valises[23].

22 Profile Books, 2017.
23 Paris-canalhistorique.com.

Il y a pourtant eu un match l'année d'avant, le premier de notre histoire dans le nouveau Parc. C'était un samedi, le 10 novembre 1973, pour une rencontre contre le Red Star. Le premier d'une série d'un millier de matchs joués dans notre stade ! Devant 33 862 spectateurs ce soir-là, le PSG n'est pas la tête d'affiche. Son match face à son rival banlieusard n'est qu'un lever de rideau de Division 2, un prélude au grand match du soir, le duel de première division entre le PFC et le FC Sochaux.

À cette occasion, Othniel Dossevi marque le premier but *made in Paris Saint-Germain* au Parc, et cela dès le premier quart d'heure, sur une passe de Jean Deloffre. Il s'en souvient bien : « *On était l'équipe parisienne par excellence et, en se retrouvant dans le Parc, dans les gradins, l'ambiance était à la fête. Sur le terrain, on s'est senti tout de suite très à l'aise dans le stade comme sur la pelouse. (...) Ce but pour moi était important car nous jouions la montée et j'aidais mon équipe. C'est plus tard, avec le temps, que j'ai compris qu'il était important pour l'histoire du club.* »[24] Ce premier but au Parc en annonce d'autres. Comme l'a dit Daniel Hechter : « *Une fois en première division, une autre histoire pouvait débuter.* »[25] Conjuguée au présent, elle ne pouvait avoir de sens qu'avec le nouveau Parc. Pour notre emblématique président, « *il était évident qu'à l'époque le PSG devait s'y installer* » au risque de peiner à équilibrer son budget et que le stade ne sonne creux. Mais peu importe : en 1974, le Parc est fini, le PSG est au Parc. Le PSG est le Parc.

Robin Leproux, l'ancien président du club et responsable du plan du même nom, ne dit pas autre chose : « *Paris, c'est ma ville. J'ai joué au foot pendant 45 ans au niveau amateur. J'ai fait plein de clubs. Le football est une passion. Dans les années 1970, je prenais le petit train jusqu'à Auteuil pour aller au Parc voir les magiciens que l'on connaît, les Mustapha Dahleb, les Safet Susic. Ces joueurs étaient*

24 Ibid.
25 Ibid.

fascinants. À l'époque, il y avait peu de matchs qui passaient à la télé. Le football et nos grands joueurs, il fallait aller les voir au stade. Le PSG est donc devenu mon club.»[26]

Dès les premiers mois, les supporters parisiens s'en emparent, le découvrent. Ils l'apprivoisent. Très vite, on est au Parc comme chez soi. Chacun y trouve ses repères comme ce fut le cas pour Colombes ou Saint-Germain. Chacun ses voisins, sa place, sa tribune. Dans cette grande corbeille d'acier et de béton signée Roger Taillibert, la place qu'on occupe dit beaucoup de son attachement au club, de la passion qui nous anime, du lien personnel qu'on entretient avec le PSG.
Chacun a sa vision du Parc: latérales, loges ou virages, Auteuil, Boulogne, tribune haute, basse, quart de virage. On revendique les lettres de sa tribune pour révéler son appartenance: B, C, G, K... Tous Parisiens mais chacun à sa manière. Le Parc ne sélectionne pas à l'entrée, il n'exclut pas. Du moins dans ses premières années. Tout le monde y a sa place. Au Parc, personne ne lorgne celle des autres, ni ne la menace. Tous ensemble, à la manière d'une vraie famille. Même s'il y a des heurts, des drames, des tensions et parfois des ressentiments, le PSG réunit les clans. Il transcende les clivages. Au point d'accueillir avec œcuménisme les équipes de France de football et de rugby et les finales de Coupe de France. Imposant vaisseau posé comme un anachronisme dans un XVIe arrondissement très policé, le Parc n'a pas d'équivalent. Sis entre la capitale et Boulogne, «*le Parc reste l'un des stades les plus magiques d'Europe voire du monde, c'est le stade de toujours des Parisiens*», comme l'a si justement déclaré Jacques Vendroux au magazine du club[27]. Le Parc des Princes, c'est un bruit, un souffle fort et rauque qui vous emporte, qui vous transporte. Un soutien sans

26 Entretien avec les auteurs.
27 PSG Mag, mai-juin 2019, n°164

failles, une exigence incroyable. «*Son simple nom est magique*»[28], comme Paris.

L'histoire du Parc, c'est aussi celle des premières passions, une histoire de fidélité au PSG. Celle des débuts difficiles, lorsque le club survivait en Division 1 plus qu'il n'y gagnait. Éric Bidault, l'emblématique abonné de la tribune Boulogne, s'en souvient avec émotion[29]. Celui que le Parc a surnommé «Giscard» en raison du masque qu'il arborait en tribunes lors des finales de Coupe de France y a été abonné plus de trente ans. Dès 1977, le Parc accueille les quelques milliers de passionnés qui vont faire du stade, au fil des années, l'une des plus belles ambiances d'Europe. Si le nombre peut sembler étonnant aujourd'hui, au tournant des années 1970, il est suffisant pour que le PSG s'empare de la plus forte moyenne de spectateurs sur la saison devant Nantes, Saint-Étienne et Marseille. À cette époque, il fallait pourtant du courage, une certaine dose de passion, presque de l'abnégation pour supporter le PSG dans un stade vide aux deux tiers. La parole est aux jeunes. Avec 1500 supporters abonnés en début de saison et jusqu'à 3000 en fin de saison 1977-78, le PSG les attire grâce à l'action de Daniel Hechter et aux Amis du PSG que Guy Adam chapeaute[30]. La tribune K leur est réservée depuis 1976, elle se remplit. 100, 200, bientôt 300 abonnés, cela ne s'arrête plus. Le Kop K parvient à réunir jusqu'à 500 abonnés fidèles et déchaînés. Cette tribune sera le point de départ du KOB, le Kop of Boulogne, et de la culture très anglo-saxonne qui fonde le supportérisme parisien.
En 1978, le Parc s'anime enfin. Pierre Ménès, supporter affiché des premières heures et Parisien de naissance, se souvient: «*Je suis*

28 Ibid.
29 Entretien avec les auteurs.
30 *Mon histoire passionnée du PSG*, Daniel Riolo, Hugo Sport.

allé au Parc pour la première fois en novembre 1977, pour un match contre Bastia. À l'époque, pour un mineur, l'abonnement était gratuit en tribune Auteuil. C'est comme cela que je suis devenu supporter du PSG.»

Ceci étant, le Parc n'est pas encore près de faire le plein, comme s'en souvient «Giscard»: «*On n'était pas nombreux au départ au Parc. 14-15 000. On remplissait le Parc seulement quand Nantes et Saint-Étienne venaient car le championnat se jouait entre les deux équipes. C'est comme si on jouait à l'extérieur!*» À cette époque, la *tifoseria* parisienne n'était pas ce qu'elle est aujourd'hui. «*Beaucoup de personnes venaient voir Paris perdre, ce n'était pas forcément des supporters des autres clubs d'ailleurs. C'était quelque chose. Il fallait que le PSG perde! À l'époque, je me baladais avec des trucs du PSG sur moi et je me faisais chambrer dans la rue. T'avais pas d'histoire, t'allais au Parc, t'étais 15 000. Rien d'autre. En plus, tu n'arrêtais pas de perdre donc les mecs se moquaient.*»

Durant les années Daniel Hechter et Francis Borelli, supporter Paris n'est pas une évidence, l'artisanat est à l'œuvre. L'ambiance si particulière du Parc n'existe pas encore. Tout est à construire. «*Au départ, on venait avec des manches à balai, puis on achetait des tissus bleus, blancs et rouges dans les marchés. Avec ça, on arrivait à faire des drapeaux bleu blanc rouge blanc bleu. Puis on les filait aux plus jeunes en leur disant de les ramener au prochain match. Progressivement, on a commencé à faire de plus en plus de drapeaux et de maillots*» et les choses ont changé.

Il a fallu du temps et des trophées pour que le public évolue et se déplace en masse pour supporter le PSG. Giscard se rappelle notamment du 15 mai 1982, le soir de notre premier trophée, la Coupe de France remportée contre Saint-Étienne: «*Avant que Dominique Rocheteau n'égalise à la 120e minute, au terme de la prolongation, les trois quarts du stade chantaient "On a gagné, on a gagné !" C'étaient pourtant les mêmes qu'on croisera plus tard sur les Champs après avoir gagné le match et fêté la victoire. Les mecs venaient voir un spectacle plus qu'autre chose.* » Le Parc n'avait pas encore son public mais il avait déjà ses premiers fidèles.

Dominique Rocheteau ne dit pas le contraire. « *Je me souviens de cette finale de Coupe de France en 1982 notamment. Un beau souvenir. J'adorais jouer au Parc, avec le PSG et l'équipe de France. Je m'y sentais bien. Au niveau de l'atmosphère, c'était à nous de mettre l'ambiance, en proposant du spectacle. Dans les tribunes ça commençait à bouger, avec les premiers ultras qui arrivaient à Boulogne. Il y avait aussi notre tribune, celle fidèle à Francis Borelli, à l'équipe dirigeante. On appelait cela le Sentier. C'était la tribune C, la tribune présidentielle.* »[31]

Beaucoup de choses restent à faire, mais cette soirée de 1982 a tout changé. Après 1974 et la folle soirée de la montée qui vit Just Fontaine s'effondrer de bonheur, le Parc s'est construit une ferveur et le PSG, une identité.

---

31 Entretien avec les auteurs.

4. LA PASSION BORELLI, L'HEURE DE NOS PREMIERS TITRES (1978-1991)

La chute de la maison Hechter et l'affaire de la double billetterie : un crève-cœur pour les supporters… Borelli arrive aux commandes du club

Lorsque son nom est évoqué, l'avis est unanime. Francis Borelli est incontournable, il est ce président que les fans du PSG ont toujours adulé. À l'image d'Éric Kriss, supporter des premières années : « *Francis Borelli est notre plus grand président. Ses bureaux étaient situés à 100 mètres du restaurant où travaillaient mes parents. Je le croisais toujours dans la rue avec sa fameuse sacoche. Il avait le club dans la peau.* » Daniel Riolo, l'éditorialiste de l'After Foot sur RMC et inconditionnel des premières heures, partage cet avis : « *Francis Borelli avait une vraie passion pour le club. C'est l'homme des premiers titres. On ne peut qu'être respectueux envers lui.* »
Pourtant, c'est le sort qui a conduit Francis Borelli à succéder à Daniel Hechter. Rien n'était écrit ou même prévu. Au cours de la saison 1977, les supporters parisiens et les amateurs de football assistent impuissants à la chute de leur emblématique président.

Accusé d'avoir mis en place une double billetterie pour pouvoir payer les salaires des joueurs et être compétitif en Division 1, Daniel Hechter doit passer la main. Interdit à vie d'exercer une quelconque activité dans le monde du football, le couturier doit laisser son bébé, le club qu'il a fait monter et rester dans l'élite.

Dans le *JDD* du 29 septembre 2013, il ne s'en cache pas, il *« en garde encore la cicatrice »* et le vit *« comme une injustice. »* Se pensant *« victime d'une cabale politique »* et pointant du doigt l'action de Philippe Séguin, il ne décolère pas après tant d'années. Pour lui, ce dernier *« l'a éliminé pour se venger. (…) J'avais hésité à le proposer comme président du grand club omnisports réclamé à Paris par Jacques Chirac… Après, il m'a tourné le dos alors qu'on était très proches (…). Je ne l'ai quasiment plus revu jusqu'à ce qu'il me recommande d'engager un de ses proches, Alain Rosen. Je me suis rendu compte que celui-ci manipulait les chiffres de la billetterie. Je l'ai viré et il a provoqué ma chute* [Rosen serait à l'origine des fuites dans la presse]. *Le jour de la sanction, je suis tombé de haut. La veille, Fernand Sastre, le président de la FFF, m'assurait que, compte tenu de mes états de service, la peine serait bénigne. Mon procès a été une mascarade. »* La sanction est aussi rude qu'exemplaire, même si elle sera cassée trois années plus tard par le Conseil d'État. Daniel Hechter doit abandonner son *« bébé »*.

Le soutien du club, des joueurs et des supporters n'y change rien. La rupture est brutale. Le couturier, emphatique et ému, s'en rappelle avec fierté dans les pages du *Figaro*[32] : *« Lors de mon dernier match au Parc, 50 000 personnes ont scandé mon nom pendant une heure et demie ! 3000 fans m'ont raccompagné jusqu'à la porte de chez moi ! »* À Paris, on n'oublie pas les siens, mais l'état-major du club doit se faire une raison. Le temps de la justice n'est pas celui des médias ou du sport : il faut un nouveau président au PSG. Ce sera Francis Borelli.

Le complice des premières années, l'autre visage des chemises roses, sera à la hauteur de son prédécesseur. Pour lui, *« le Paris Saint-Germain est quelque chose d'extraordinaire, c'est tout mon Amour. »*

---

32 lefigaro.fr, 18 novembre 2014.

Daniel Hechter se retire donc à regret en 1978 et laisse la lumière à son sémillant acolyte. Son mérite reste immense en dépit de ses excès. Lui qui affirme être «*le meilleur président de l'histoire du club*» a fait du PSG un club d'élite. Il lui a donné son maillot et lui a permis de prendre les clefs du Parc, sa maison. S'il part sans trophée, il nous a offert la montée en Division 1. Personne ne pourra oublier ce que Daniel Hechter a fait pour le PSG. Notre dette envers lui reste considérable. Quant à Francis Borelli, durant les treize saisons et demie qu'il va passer à sa tête, il sera à la hauteur du club que le couturier a patiemment construit. Il fera honneur à nos couleurs et n'aura de cesse de le répéter : «*Il n'y a rien qui [lui] soit arrivé de mieux que le PSG.*»

Durant les années Francis Borelli, le Paris Saint-Germain entre dans une nouvelle ère. Jean-Paul Belmondo aura vu juste : «*L'histoire du PSG a toujours suivi un scénario époustouflant, plein de rebondissements. On peut l'aimer, ou pas. La réalité, c'est que ce club respire la vie.*» Avec tout ce que cela implique. Pour le meilleur et pour le pire.

Alors que les années fric s'achèvent, à Paris, l'heure est aux années titres.

1982, le premier titre : François Mitterrand et notre première Coupe de France

« *Un stade, c'est le plus grand théâtre du monde.* » Les mots de Daniel Hechter résonnent lorsque Francis Borelli prend sa suite. Il comprend très vite que Paris ne sera grand qu'une fois qu'il aura gagné des titres. Pour tirer son épingle du jeu et ne plus être qu'un spectacle parmi d'autres, le PSG doit se hisser à la hauteur du Parc pour accomplir son destin. Pour cela, il faut une finale et une victoire. Et surtout beaucoup de patience. Cinq années seront nécessaires pour que Paris y accède enfin.

Alors que la Coupe de France s'offre pour la soixante-cinquième année à ses prétendants, le PSG parvient à se hisser en finale. Face à lui, ce samedi 15 mai 1982, se dresse la grande équipe de Saint-Étienne. Après avoir écarté Marseille, Bordeaux et Tours, le PSG va affronter sur ses terres l'ogre vert. Georges Peyroche contre Robert Herbin. Platini et Larios contre Toko, Dahleb et Rocheteau. Le duel est à la hauteur de l'attente. Pour les Verts, la Coupe de France est une habitude, être en finale, une formalité. «*Il y avait au sein du peuple parisien tellement d'attente, une vraie envie. Il y avait même de l'impatience*», se souvient Jean-Marc Pilorget. Pour les Rouge et bleu, cette finale, c'est une première. Un sentiment d'éternité.
Le défenseur se souvient de ces moments comme si c'était hier. «*J'entendais partout "le PSG, c'est bien beau, mais ils n'ont jamais rien gagné". Et puis, comme on est le club de la capitale, on se faisait chambrer partout où on allait.*» Il n'y a pas de choix possible. Pas d'alternative. Il faut gagner.

Au Parc, devant 46 160 spectateurs, le PSG affronte une nouvelle fois son destin. Éric Krissi se rappelle où il se trouvait: «*J'étais en tribune présidentielle ce soir-là. En termes d'intensité et d'émotion, c'était énorme. J'étais en pleine transition ASSE – PSG. 1982, c'était une première victoire pour Paris, l'atmosphère était particulière. C'était comme une passation de pouvoir. Aujourd'hui, je suis fier d'être parisien. C'est ma ville, c'est mon club.*»
Pour Yacine Hamened, éducateur et auteur de *Pourquoi le foot français va dans le mur*[33], cette finale est aussi particulière: «*Je suis né en 1976. En 1982, c'est la première finale de Coupe de France du PSG. J'ai cinq ans. Les deux seuls joueurs que je connais vraiment, ce sont Mustapha Dahleb car il est Algérien – je suis d'origine algérienne*

33 Hugo Sport.

– et Michel Platini. C'est mon premier match au Parc. Je suis tombé amoureux du PSG ce soir-là. L'ambiance était incroyable. »

Le match dépasse toutes les espérances, à la fois sur le terrain et en tribune.

Toko ouvre le score en deuxième mi-temps, à la 58e minute. Platini lui répond à la 76e. Les deux équipes vont en prolongation. Le futur attaquant de la Juventus de Turin signe un doublé. Nous sommes à la 98e minute. Le Parc est en feu, le public parisien en apoplexie. Les tribunes des deux camps retiennent leur souffle. La défaite se rapproche pour le PSG, mais coup de théâtre : Dominique Rocheteau surgit en faux frère. 120e minute. L'ancien « Ange vert » porte sur ses épaules le maillot du Paris Saint-Germain. Tel Iago, il trahit le peuple stéphanois et punit ses anciens partenaires. Pour notre plus grand bonheur. Le Parc chavire, la pelouse est envahie. En une frappe, le cauchemar a cédé la place à l'euphorie.

Francis Borelli ne l'oubliera jamais : « *Le but de Rocheteau, c'est le moment le plus intense de ma vie. Je n'y croyais plus. C'était cuit, pour plaisanter, je disais aux gens à côté de moi : "on ne peut pas ne pas égaliser !" Et puis Rocheteau a marqué… C'était la délivrance ! L'explosion de joie ! Impensable…* »

Le sort de cette finale se jouera aux tirs au but. La tension est à son comble, l'air est irrespirable. La séance est insoutenable. Dans les tribunes, on se cache les yeux, on se retourne pour ne pas voir. Les cinq premiers tireurs réussissent leurs pénaltys face à Jean Castaneda, le portier des Verts, et Dominique Baratelli. Il faut que cela se termine. Place aux sixièmes tireurs, au verdict final. Christian Lopez échoue, il ne voulait pas tirer. Jean-Marc Pilorget ne se fait pas prier. Il clôt le score (6-5) d'un subtil plat du pied. Michel Vautrot, l'arbitre de la finale, peut siffler et nous libérer après trois heures et vingt minutes. Enfin ! Le PSG vient de gagner. Le Parc va connaître l'une des plus folles soirées de son histoire.

Éric Bidault, pour une fois, est à Auteuil. Il se souvient de ce moment avec intensité : « *On ne voyait pas le panneau avec le temps additionnel à l'époque. On ne savait pas combien de temps il restait. Puis Dominique Rocheteau égalise. Là c'était déjà exceptionnel. Ensuite, on gagne, on a passé la nuit sur les Champs. On est rentré le lendemain pour* Téléfoot, *l'émission que Pierre Cangioni présentait à midi. Cette victoire nous permet en plus de jouer la Coupe d'Europe l'année suivante. C'était inespéré. À l'époque il fallait gagner la Coupe de France pour être en Coupe d'Europe. Les finales de Coupe se jouaient au Parc et pour montrer à la France que ça ne se jouait pas "chez nous", le virage Boulogne était réservé aux Stéphanois, et les Parisiens étaient priés d'aller à Auteuil.* »
Le PSG tient sa victoire, le Parc peut exulter définitivement. Paris est né une deuxième fois ce soir-là. Mais plus que les images de la Coupe de France brandie par Dominique Bathenay ou les félicitations du président Mitterrand, c'est le visage extatique de Francis Borelli qui s'imprime dans nos rétines.
Alors que Michel Platini, défait, jouait son dernier match pour un club français, le truculent président parisien avait bondi. Sacoche à l'épaule, euphorique après l'égalisation de Rocheteau, il s'était rué sur la pelouse pour l'embrasser. Plus tard, il s'en expliquera : « *Ce soir-là, j'ai embrassé la pelouse, cette terre bénie du Parc, pour remercier le ciel...* » Comme un présage avant la séance de tirs au but. « *Ce premier trophée fut la plus grande émotion de Francis Borelli avec Paris* », se rappelle Jean-Marc Pilorget, l'un des héros de la soirée et recordman du nombre de matchs joués sous le maillot du PSG (435 matchs dont 371 en Division 1). Huit ans après la montée du club en D1, Paris a décroché son premier titre et inscrit son nom sur un trophée prestigieux.
L'aventure de 1982, qui nous mène à notre première campagne européenne, ouvre aussi un chapitre particulier dans le grand livre du club : l'histoire d'amour qui va lier, à jamais, le PSG à la Coupe

de France. Elle nous conduira à détenir le record de victoires dans l'épreuve avec 12 éditions remportées. 1983 sera là pour le prouver.

1983, *bis repetita*: la « plus belle finale de l'histoire »

Soixante-sixième édition de la Coupe de France : Paris remet son titre en jeu. Après s'être débarrassé de Strasbourg, de Brest et de Tours, les portes de la finale s'ouvrent à nouveau. Le PSG continue de surprendre son monde et même les siens.
La France connaît le « *tournant de la rigueur* », mais pas le PSG, qui continue de gâter ses supporters. Après tant d'années de disette, hors de question de se priver. Le FC Nantes se dresse sur notre chemin en finale. L'affiche est belle. Le vainqueur de l'an passé contre le futur champion de France.
Quelques semaines avant la finale de 1982, Georges Peyroche avait déclaré dans *L'Équipe* qu'il fallait que le PSG apprenne à gagner. Son message est passé. Après la victoire face à Saint-Étienne, Paris a compris comment faire. Le samedi 11 juin 1983, une page inoubliable de notre jeune histoire va s'écrire. La confrontation va être de haute volée. Pour beaucoup, ce PSG-Nantes en Coupe de France sera « *la plus belle finale de l'histoire* ».

Le match est d'emblée spectaculaire et part sur des bases offensives inattendues. Le Parc affiche presque complet. 46 203 spectateurs chantent déjà à pleins poumons quand Zaremba ouvre le score pour le FC Nantes à la 3e minute. Le stade pousse et Bruno Baronchelli égalise d'une superbe frappe à la 17e. La rencontre entre dans les annales quand José Touré embarque toute notre défense en enchaînant un amorti de la poitrine, un jongle pour se repositionner, un sombrero et une demi-volée imparable. Sidéré et impuissant, Dominique Baratelli n'esquisse aucune réaction.

Nantes passe devant. Pour autant, l'équipe menée par Georges Peyroche ne panique pas. La mi-temps arrive, le Parc est bercé par l'ambiance des grands soirs.

Au retour de la pause, un homme prend les choses en main, en plein accord avec son entraîneur. Prénom : Safet. Nom : Susic. D'une magistrale frappe en lucarne après plusieurs dribbles courts, le meilleur joueur yougoslave du championnat égalise à la 65e minute. Il renvoie le FC Nantes de Jean-Claude Suaudeau à son désarroi, d'autant que Toko scelle notre deuxième victoire en finale de Coupe de France quelques minutes plus tard (82e).

Le triomphe est complet. Paris a livré l'une de ses plus belles prestations. Il bat le champion 3 buts à 2. La bataille a été épique. Sous l'arbitrage de Michel Vautrot, le PSG conserve son titre de haute lutte. Le match fut magnifique, le Parc étincelant.

Dominique Baratelli en conserve un souvenir précis : *« J'ai ressenti une des joies les plus profondes, l'une des émotions les plus intérieures et intenses de ma vie de footballeur lorsque le président de la République m'a remis la Coupe de France. Je n'étais pas préparé à ce genre de cérémonie. Tout tournait dans ma tête. Monsieur Mitterrand a prononcé quelques mots de félicitations que j'ai à peine entendus. La foule était en délire. Et j'ai brandi la Coupe vers notre public. Quelle joie ! En redescendant de la tribune présidentielle, j'ai pensé à Dominique Bathenay qui aurait dû être à ma place – il était blessé. Concernant le match, j'ai été sidéré de l'exploit technique de José Touré sur le deuxième but. Mais je me suis rassuré en me disant qu'il ne pouvait pas refaire un truc pareil dans le même match. »*[34]

Paris a gagné face à Vahid et José Touré. Si la pépite « brésilienne » du football français fait la une, cette soixante-sixième Coupe de France est pour nous. Paris aime la Coupe, la Coupe aime Paris. La passion réciproque se confirme. *L'Équipe* dans son édition

34 www.histoiredupsg.fr

du jour titre en présentant ce match contre Nantes comme la revanche d'une revanche, «*la belle des belles*». Le quotidien ne se trompe pas. Le match a été enlevé. Il a opposé les deux plus belles équipes de France, les deux meilleures attaques. Susic a répondu magistralement à José Touré. Tous deux ont inscrit ce soir-là l'un des plus beaux buts de leur carrière.
Paris a surtout fait le plus dur. Il confirme. Sa victoire de 1982 n'était pas un feu de paille. Paris grandit et la Coupe est sa compétition de cœur. Spécialiste de l'épreuve, notre PSG se découvre également en équipe «coupeuse de tête». Nantes et Saint-Étienne sont alors les deux plus grands clubs de France. Pourtant Paris est parvenu à les battre. Il s'est hissé à la hauteur de l'événement. Il a fait vaciller des géants. Pas mal pour un club vieux de seulement treize ans.

En championnat, hélas, les choses sont moins évidentes. La saison a été plus rude: Paris finit troisième et s'efface trop vite en Coupe d'Europe, succombant au printemps 1983 face à l'équipe belge de Waterschei en quart de finale retour de la Coupe des coupes. Malgré un avantage de deux buts, Paris sort sur la pointe des pieds. Sa première campagne européenne est une déception. Paris doit encore progresser et gagner en efficacité. Gérard Houllier va l'y aider.

1985-1986, Gérard Houllier, l'homme du championnat et le second repère dans le cœur des supporters après Just Fontaine

Troisième à l'issue de la saison 1982-83, quatrième la saison suivante, Paris se rapproche de la tête en Division 1 mais le championnat ne lui réussit pas encore. Le PSG n'y arrive pas. Après une nouvelle finale de Coupe de France perdue contre Monaco le 8 juin 1985, Francis Borelli décide de bouger les lignes et recrute.

Exit Georges Peyroche, parti après la défaite à Lens le 26 mars 1985 (4-2) et Christian Coste, son éphémère remplaçant. Leur successeur est tout trouvé : ce sera Gérard Houllier, l'ancien entraîneur de cette même équipe lensoise.
Du côté des joueurs, le président voit les choses en grand. Pour pallier les départs de Toko et de Baratelli, il recrute notamment Joël Bats, Pierre Vermeulen, un gaucher hollandais habile, et Omar da Fonseca. Pour ce dernier, un rêve se réalise : *« J'ai toujours voulu jouer au PSG. Quand tu viens d'Argentine comme moi, c'est un rêve de jouer dans un stade comme le Parc des Princes et porter les couleurs du PSG. J'en garde un grand souvenir. »*[35] Il ne passera qu'une saison sous nos couleurs. Avec 25 matchs joués, 2 buts marqués et une seule passe décisive, l'international argentin n'a pas confirmé son immense talent. Il repart pourtant champion de France.

Car Paris triomphe enfin en championnat, devançant Nantes de trois points et reléguant Bordeaux à sept longueurs. La saison 1985-86 est fondatrice. Outre la naissance des Boulogne Boys et des Gavroches sous l'égide d'Éric Bidault, le PSG montre au football français qu'il peut gagner dans la durée.
Le bilan est sans appel avec 56 points, 23 victoires, 10 nuls et seulement 5 défaites. Invaincu durant 26 rencontres consécutives, Paris a dominé son sujet de bout en bout. Le 25 avril 1986, au terme de la rencontre contre Bastia remportée 3-1, Paris s'assure de son premier titre de champion de France. Un feu d'artifice géant vient couronner l'événement. Trois jours plus tard, Jacques Chirac, maire de Paris et futur Premier ministre, reçoit l'équipe en grandes pompes à l'Hôtel de Ville. Toute la ville est en liesse, tout Paris l'attendait. Après 15 ans de joutes et de déceptions, après 11 années en Division 1, le PSG est champion. Rien ne pourra remplacer le goût si particulier de cette première.

35 Omar da Fonseca, interview donnée à parisunited.fr.

Si la défense est la deuxième meilleure de Division 1 avec seulement 33 buts encaissés, c'est surtout l'attaque parisienne qui s'est montrée inspirée. Le PSG a séduit. Avec 66 buts inscrits dans la saison, Dominique Rocheteau, Safet Susic, Robert Jacques et leurs coéquipiers ont marqué treize buts de plus que Nantes, le dauphin du PSG. Le club a même failli signer un retentissant doublé, échouant en demi-finale contre Bordeaux aux portes d'une nouvelle finale de Coupe de France.

«*La joie est intense*» pour Gérard Houllier. Son approche plus rationnelle et son goût pour l'offensive ont fait taire les sceptiques. Il est célébré et prend la digne suite de Just Fontaine dans le panthéon des grands entraîneurs du PSG. Pour Joël Bats, le dernier rempart parisien et révélation de la saison, «*une immense sensation de bien-être, de sérénité s'est manifestée.*» Ce titre a récompensé le «*groupe extraordinaire qui s'est formé cette saison-là*». Quant à l'enfant du club, Luis Fernandez, être champion avec son PSG, c'est «*un aboutissement, une consécration.*» Le bonheur est d'autant plus intense que cette saison a été mouvementée. Dans le but contre Metz dans un match improbable perdu 3-1 le 18 avril, ce dernier a marqué contre Bastia le pénalty qui a offert au PSG, à domicile, son titre de champion. Élu meilleur joueur de la saison, il est le visage du club, la preuve de son essor.

1985-1986 sera d'ailleurs un tournant dans sa carrière et le prélude inattendu à un départ vers le Matra Racing de Jean-Luc Lagardère. Pour une question de contrat que Francis Borelli ne veut pas réévaluer. À l'heure du titre, c'est une histoire qu'il préfère oublier, perdu qu'il est entre nostalgie, fierté et sentiment du devoir accompli.

Paris est entré dans la cour des grands clubs en devenant champion. Mais comme l'a si justement dit Alain Cayzac: «*Le PSG, c'est comme la Samaritaine, il s'y passe toujours quelque chose.*» La presse s'attend à ce que le PSG, comme Nantes, Bordeaux ou

Saint-Étienne, enchaîne et confirme son nouveau rang de place forte du football français. Avec deux Coupes de France et un titre de champion en seulement quatre saisons, Paris recueille les suffrages et le soutien brûlant de son public.
Pourtant, dès le 13 avril 1986, avant même le titre, Gérard Houllier fait au journal *L'Équipe* une déclaration qui résonne *a posteriori* comme un avertissement : « *Paris n'est jamais conquis. Il faut être les meilleurs mais aussi les plus beaux.* » Conscient du défi à relever, il sait que le plus dur sera de confirmer et de se faire aimer durablement. Francis Borelli, le président des victoires, partage secrètement son avis. « *Les succès ne présagent rien de bon* », dira-t-il. En cette fin de saison, l'heure est à la fête. Tout le monde s'empresse d'en profiter. Bientôt les nuages vont s'amonceler.
Dehors, la concurrence aiguise déjà ses armes. Le Matra Racing du riche patron d'Europe 1 Jean-Luc Lagardère peaufine ses plans. Paris a raison de s'affirmer et d'en profiter. Pour nous, la joie sera de courte durée.
Le PSG n'est plus seul. Le Parc n'est plus seulement à nous. Il faudra le partager avec le Matra, le rival honni qui nous a volé Toko et Luis.

Mais plus que la menace d'un déclassement lié à l'émergence d'un rival à Paris, le PSG a atteint sa limite. Un grand club ne se construit pas en une ou deux décennies. Après ce titre et le départ de Luis, plus jamais Paris ne remportera un titre sous la présidence de Francis Borelli. Un rien mystique, ce dernier avait déclaré après le départ de l'enfant du club : « *Ce qui est atteint est détruit.* » Il avait déjà compris.
Les saisons suivantes en sont l'amère démonstration. Malgré le recrutement de Daniel Xuereb, de Vahid Halilhodžić ou de Jules Bocandé pour la saison 1986-87, le groupe du titre s'est disloqué. La dynamique est brisée. Paris ne confirme pas et finit à une triste

septième place. Le club ne dépasse pas les seizièmes de finale en Coupe de France et s'arrête au même stade pour ses premiers pas en Coupe d'Europe des clubs champions contre le représentant de la Tchécoslovaquie, Vitkovice. La crise est là. Gérard Houllier est fragilisé. Il n'y a rien à sauver si ce n'est le but contre son camp de Luis au Parc dans le match au sommet qui nous oppose au Matra Racing le 14 mars 1987. La déception pointe dans nos rangs.
La saison suivante est pire encore. Malgré l'arrivée de Ray Wilkins, de Gabriel Calderon et l'émergence de Liazid Sandjak, le PSG finit quinzième de Division 1, son pire classement dans l'élite. En tant que supporters, nous sommes toujours là mais la déprime guette. On ne reconnaît plus notre équipe. Houllier prend du champ et devient un éphémère directeur technique. Remplacé par Erick Mombaerts, il partira vite pour rejoindre la fédération française et devenir l'adjoint de Michel Platini. Une page se tourne. Alors que le siège du club déménage pour rejoindre les abords du Parc, un constat s'impose : Francis Borelli semble avoir perdu le fil.
La saison 1988-89 et la nomination de Tomislav Ivic font taire pour un temps les sceptiques et les grincheux. Avec La Cinq qui s'ajoute à l'inamovible logo RTL sur nos maillots, le PSG se remet à gagner. Francis Borelli n'a pas signé un artiste mais un entraîneur pragmatique. Le technicien yougoslave sait ce qu'il veut. Sa manière de jouer est des plus réalistes.
Comme il l'assume lui-même, sa philosophie est claire : il faut *« jouer pour gagner, pas pour plaire, avec comme obsession le résultat quel qu'en soit le coût »*. De quoi refroidir les amateurs du beau jeu... Sous ses ordres, Safet Susic signe pourtant une saison magnifique. Daniel Xuereb, peu à son aise la saison précédente, finit meilleur buteur du club tandis que pointe Amara Simba. Le groupe revigoré par l'arrivée du feu follet Christian Pérez et le retour de l'emblématique Jean-Marc Pilorget finit deuxième, trois points derrière l'OM d'un certain Bernard Tapie !

Cette année-là, Paris a failli réaliser un hold-up parfait et renouer avec la victoire finale. Porté par ses virages, le PSG est en passe de réussir une nouvelle saison historique. Hélas, tout s'est joué sur un match. Un match perdu. Contre l'OM. Le 5 mai 1989, alors que les deux équipes sont au coude-à-coude, le PSG perd au Vélodrome sur un missile signé Franck Sauzée. Pour beaucoup de supporters, ce soir-là, *« la balle du 1-0 fut la balle du titre. »*
À défaut de triompher, Paris s'est remis à gagner. Le PSG s'est même découvert une rivalité inattendue : l'Olympique de Marseille. Une rivalité qui va changer nos vies.

Tout le monde attendait pourtant le Matra Racing, la *wunderteam* d'Artur Jorge et ses investissements fastueux. Il n'en a rien été. La rivalité a été factice et de bien courte durée. Pour tout dire, à l'exception de la saison 1987-88 durant laquelle le Matra finit septième, l'opposition n'a jamais existé. Malgré ses centaines de millions de francs investis, le PSG a toujours fini largement devant l'équipe des Ciel et Blanc. Pascal Olmeta, Maxime Bossis, Enzo Francescoli, Pierre Littbarski ou Luis n'auront pas suffi. À la fin de la saison 1989, le Racing déçoit une nouvelle fois. Il termine dix-septième, loin derrière nous. Pourtant, son propriétaire avait vu grand : le Matra Racing devait *« succéder à l'AS Saint-Étienne dans le cœur des Français ! »* Le pari est raté. Tant mieux pour nous. Au terme de la saison, Jean-Luc Lagardère ne veut plus en rajouter. « *Trop, c'est trop.* » Il décide de se désengager. L'aventure d'un deuxième club à Paris, une nouvelle fois, tourne court. Ceci étant, l'échec du Matra aura eu un mérite : elle aura faire connaître Paris à Artur Jorge, Vincent Guérin et David Ginola ! Sans son mécène, le Matra redevient le Racing Paris 1 et coule la saison suivante. Tandis que Paris fête en grandes pompes le bicentenaire de la Révolution, la disparition du Matra Racing clôt une rivalité qui n'a jamais existé entre les deux clubs. Le PSG a désormais le Parc pour lui. Jean-Luc Lagardère aurait dû écouter Victor Zvunka, l'ancien joueur du Matra devenu par la suite entraîneur du Racing : *« Nous n'aurions jamais dû venir jouer au Parc des Princes. Ici, nous ne sommes pas chez nous et les adversaires sont particulièrement motivés. Il fallait rester à Colombes… »*

Paris reste l'une des seules capitales d'Europe à ne compter qu'un club dans l'élite. L'anomalie persiste et on ne va pas s'en plaindre : la capitale n'a qu'un club en Division 1, c'est le Paris Saint-Germain. Pour autant, être seul ne garantit rien. Sportivement, les années qui suivent sont d'une rare tristesse. Bernard Tapie et Claude Bez sont redoutables, l'AS Monaco répond présent et Francis Borelli manque de moyens. Le PSG recule dans la hiérarchie : 5e lors de la saison 1989-1990, 9e au terme de la saison 1990-1991. La contestation monte dans les tribunes. Lassés, les supporters s'en vont par milliers. Paris doit se réinventer ou apprendre à souffrir. Seuls les virages et nos joueurs nous donnent encore envie d'y croire.

Les canonniers rouge et bleu des années 80

Choisir l'attaquant qui a marqué son époque est le plus grand dilemme du supporter. Sous la présidence de Francis Borelli, nombreux sont les attaquants à avoir poussé le ballon dans les filets. Moins nombreux sont ceux qui nous ont permis de glaner nos premiers titres. Au-delà des victoires, les statistiques ont un sens même si elles ne sont pas les seules à compter. C'est une affaire de goût, de moment. Dominique Rocheteau a marqué un pays. M'Pelé et Toko sont aujourd'hui plus en retrait mais sans eux, rien n'aurait été pareil. Amara Simba a marqué une génération. Quant à Carlos Bianchi, il a déjà rejoint Mustapha Dahleb au panthéon des grands attaquants qui ont fait se lever le Parc. Rares sont les moins de trente ans à les avoir vus jouer. Il est temps de leur rendre cet hommage. Sans eux, Paris n'aurait pas été Paris.

■ **M'Pelé,** le scoreur des premières heures

Parmi les grands buteurs du PSG, François M'Pelé reste une référence. Et pourtant, peu se souviennent de lui. Après six années passées au club de 1973 à 1979, l'international congolais a tout connu des première années du PSG. Des affres de la Division 2 à la montée de 1974 contre Valenciennes, de la présidence d'Henri Patrelle à celles de Daniel Hechter et Francis Borelli, le natif de Brazzaville est l'une des mémoires du PSG, celui des premières heures. Mais plus que cela, il en fut un acteur et pas des moindres. Avec 217 matchs joués sous les couleurs Rouge et bleu, 95 buts marqués et 23 passes décisives, le vainqueur de la Coupe d'Afrique des Nations 1972 est de ces vétérans qui marquent l'histoire d'un club et les souvenirs des supporters. Un symbole de fidélité.

À son arrivée en provenance d'Ajaccio où il était resté cinq saisons, son choix était déjà dicté par l'envie de se dépasser, de tout donner. Comme il le dit lui-même : «*Le PSG était un club ambitieux qui voulait jouer les premiers rôles. Je n'ai donc pas hésité.*» Et on ne peut que lui en être gré. Sans lui, Paris n'aurait pas profité de ses courses, de son gabarit et de sa finesse.

Même s'il n'a remporté aucun trophée avec le PSG, il est de ceux qui ont posé les premières fondations du club, celles de sa réussite. Qu'il joue aux côtés de Jean-Pierre Dogliani, de la légende Mustapha Dahleb ou du fantastique Carlos Bianchi lors de ses deux dernières saisons au club, il a contribué à définir l'allant offensif du PSG. Il fut de cette caste rare, celle des attaquants parisiens qui ont imprimé la recherche du beau geste et le goût immodéré du but à marquer ou à faire marquer dans l'ADN parisien.

En dépit de son départ vers le RC Lens au terme de la saison 1978-1979, François M'Pelé n'a jamais renié son amour pour le club : «*Le PSG est dans mon cœur, c'est mon équipe.*» Rouge et bleu *forever*.

■ **Carlos Bianchi,** l'Argentin magnifique

Comment définir Carlos Bianchi et l'empreinte qu'il a laissée au PSG ? La question n'est pas simple tant elle est profonde et pourtant *El Goleador* n'a évolué que deux ans sous nos couleurs. En provenance de Reims, l'international argentin impressionne déjà le championnat de France lorsqu'il signe au PSG à la fin de la saison 1976-1977 auréolé d'un nouveau titre de meilleur buteur. Omar da Fonseca le décrit superbement : « *C'était une machine. C'est grâce à lui que je suis venu au PSG. C'est un joueur qui n'existe plus aujourd'hui, un buteur absolu.* »[36] Avec son port altier et son regard acéré, celui que l'on surnommait aussi *El Virrey* (Le Vice-Roi) pour ses manières est une exception pour le Paris Saint-Germain de l'époque.

Un sentiment s'est imposé lorsque Carlos Bianchi a endossé pour la première fois le jersey Rouge et bleu : l'attaquant aux yeux bruns est de la race des seigneurs. Comme Ibra quelques années plus tard, c'est un requin que ses pairs reconnaissent dès ses premières courses. Avide de buts, le buteur argentin est un footballeur d'exception. Mustapha Dahleb, l'autre joueur légendaire de ces années-là, en sait quelque chose : « *Carlos, je dis toujours qu'il était capable de marquer des buts sans même toucher le ballon. Il était tellement subtil dans son placement. Pourtant il avait un problème de vue. Sa hantise, c'était de jouer l'après-midi avec le soleil. Ça le gênait. Je ne suis pas sûr que ses partenaires s'en soient rendu compte...* »[37]

En 80 matchs de 1977 à 1979, le squale de Buenos Aires a scoré 71 fois ! Sous le maillot du PSG, il termine deux fois meilleur buteur du championnat. En deux saisons parisiennes, le futur entraîneur de Boca a confirmé ses années rémoises et montré à la France d'hier qu'il était le plus grand canonnier qui ait foulé les pelouses du pays dans la deuxième moitié des *seventies*.

---

36 Entretien avec les auteurs.
37 *Le Temps*, 17 mars 2019.

Buteur et ancien bourreau, il reste aussi pour l'anecdote celui qui a le plus marqué en un seul match contre nous. En plantant six buts au pauvre Jacky Planchard, le 9 août 1974, l'ancien joueur de Velez est responsable de la plus grosse défaite du PSG en Division 1 (6-1) ! À la presse qui lui demandait ce qu'il pensait de sa performance, sa réponse fut à la hauteur de son exigence : *« Il y a des jours comme ça. Des fois, vous faites un très grand match et vous ne marquez pas. D'autres fois, vous touchez dix ballons et vous marquez six buts. »*

C'est ainsi que s'expriment les joueurs qui marquent le jeu. Leur insatisfaction est chronique, leur soif de perfection impossible à étancher. Les supporters de l'époque n'ont d'ailleurs jamais oublié ses paroles. Elles ont toujours résonné pour nous comme le plus beau des engagements : *« Le rôle d'un attaquant, c'est de marquer. Et quand tu marques, tu dois re-marquer au match d'après. Si tu finis meilleur buteur une année, tu dois le rester l'année d'après. C'est la seule manière d'aider ton équipe et de rester au top. C'était ma manière de penser. »*

Hélas pour nous, l'idylle entre Carlos Bianchi et le PSG ne va pas durer. Le *capocannoniere* argentin quitte Paris pour le champion en titre, le Racing Club Strasbourg de Gilbert Gress. L'histoire s'achève trop vite, le club n'en aura pas profité. La gestion du club est trop artisanale pour celui qui fit les beaux jours du Velez Sarsfield. L'ancien joueur en a eu assez de l'absence de professionnalisme du club et de ses soubresauts.

Boulogne va regretter longtemps l'association formée par le duo Dahleb-Bianchi mais pour tous ceux qui l'ont vu jouer, sa période parisienne reste une « *parenthèse enchantée* ». Comme un trait d'union entre la fin de l'ère Hechter et les débuts de la période Francis Borelli. Ses deux années sont le meilleur souvenir qu'il pouvait nous laisser.

■ Dominique Rocheteau,
l'Ange Vert devenu Rouge et bleu

Dominique Rocheteau a accompagné les années 70 et 80 du football français. L'enfant de Saint-Étienne a grandi avec les épopées des Verts. Puis le besoin de s'émanciper le poussera à signer à Paris. L'« Ange Vert », le surnom dont l'a affublé Jean-Pierre Frimbois, le rédacteur en chef de *Onze*, a surpris son monde. Il « *monte à la capitale* », comme on dit à l'époque, pour jouer avant-centre et non plus ailier.

Il vient prouver qu'il peut réussir ailleurs et prendre du plaisir sous d'autres couleurs. Comme il le dit lui-même en signant au PSG : « *J'avais besoin de découvrir du nouveau, de trouver de nouvelles motivations, l'expérience parisienne me tentait avec tous les risques qu'elle comporte.* » Pour le PSG, c'est un « coup de maître » et l'un des meilleurs recrutements de notre histoire. Francis Borelli a réussi son pari. En le rencontrant dans les travées de Roland-Garros, il a séduit à la fois l'homme et le joueur. En effet, Dominique Rocheteau sait reconnaître ceux qui veulent vraiment de lui : « *Le président parisien savait y faire avec les joueurs, il avait toujours le bon mot pour nous faire plaisir.* »

Mais les attentions du président parisien ne suffisent pas. Si Francis Borelli est convaincant, d'autres facteurs ont compté. C'est l'expérience parisienne toute entière qui a tenté le joueur de 26 ans. Comme il nous le confiera, à l'exception peut-être de son entraîneur Robert Herbin, les dirigeants stéphanois souhaitaient son départ, mais « *ce qui a fait pencher la balance également, c'était l'entraîneur, Georges Peyroche, qui me recrutait pour jouer avant-centre. Cela me plaisait beaucoup.* » Enfin, l'envie de jouer au Parc, de s'y amuser, et la possibilité de vivre à Paris furent déterminantes : « *Le PSG, c'était aussi le Parc des Princes qui me parlait beaucoup. C'est un stade que j'aimais. Le PSG était un club jeune, en devenir mais déjà spectaculaire, capable de faire du spectacle. Le PSG, c'était la capitale aussi, même si je me suis installé à la campagne car je recherchais la tranquillité.* »[38]

Le 6 juin 1980, Dominique Rocheteau signe donc son engagement avec le club parisien et il le lui rendra bien. L'histoire va durer sept ans. Aligné 255 fois sous le maillot Rouge et bleu, le natif de Saintes va briller à la pointe de notre attaque. Premier attaquant à atteindre les 100 buts dans l'histoire du PSG, il sera de tous les titres de l'ère Francis Borelli. Et à chaque fois, il y ajoute sa part. Il est l'homme de la finale de Coupe de France 1982, sauvant le PSG de la défaite à la dernière minute de la prolongation. Il fait partie des artistes de la finale 1983 qui font plier le FC Nantes de José Touré. Quant au PSG champion de France sous la direction de Gérard Houllier, ne cherchez pas, il en est l'homme de base puisqu'il score à 19 reprises en 25 matchs lors de la saison 1985-1986 !

L'« Ange Vert » a dorénavant deux amours : son pays minier et Paris. Le triple participant aux Coupes du monde 1978-82-86 ne s'en cache pas : « *J'ai eu beaucoup de plaisir à jouer au PSG, au Parc, dès le début, même si j'ai mis mon premier but au bout de sept matchs. L'adaptation n'a pas été simple mais je ne garde que de bons souvenirs. Au niveau des résultats, ce sont d'ailleurs les premiers titres du PSG. La première Coupe de France était fabuleuse même si pour moi cela a été un peu compliqué, car c'était contre l'ASSE. Les supporters des Verts m'en ont d'ailleurs toujours voulu d'avoir marqué ce but égalisateur en toute fin de prolongation. Mon plus beau souvenir reste le premier titre de champion en 1986. On marchait sur l'eau, on battait les records d'invincibilité avec Gérard Houllier. Et il y avait une super ambiance dans l'équipe. J'ai aussi eu le grand plaisir de jouer avec des grands joueurs au PSG. Susic, Dahleb, Luis…* »

Les supporters n'ont pas oublié le fantastique attaquant qu'il fut, tant pour ses performances que pour ce qu'il dégageait. Olivier

---

38 Entretien avec les auteurs.

Laval, supporter parisien invétéré, s'en souvient bien : « *Quand j'étais tout jeune, j'étais assez fan de Dominique Rocheteau car il était humble et je trouvais sa personnalité marquante.* » Le Parc était fou de son joueur, notamment de la paire redoutable qu'il formait avec Nambatingue Toko, son compère tchadien.

Aujourd'hui encore, comme une réponse à l'amour qu'il a reçu durant ces années parisiennes, Dominique Rocheteau demeure un fidèle malgré sa prise de distance avec le football professionnel : « *J'ai toujours été supporter du club. J'ai tellement été marqué par mon passage au PSG que je l'ai toujours aimé. Cela reste un des clubs que j'apprécie. Je fais partie de son histoire. Avec mes 100 buts en 255 rencontres, j'en suis encore le quatrième buteur derrière Edinson Cavani (195 buts en 283 matchs), Ibrahimovic (156 buts en 180 matchs) et Pauleta (109 buts en 211 matchs). J'ai toujours suivi son évolution. Son histoire est faite de hauts et de bas, avec plus de hauts selon moi que de bas. J'ai aimé l'ère Canal notamment quand ils ont gagné la Coupe d'Europe. J'aime beaucoup l'équipe actuelle. Ce que j'aime, ce sont les grands joueurs et il y en a au PSG. C'est fabuleux de voir tous ces grands joueurs qui passent et sont passés au PSG !* »

L'international aux 49 sélections n'a pas non plus oublié ses classiques lorsqu'il ajoute au terme de notre entretien : « *Le PSG, c'est Paris. Il n'y a que le PSG à Paris.* » Nous non plus, nous ne sommes pas près de l'oublier. Car son superbe parcours y est pour beaucoup.

■ **Toko,** le roc tchadien

Si le Brésil a offert des vedettes au PSG, le continent africain lui a offert des diamants. Et s'il en est un qui a marqué une génération de supporters parisiens, même si on parle moins souvent de lui aujourd'hui, c'est bien Nambatingue Toko.

Comme d'autres, Éric Krissi a été profondément marqué par le joueur tchadien : « *J'aimais beaucoup Toko. C'était un sacré joueur.*

Il m'impressionnait par son gabarit, c'était un monstre ! » Le journaliste Stéphane Bitton partage son avis dans une interview donnée à Canal-supporters : Toko était « *un grand garçon athlétique, très solide physiquement. Il recevait beaucoup de coups mais ne tombait jamais. Un fin buteur, un Trezeguet à l'ancienne. Quand il y avait un beau but à marquer, un petit geste, un crochet à faire, il le faisait. Au PSG, il jouait surtout ailier droit, dans une attaque composée également de Saar Boubacar et de Dominique Rocheteau.* »[39]

Attaquant impressionnant, Toko a fait notre bonheur durant cinq saisons, de 1980 à 1985. Au Parc, nous nous sommes tous levés de nombreuses fois pour le fêter et l'applaudir. Avec 171 matchs disputés sous nos couleurs, 43 buts marqués et 21 passes décisives, ce fut un acteur majeur des deux premiers titres du PSG en Coupe de France puisqu'il est parvenu à être décisif et à marquer lors des deux finales qu'il a disputées. Un vrai porte-bonheur aux allures de déménageur !

Pourtant, Nambatingue Toko n'est pas de l'aventure du championnat remporté lors de la saison 1985-86 : il a déjà quitté le club pour rejoindre le Matra Racing. Malgré son départ, son nom ne dénote pas aux côtés des grands joueurs qui ont fait notre histoire. Un soir d'automne, le 28 septembre 1982, il a gravé à jamais son nom dans les bilans du club. Opposé au Lokomotiv Sofia lors des seizièmes de finale de Coupe d'Europe des vainqueurs de coupe après une défaite à l'aller (1-0), le PSG est dos au mur. Il faut gagner. 32 000 spectateurs remplissent les travées du Parc. Le match est télévisé, une autre première. L'ambiance est d'autant plus chaude que la rencontre est un match-couperet que tout le monde attend. Toko est là et tous vont très vite le remarquer. Sur une passe de Dominique Bathenay, il surgit dès la vingtième minute et marque d'un plat du pied. Il devient le premier buteur

39 canal-supporters.com, 10 septembre 2017.

du PSG en Coupe d'Europe. Inarrêtable tout au long du match, il signe une volée acrobatique fabuleuse à la 81e minute. Paris accède aux huitièmes de finale. Sans le savoir, Toko est entré dans notre histoire.

Humble et taiseux, Toko a marqué son temps en formant un trident magique avec « Bouba » Saar et l'« Ange Vert ». Il sait la chance qu'il a eue d'évoluer à leurs côtés. Il fallait être fort pour s'y imposer : « *Dans ce groupe, il y avait de bons joueurs, des internationaux. Quand tu joues avec Safet Susic et Mustapha Dahleb, ce n'est pas rien. Et puis on possédait deux milieux de terrain défensifs avec Luis Fernandez et Jean-Claude Lemoult qui n'auraient rien à envier à ce qui se fait de mieux aujourd'hui à leur poste. Il y avait un état d'esprit au PSG, un vrai groupe. On se chambrait tout le temps à l'entraînement, à tel point que les jours de grand match, on n'avait pas intérêt à passer à travers. Si tu n'avais pas un gros mental à Paris, tu baissais les bras.* »[40] Il n'a jamais oublié l'ambiance particulière du Parc. Pour lui, « *le PSG a toujours été un club à part. Les supporters vous soutenaient ou vous sifflaient. Il fallait être costaud.* »

Même si son club de cœur reste l'OGC Nice où il a débuté, Toko sait la trace qu'il a laissée dans notre passé : « *Quand les gens m'arrêtent dans la rue, c'est pour me parler du Paris Saint-Germain. J'adore la ville de Paris, j'y ai passé mes plus belles années.* »

■ **Amara Simba,** l'homme volant

Il ne fut pas le plus grand joueur offensif du PSG. Il n'a jamais été un capitaine charismatique ni un *serial buteur*. Pourtant, il est impossible de ne pas parler d'Amara Simba lorsque l'on évoque les attaquants marquants du PSG. Combien d'entre nous ont essayé de reproduire ses gestes ? Dans les cours d'école, dans les rues ou

40 butfootballclub.fr, 14 décembre 2018.

sur le pré, on a tous essayé de le copier. Sans exagérer, avec ses buts magnifiques, une génération d'enfants a rêvé. Il y avait du Olive et Tom chez Amara. Avec Jean-Pierre Papin, au tournant des années 80, ils ont popularisé le ciseau retourné, cette frappe qui trucide une défense et humilie les gardiens. Qu'on l'appelle bicyclette ou retourné acrobatique, le geste a fait sa popularité. Il lui a même valu d'être la tête d'affiche (à l'envers) de la campagne de promotion du club : « PSG, fais nous rêver ! » Comme une promesse. Celle d'un jeu spectaculaire.

Évidemment, Amara Simba n'est pas que cela. Il est resté sept ans sous nos couleurs et a toujours su se faire remarquer. Avec 22 buts en 109 apparitions, il a connu la remontée du PSG face au Real de Zamorano le 18 mars 1993. L'homme était inspirant, le joueur était un artiste. Ces bicyclettes, c'était son style, sa manière de jouer : « *Cette liberté de création, je l'avais en moi naturellement. Mais quand je signe à Paris en 1986, j'ai déjà une certaine maturité. J'étais aussi libre dans la façon de m'exprimer.* » Et il l'a notamment prouvé le 7 avril 1990, dans un match contre Mulhouse qui lui a valu de marquer le premier retourné acrobatique de sa carrière au PSG. À la 78e minute, Jean-Pierre Bosser centre et Amara s'élève. Douze secondes après son entrée en jeu. Le Parc est surpris, il n'a pas eu le temps de retenir son souffle. Le but est marqué, il est extraordinaire. Daniel Bravo accourt pour féliciter son partenaire. Boulogne peut exulter. Tomislav Ivic a fait entrer Simba dans le cœur des supporters et plus encore. Désigné plus beau but de l'année par *Téléfoot*, ce ciseau est le symbole du PSG de la fin des années Francis Borelli. Il sera suivi de plusieurs autres.

Amara Simba se souvient surtout de celui qu'il a inscrit contre Nîmes le 26 octobre 1991, « *[sa] plus belle réalisation sous le maillot du PSG* ». Sur une touche incroyablement longue de Paul Le Guen, le ballon rebondit devant lui à hauteur de poitrine. Bombant le torse, il fait reprendre de la hauteur à la balle et, une fois celle-ci au-dessus de sa tête, déclenche son tir acrobatique. Lucarne ! Le gardien s'est élevé pour rien. Un but magnifique, le premier de sa soirée.

Malheureusement, l'éphémère international français est irrégulier et la concurrence est rude au PSG sous les ordres de Tomislav Ivic. Alors l'attaquant part un temps à Cannes. Lourdement marqué par une fracture tibia-péroné, il remet le maillot du PSG mais quitte le club pour l'AS Monaco lors de la saison 1993-94. Canal+ est au pouvoir, l'aventure parisienne est terminée. Pour autant, le triple vainqueur du « Top But » de *Téléfoot* a été à la hauteur. Amara Simba a fait honneur à la promesse de spectacle du club, à ses ambitions offensives. Avec lui, assurément Paris a été magique !

■ **Safet Susic,** l'artiste des Balkans, première étoile de notre panthéon

Trente ans après ses adieux au Parc, ceux qui l'ont connu, vu et admiré en parlent avec une certaine nostalgie remplie d'affection. Pour Mustapha Dahleb, il est celui qui *« a amené le club dans une autre dimension »*. Borelli l'avait probablement anticipé. Paris est une ville d'artistes, elle était faite pour Safet, et Safet pour Paris. Fin 1982, un joueur de 27 ans débarque dans la capitale. Short court, coupe au bol et vrai numéro 10 comme il n'en existe plus vraiment aujourd'hui. Le 18 décembre, Paris reçoit Monaco. Susic est remplaçant, il ne comprend pas. Le Parc non plus. En Bosnie, l'enfant est roi. Paris est malmené et les supporters réclament l'artiste. Ce dernier rentre à la 53e minute, ne pouvant empêcher la défaite des Rouge et bleu. L'essentiel est ailleurs. Safet a séduit, déjà conquis certains cœurs et c'est bien ça le plus important. *« J'étais à son premier match au Parc, on n'avait jamais vu un mec comme ça. C'est le joueur qui m'a le plus marqué. Quand je le croise encore aujourd'hui, j'ai des frissons »*, confie Pierre Ménès. Durant

six mois, « Magic Susic » s'impose et régale. 12 buts déjà, et des percées, crochets et ouvertures à la pelle. Paris avait Dahleb, il a désormais Susic. Le PSG est mené à la baguette par le Yougoslave et le Parc a son artiste. Les sceptiques sont de plus en plus rares. Et à partir du 11 juin 1983, le doute n'est plus permis.
Un an après sa première victoire en Coupe de France contre les Verts, Paris est à nouveau en finale au Parc, cette fois contre le FC Nantes, futur champion de France, et avec Susic, pour sa première finale avec Paris. Une finale historique au scénario incroyable. « *Je pense que c'est la plus belle finale de Coupe de France de l'histoire* », ajoute Pierre Ménès. Des gestes de génie, cinq buts, trois pour Paris. Susic marque une fois et délivre deux passes décisives. Essentiel, déjà.
« *On les a battus malgré ce but venu d'ailleurs, cet exploit technique, cette action incroyable... Grâce à Safet ! Son but et ses passes décisives à Zaremba et Toko. Les gens se faisaient abuser par l'aussi aléatoire que magnifique enchaînement amorti de la poitrine, lob et frappe de Touré, le Pelé nantais. Le genre de gestes qu'on ne réussit qu'une fois (...) On les brisait derrière avec l'implacable but de Susic. Safet Susic est un génial individualiste aux grosses cuisses perdu dans un sport collectif où personne, jamais, n'a amorti, dosé et déposé la balle avec la même gravité que lui* », explique avec amour Grégory Protche[41].
Menés 2-1 par Nantes à la mi-temps grâce notamment au bijou de José Touré juste avant la pause, les Parisiens se réveillent ensuite sous l'impulsion de leur artiste. Peu après l'heure de jeu, Susic récupère le ballon, crochète Adonkor avant d'armer une frappe du droit, sous la lucarne du gardien nantais. Un coup de pétard aussi sec que sa poignée de main avec François Mitterrand avant la rencontre. Le show Susic est lancé. 82e minute, Toko pour Susic dans le rond central. Ce dernier avance, lève la tête et réalise une ouverture dont il a le secret pour le même Toko qui n'a plus qu'à

---

41 *Je suis né la même année que PSG,* éditions JC Lattès.

croiser sa frappe. Sur cette action, Susic réclame, observe, crée l'appel et dépose un caviar de passe. Du génie. Paris remporte sa deuxième Coupe de France, Susic le respect éternel.
Emmené par son clinquant duo offensif Susic-Rocheteau, Paris progresse et remporte son premier titre de champion en 1986. « *Il avait un pied droit exceptionnel. C'est le premier mec que j'ai vu faire des changements d'aile du plat du pied. Un état d'esprit remarquable et un homme vraiment top* », confirme son ancien coéquipier Jean-Marc Pilorget. Les supporters et commentateurs n'ont d'yeux que pour l'artiste. Pourtant, celui-ci agace, exaspère. Safet est plus fort contre les forts. Contre les faibles, il se relâche parfois. Son jeu est fait de risques, donc de pertes de balles. Défendre n'est pas son souci et le Yougoslave possède un caractère bien trempé, supportant difficilement ne pas être servi, voir l'un de ses partenaires se rater ou encore l'une de ses ouvertures non exploitées. Un tempérament et une intermittence qui auront raison de lui.
Le triomphe de 1986 sera sans lendemain. Paris ne confirme pas et termine 7e du championnat l'année suivante. L'équipe marque deux fois moins, Susic, lui, n'inscrit que trois petits buts. 1987-1988 est une saison catastrophique pour le PSG. Paris enchaîne les mauvais résultats, Gerard Houllier commet l'impardonnable : sortir Susic du onze. Sortir l'artiste, aujourd'hui légende, du onze. Mettre le génie bosnien sur le banc. Sa pièce maîtresse dont il n'était pas satisfait des efforts et notamment du repli défensif. L'artiste est boycotté. Sacrilège aux yeux des supporters qui ne réclament qu'une chose, le retour de leur joueur phare. « *Susic est l'un des meilleurs milieux que l'on ait eus au PSG. C'est lui qui a vraiment fait monter le club alors qu'il n'y avait pas vraiment de joueurs connus. Quand t'es Ibra, OK, mais tu en as dix autour. Susic, lui, était seul. Son problème, c'est qu'il choisissait ses matchs. Il fallait lui mettre la balle dans les pieds. Par contre, quand il l'avait, c'était un peu Verratti. Tu ne lui prenais pas la balle sans faire faute sur lui.*

Quand il s'échauffait avant de rentrer, tu avais tout le Parc qui gueulait. Le voir sur la touche, c'était inconcevable», confie «Giscard». Paris joue son maintien lors des deux dernières journées, moment choisi par Houllier pour réintégrer Susic dans le onze de départ. Une décision qui a probablement sauvé Paris. Susic brille, le PSG est maintenu. Comme vingt ans plus tard, *in extremis*. L'artiste s'en va en 1991, en même temps que le président Borelli.
Chez Susic, tout était beau. Son arrivée, ses gestuelles, sa classe, son irrégularité, l'admiration du public à son égard. Son départ aussi. Susic est nommé par le magazine *France Football* meilleur joueur de l'histoire du Paris Saint-Germain en 2010 ainsi que meilleur joueur étranger de l'histoire du championnat de France en 2012. Rien que ça.
« *Ce qui m'a vraiment fasciné, c'est le Parc des Princes. J'ai tout de suite adoré ce stade.* » Une fascination réciproque : le Parc t'aimait aussi, Safet.

Luis, notre *franchise-player*

Quand on parle de lui, personne ne dit jamais son nom. Pour nous, pour le club, pour tous ceux qui l'ont aimé, Luis n'est pas un prénom. C'est un appel, une ode au club, une adoration. Au PSG, c'est une icône. Pour beaucoup, il en fut le visage. Comme joueur puis comme entraîneur, il a marqué l'histoire du club. De ses débuts jusqu'à aujourd'hui, il n'y a pas une semaine sans que l'on parle de Luis. Il faut dire qu'il l'a mérité.
Dans n'importe quel club anglais, sa statue trônerait déjà à l'entrée du stade au regard de ce qu'il a vécu sous les couleurs du PSG. Aux États-Unis, il serait devenu le *franchise-player* et son maillot aurait été définitivement retiré. Mais la France est un pays différent. Pas grave. Luis continue d'être aimé. Il sait ce qu'il a fait. Pour lui, pour nous, pour le Paris Saint-Germain.

Luis a toujours cette flamme en lui, celle du club. Il s'y est toujours identifié. En arrivant au PSG, il intègre « *un club jeune, qui se construit. Avec Carlos Bianchi, Mustapha Dahleb, Jean-Pierre Adams et d'autres encore, c'était le club qui était en train de grandir, d'essayer de passer un cap face aux grands clubs de l'époque, Marseille, Bordeaux, Nantes ou encore Saint-Étienne.* »[42]

Mais plus qu'un club, Luis a trouvé une seconde famille. Avec un seul objectif : tout faire pour réussir à porter un jour le maillot du PSG. Comme il le dit lui-même : « *Quand tu as eu à connaître l'usine, avec pour seul bagage un CAP de mécanique générale, tout en étant soutien de famille, tu as un devoir, celui de te battre plus que les autres. Je partais peut-être avec un désavantage sur les autres mais j'avais le mental, l'envie et la détermination pour fournir les efforts nécessaires et ne décevoir personne, ni la famille ni ceux qui m'ont tant donné. Le renoncement était impossible. J'avais une force supplémentaire pour avancer.* »

Au PSG, Luis grandit et s'affirme. Comme joueur, comme homme. Il s'est tu, il s'est battu. Privé de son père à l'âge de six ans, il s'est attaché à ceux qui l'ont fait devenir ce qu'il est. De Pierre Alonzo à René Baule en passant par Camille Choquet, sa reconnaissance est immense pour les entraîneurs qui l'ont lancé et lui ont fait confiance. De vrais pères de substitution. Georges Peyroche, le premier, le lance dans le grand bain du professionnalisme. Puis c'est Velibor Vasović qui le fait jouer et lui donne l'opportunité d'enchaîner les matchs et de franchir les paliers les uns après les autres. Luis travaille et écoute. Il apprend son métier de footballeur et ne lâche rien. « *Quand tu viens d'un quartier comme les Minguettes, tu as envie de montrer que tu peux être à la hauteur du maillot du Paris Saint-Germain. Avec une motivation intérieure inébranlable pour te réaliser et t'affirmer.* »

42 Entretien avec les auteurs.

Luis n'oublie rien. « *Ni le premier match contre l'AS Nancy-Lorraine avec une licence amateur étrangère, avant [sa] naturalisation, ni [son] entrée à la 90*e » où sur son premier ballon, il provoque une faute et un pénalty. « *Quand tu sors du centre de formation, c'est le premier match qui te marque et te donne l'envie de ne pas décevoir, mais aussi de tout faire pour continuer.* »
Cette hargne et son talent obstiné ont fait le reste. Avec Paris, Luis a tout gagné. Vainqueur des Coupes de France 1982 et 1983, sa trajectoire accompagne comme une ombre la réussite du club. Mordant comme il sait l'être – ses adversaires s'en souviennent. Capitaine sous Gérard Houllier, il est l'aboyeur, le meneur qui conduit le PSG à son premier titre de champion. Luis, c'est notre histoire. L'histoire d'un gagnant venu de nulle part, parti de rien. Avec 273 matchs au compteur, il n'est pas le joueur le plus capé. Jean-Marc Pilorget le devance du haut de ses 435 matchs officiels. Ce n'est pas non plus un buteur. Il n'a marqué que 39 fois durant ses huit saisons parisiennes ; mais là n'est pas l'important. Luis dépasse les statistiques et ne peut être comparé. Il est unique, il est une exception. Comme tous les joueurs qui nous ont marqués, son parcours est notre légende.
Entre Luis et le PSG, l'histoire d'amour ne finira jamais. Parfois trouble, souvent heureuse, elle voit le natif de Tarifa partir puis revenir. Mais jamais complètement. Luis est entier, frontal, sincère. Il ne sait pas mentir lorsqu'il parle de nous et de son club de toujours : « *Quitter ce club a été pour moi une déchirure. N'en déplaise aux âmes bien-pensantes. Le PSG restera toujours dans un coin de mon coeur.* »[43]
En 1986, l'enfant du président, le fils préféré de Francis Borelli, sait qu'il ne restera pas. On le lui a reproché. Lorsqu'on lui pose la question, Luis nous répond qu'il est allé voir Francis Borelli

43 Ibid.

avec son beau-père après son titre de champion de France conquis au Parc, dans son jardin. Il est alors l'un des plus petits salaires du club depuis ses débuts professionnels en 1980. À l'époque, il n'en faisait pas une affaire d'argent. Son rêve était de jouer sous le maillot rouge et bleu. Son ambition était d'apprendre, de côtoyer Dominique Rocheteau, Dominique Bathenay, Mustapha Dahleb et tous les grands joueurs qui portent les couleurs du PSG. Jusqu'alors, il n'a pas été revalorisé. Depuis l'Euro 84 et ses deux victoires en Coupe de France, Luis veut se faire entendre. Rue Bergère, les discussions s'éternisent. Francis Borelli temporise une nouvelle fois, il n'y a pas d'argent. Luis décide donc d'aller au bout de son contrat à la fin de la saison 1985-1986. Il n'en peut plus d'attendre. Il ne changera pas d'avis. L'argent n'est pas le vrai sujet, il est prêt à négocier. Il demande juste à être réévalué à la hauteur de ce qu'il a apporté et fait gagner au club. Francis Borelli et Charles Talar ne le comprennent pas. Luis part. Il est trop tard. Paris perd son capitaine et futur demi-finaliste de la Coupe du monde à l'heure même où le PSG devient champion. Tous les grands clubs l'ont approché, de l'Atletico Madrid à Bordeaux ; mais Luis voulait rester à Paris. Son premier enfant est né ici. C'est comme cela qu'il rejoint le club de Jean-Luc Lagardère.

Au soir du titre qu'il scelle d'un pénalty contre Bastia, il n'est plus tout à fait là. Ses larmes de joie ont la lourdeur de l'amertume, le goût du départ. Il quitte le PSG pour un autre avenir. Jean-Marc Pilorget se souvient de cette fête pour *Virages* : *« Nous sommes allés dîner au Pavillon d'Armenonville. J'ai le souvenir de Luis qui pleure sur mon épaule. Il me dit : "Je veux rester mais je ne peux pas. Je ne veux pas partir mais là je n'ai pas le choix. C'est trop important pour la suite, pour ma famille.» Ce fut un crève-cœur pour lui, comme pour moi. Financièrement, le PSG ne pouvait pas rivaliser. »* [44]

---

44 virage.paris.

Loin de nous et si près à la fois, Luis reste à Paris mais il portera désormais d'autres couleurs, celles du Matra. Au service du rival qui s'annonce. Son aventure finira mal. L'idylle avec l'autre club parisien ne sera qu'une passade. La rupture a été dure mais le PSG ne l'oublie pas. Tout comme Luis qui aimerait revenir. On n'oublie jamais ceux que l'on a aimés.

Bientôt, tous espèrent son retour. Des simples amateurs du PSG aux journalistes, le souhait est partagé jusqu'aux plus fervents supporters. Qu'ils soient de Boulogne, d'Auteuil et d'ailleurs, ils n'attendent tous qu'une chose, qu'il nous revienne. Cela ne se fera pas. Cannes va l'accueillir et lui donner sa chance. Le PSG de l'époque la lui refuse.

Le temps a passé, les choses ont changé, Francis Borelli n'est plus là mais Luis n'oublie pas le PSG. « *C'est le club qui me tient, me retient. Tu ne peux pas oublier ce club. J'y suis né. C'est pour ça que je reviens et suis revenu à chaque fois.* » Il est loin le temps où le jeune Luis, à peine âgé de 17 ans, est arrivé au centre de formation, boulevard de la République à Saint-Germain-en-Laye, en provenance de l'AS Minguettes.

Une chose est sûre, Luis, tu feras toujours partie de notre famille. Tu seras toujours le bienvenu chez toi. Au Parc.

Les gardiens du temple

Dès les premières années de la présidence Hechter et plus encore durant les années Francis Borelli, Paris a joué à plein sur son image offensive, sa dimension spectaculaire. S'il est un domaine où le PSG a su s'affirmer sans jamais s'en vanter, c'est dans l'art de faire déjouer l'adversaire. Pendant longtemps, c'est derrière que le club a brillé, inversant l'expression : la meilleure des attaques, c'est la défense.

Lorsque l'on évoque les défenseurs historiques du PSG, des noms reviennent. Au premier rang figure celui de Jean-Marc Pilorget. Quand il est arrivé au club en 1975, rien ne le prédisposait à rester aussi longtemps. « *C'étaient les prémices du club. Il y avait l'équipe première, c'était la vitrine. Derrière il n'y avait pas grand-chose. C'était le tout début de la formation parisienne, sans véritable centre de formation à proprement parler. À l'époque, c'était un club familial.* » Aux côtés de Jean-Pierre Adams, Franck Tanasi, Philippe Col ou Philippe Jeannol, il a assisté à l'édification du club. Avec plus de 435 matchs joués entre 1975 et 1989, Jean-Marc Pilorget a tout connu au Paris Saint-Germain. Les tribunes vides, la passion des victoires, les trophées levés au Parc et la tristesse des éliminations européennes. Il sait ce qu'il doit à cette aventure parisienne longue de 14 ans, impossible à reproduire aujourd'hui : « *Je suis très fier d'être le joueur le plus capé de l'histoire du club car je suis un vrai Parisien, c'est mon club. J'aurais pu faire encore plus de matchs sans mon accident de voiture, mais c'est une fierté d'avoir pu porter ce maillot.* »

Aux côtés des défenseurs emblématiques du club et des immenses milieux de terrain comme Dominique Bathenay qui ont contrôlé le jeu, une figure solitaire est trop souvent oubliée, celle du dernier défenseur. Peut-être parce qu'il n'est pas comme les autres et joue avec les mains… En la matière, le Paris Saint-Germain a pourtant toujours joui d'une tradition d'excellence au poste de gardien. Dès ses débuts, le rôle a été valorisé. Faisant le choix de profils particuliers, souvent aux tempéraments affirmés, les dirigeants du PSG ont toujours opté pour d'immenses talents pour défendre nos cages.
Bien avant Bernard Lama, Grégory Coupet ou Gianluigi Buffon, la figure du *goalkeeper* était valorisée. De Camille Choquier à l'immense Ilija Pantelic, le gardien yougoslave qui défendit nos cages de 1974 à 1977, seuls des géants ont brillé au Parc dans les

années 80. D'ailleurs, ils ne sont que deux à avoir occupé la surface parisienne après l'homme des Balkans : Dominique Baratelli et Joël Bats.

Dominique Baratelli est une des murailles historiques du Paris Saint-Germain. Avec 281 matchs vécus dans les cages du club, il a tout connu. L'international français est l'un des hommes de base de nos deux premières Coupes de France. Il a popularisé le poste à Paris et est l'objet d'un véritable culte chez de nombreux supporters. Pierre Ménès raconte sa confiance aveugle dans le joueur formé à Nice : « *Dominique Baratelli m'a fait rêver. Quand on recevait Brest ou Nancy et qu'on se faisait balader, lui était formidable et toujours au rendez-vous.* » Éric Bidault, le leader de Boulogne et créateur des Gavroches, confirme : « *Parmi les joueurs de cette époque, moi c'est Dominique Baratelli qui m'a marqué. Il nous a fait gagner des titres. En Coupe de France, on peut lui dire merci. J'adorais ce mec, il était fort sur sa ligne. C'est l'un des meilleurs gardiens qu'on ait eus au PSG.* »
Inamovible au poste, il était redouté pour son explosivité et sa capacité à impressionner l'adversaire lors des séances de tirs au but ou sur les pénaltys. Même si son histoire avec le Paris Saint-Germain s'est achevée par une catastrophique performance face à la modeste équipe de Videoton le 21 octobre 1984, venue s'imposer 4-2 au Parc. Déjouant et incapable de peser, le PSG a certes perdu ce soir-là contre le futur finaliste de l'épreuve, mais cette élimination en seizième de finale est d'autant plus douloureuse pour le gardien parisien qu'il venait de jouer son dernier match européen. Jean-Michel Moutier, futur directeur sportif du PSG des années Denisot, va progressivement le remplacer. Le dernier tour de piste aura été des plus amers pour Dominique Baratelli. À 38 ans, il raccroche définitivement les gants d'une carrière de haut vol qui l'aura vu côtoyer les sommets pendant 19 ans.

Son successeur, Joël Bats, quitte l'AJ Auxerre où il vient de passer cinq ans pour rejoindre la capitale et la cage du Paris Saint-Germain. « *Un choix de carrière motivé par l'envie de rejoindre un club structuré et ambitieux comme le PSG.* » La meilleure des motivations. Bien lui en a pris. Dès sa première saison, le natif de Mont-de-Marsan contribue grandement à notre premier titre de champion. Il s'impose au sol comme dans les airs. Il rassure. Cette saison-là, Joël Bats est un rempart infranchissable, un gardien déterminant. Sous les ordres de Gérard Houllier, il dirige la deuxième meilleure défense du championnat et n'encaisse que 33 buts.

Sa présence en équipe de France est désormais une évidence. Après avoir été du triomphe de l'Euro 84, il sera l'un des héros du Mondial 86 grâce à sa saison parisienne. Brillant contre le Brésil à Guadalajara, il est l'un des hommes forts du quart de finale des Bleus et de la séance de tirs au but qui voit Socrates, le frère de Raï, échouer là où Luis Fernandez va réussir. Pour lui, tout commence à Paris.

En 285 matchs joués entre 1985 et 1992, le portier de l'équipe de France s'est imposé comme l'un des maillons forts du PSG de Francis Borelli. Il n'y gagnera plus de titres mais il s'y installe pour longtemps. Claude Barrabé, sa doublure, aura beau être un excellent gardien, il se mordra les doigts d'avoir signé et quittera vite le PSG. Bats règne sans partage. Et pas seulement dans ses 18 mètres. Il passera près de 13 ans sous les couleurs parisiennes en tant que joueur ou technicien. Devenu très vite adjoint d'Artur Jorge et de Luis, Joël Bats est un spécialiste du poste de gardien et un historique de la maison. Même s'il a depuis fait des infidélités au club qui ne lui proposait plus rien, Jo n'a rien oublié de ses années parisiennes. Il a gardé le PSG comme « *club de cœur* ».

Lors du match contre Nantes le 1er mai 1992, la tribune Boulogne toute entière lui avait d'ailleurs montré que cet amour était amplement partagé. En allumant des fumigènes, le Kop entier s'était embrasé. En brandissant une immense banderole *«Joël dans nos cœurs à jamais»* en son honneur, le peuple Rouge et bleu remerciait son gardien de l'avoir si bien défendu. La marque des grands. La meilleure manière pour le joueur de dire au revoir.

Paris a trouvé son public

Sous la présidence de Daniel Hechter, le PSG s'est construit. Il a trouvé son identité. Le temps des stars s'est poursuivi avec Francis Borelli. Rocheteau, Larqué, Bathenay, Bianchi ou Baratelli nous ont fait entrer dans une autre dimension. Avec eux, le club a gagné. Porté par Luis, il a grandi et s'est offert sa plus belle conquête : ses supporters.

Jean-Paul Belmondo le résume parfaitement : « *Le PSG, c'est autre chose. C'est le club de l'entrain. Le club unique d'une ville immense.* »

Il a pourtant fallu du temps. Durant toutes ces années, le Paris Saint-Germain n'a eu de cesse de chercher à les attirer, à les séduire. Mais rien ne fut simple. Plus d'une décennie s'est écoulée de la fin des années 70 jusqu'au rachat du club par Canal+. Les matchs atteignant les 20 000 spectateurs étaient peu nombreux, les tribunes souvent à moitié vides. Le Parc a longtemps sonné creux. Puis l'engouement a pris. Grâce à la magie du Parc, grâce aux vedettes, et plus encore grâce à nos titres. Le peuple Rouge et bleu est devenu le meilleur aiguillon de notre réussite.

Jean-Marc Pilorget s'en souvient à merveille : « *On commençait à prendre notre pied. C'était compliqué de jouer au Parc devant seulement 5000 personnes, donc on était super contents de voir le Parc se remplir et l'ambiance monter. Cela nous donnait une force supplémentaire et l'envie de remplir ce stade encore plus.* » Luis abonde dans le même sens : «*Le Parc a toujours été une motivation pour moi, jamais une pression. Y jouer était un bonheur. Si je suis devenu titulaire en équipe de France, c'est grâce à mes performances notamment au Parc sous le*

maillot du Paris Saint-Germain lors des finales contre Saint-Étienne et Nantes. » Leur ancien coéquipier Didier Toffolo, membre du groupe lors des victoires en Coupe de France 1982 et 1983, se souvient de l'exigence qui régnait déjà : « *Le Parc est un théâtre, il y avait un spectacle, une représentation à faire, il fallait être à la hauteur. J'ai eu la chance de ne jamais connaître le Parc en colère, de ne jamais subir la bronca. Il y avait dans le groupe un amalgame entre les jeunes et les stars et de très bonnes relations avec le public. Les stars pouvaient même garer leur voiture sur le parking à l'extérieur sans problèmes. À nos débuts, le Parc était vert quand on recevait Saint-Étienne, corse pour Bastia et breton pour Nantes, mais ça a changé petit à petit...* »[45] Sur le socle de la politique tarifaire menée par Daniel Hechter, le Kop of Boulogne a émergé dès 1978 de la Tribune K. Le virage a d'emblée attiré les fans les plus jeunes. Il les a fidélisés. Boulogne s'est étoffé encore et encore jusqu'à dépasser le millier d'adeptes. À l'heure où le PSG dispute sa première finale de Coupe de France le 15 mai 1982, leur soutien est sans pareil bien qu'on les oblige à rejoindre Auteuil ! Ils donnent de la voix sans discontinuer. Ils poussent le PSG.
Après 1974 et la folie de la remontée, c'est de loin la plus belle ambiance que le Parc ait offerte au PSG. Quand Dominique Rocheteau égalise, les fans parisiens sont déchaînés, ils vont même jusqu'à envahir le terrain. Ce jour-là, le football français découvre qu'à Paris, il existe aussi des supporters follement passionnés. Leur nombre ne va jamais cesser de croître au fil des années ; leur réputation va naître. Les skinheads apparaissent, les casuals les suivent. Les tribunes s'agitent et se politisent comme jamais. Pour le meilleur et pour le pire, le PSG découvre qu'on ne choisit pas ceux qui vous aiment. Le virage connaît ses premiers problèmes en déplacement. Les incidents se multiplient. Boulogne construit sa légende noire.

---

45 psg70.free.fr, février 2007.

1985 sera un autre jalon de notre histoire. Alors que le drame du Heysel va rester dans toutes les mémoires comme le symbole même du hooliganisme, à Paris, les premiers groupes ultras apparaissent. Durant l'année du premier titre de champion, les Boulogne Boys, les Gavroches et les Firebirds font sensation. Pour Éric Bidault, notre éternel « Giscard », la saison 1985-1986 marque une rupture à Boulogne et le début d'une nouvelle ère pour les supporters parisiens : « *En tribune à l'époque, en 1985, Franck Delobel voulait monter une association. Lui était très inspiré par le côté italien, tifosis et tout cette culture venue de Serie A… Moi, j'étais plutôt anglais, plutôt porté sur les chants. Ils ont donc monté l'association. Je n'étais pas dans le bureau mais ils voulaient que j'y entre car je commençais à être une figure de Boulogne, c'était utile pour faire venir les gens. Le problème, c'est que lorsqu'on a voulu faire venir les personnes pour signer les cartes, ils répondaient "non non, toi on te connaît mais lui pas vraiment, on sait pas trop d'où il vient... et* Boys *ça fait plutôt anglais ou américain, ça ne fait pas parisien…" On leur a demandé s'ils viendraient dans le cas où on montait une association avec un nom parisien. Les 3/4 ont dit oui. Avec Florian, on a donc décidé de monter l'association "Les Gavroches de Paris". Nous, les Gavroches, c'était des gens qui se connaissaient. On voulait pas faire comme Marseille. À 5000, tu ne connais pas tous les mecs... On souhaitait rester entre nous, aux environs de 200… À l'époque, il n'y avait que Boulogne qui chantait. En fin de compte, la tribune s'est retrouvée divisée en trois. À gauche, c'était les Boys, au milieu, les Gavroches, et à droite les Firebirds.* »
Avec le titre, l'ambiance change encore, les médias ne lâchent pas ce club où « *il se passe toujours quelque chose* ». Le passage de relais s'effectue : Paris devient populaire et prend la place de Saint-Étienne dans les cœurs de la capitale. Enfin.
« *Là où ça a commencé à s'enflammer, c'est quand les assos se sont montées et que les tifos sont apparus. Les jeunes adoraient ça ! En France, il n'y avait pas beaucoup de tifos à cette époque-là, seulement des drapeaux et*

des cornes de brume. Delobel a rapporté des tifos d'Italie pour les remettre à nos couleurs. Les gens ont adoré. Ça les faisait venir en plus ! Tu avais les plus gros tifos quand on jouait contre Saint-Étienne et Nantes car le match était télévisé. Il fallait montrer nos tifos à la France. C'était du boulot, les tifos. Il fallait acheter les bâches, avoir l'autorisation du club pour arriver plus tôt, les peindre, motiver les gens, etc. »

Boulogne devient alors un soutien exigeant, presque bouillant, du onze parisien. Même s'il s'agite et se politise jusqu'à l'excès, le PSG se découvre une base de fans, excessifs, énervés, toujours présents. Avec un risque : celui d'aller trop loin. Le début des années 90 le rappelle tristement.

« Giscard » se souvient de ces moments, que ce soit au Parc ou en déplacement : «*Après quelques années, on a commencé à avoir des problèmes dans le Kop, avec des bagarres et tout ça. Un mec, "Scottish", est même parti à Auteuil. Il a dit qu'il n'était pas là pour se prendre des coups de matraque à chaque match. Le problème qu'ils ont rencontré, c'est quand ils ont commencé à être quelques dizaines. Leurs voisins préféraient regarder le match assis. Eux chantaient debout. Donc ça chauffait un peu.*

Pour les déplacements, quand les skins sont arrivés, ça a commencé à devenir plus chaud. On était craints. Quand on se déplaçait, les mecs ne venaient pas nous chercher. Une fois à Lille, en 1987, on était cinq dans une voiture. On avait mis nos écharpes sous nos manteaux pour ne pas avoir de soucis. En sortant du stade, un groupe de 30, 40 personnes était là. Des mecs m'ont reconnu et ont dit "p..., c'est les mecs de Boulogne". On a fait mine de rien et on a continué à marcher. Les mecs sont arrivés par derrière et nous ont sauté dessus tout en nous frappant à coups de pompe.... Je me suis retrouvé par terre en boule, à me prendre des coups sur la gueule. J'ai fait semblant de n'être pas bien et quand ils ont arrêté, je me suis barré en courant. Je ne voyais rien, j'ai couru et traversé la moitié de l'autoroute juste à côté. J'ai eu très peur ce soir-là. »

Franck Delobel s'en fait aussi l'écho pour *Libération* au début des années 90 : « *À gauche, là où c'est le plus calme, ce sont les nôtres, c'est-à-dire les Boys. En nombre, nous sommes les plus nombreux. Ce sont les plus jeunes qui dominent, souvent moins de vingt ans. Eux, ils ne font pas de politique, ils suivent le mouvement. Complètement sur la droite de la tribune, il y a deux groupes qui se mélangent : les Gavroches et les Firebirds. Ce sont souvent des gars qui vont vers la trentaine. Méchants, fachos. Ils sont tous plus ou moins installés dans la vie. Et puis, un peu partout, il y a des mecs du PSG Assas Club. Eux, ils ne sont pas nombreux, mais...* »

Paris est prévenu. Boulogne sera toujours là mais ce soutien a un prix. Pour le club, pour tous ceux qui l'aiment et ne garnissent pas les travées pour hurler leur haine. Quelques centaines d'excités vont ainsi ternir la réputation d'une tribune entière. Car la majorité des membres du Kop n'est pas la bande assoiffée d'idéologie que l'on a trop souvent décrite. Mathieu Zagrodzki le répète sans cesse. Olivier Laval insiste : « *J'ai commencé à supporter le PSG dès mes 14 ans et en 1986, j'ai suivi un copain de mon collège qui allait au Parc à Boulogne. J'avais 15 ans et à partir de cette année-là, j'y suis resté. Lui était plutôt pacifique, on allait donc en haut de la tribune et on restait assis. L'année suivante, il a arrêté de venir. Je me suis repositionné vers le bas et je suis devenu actif. Ensuite, je me suis inscrit aux Boulogne Boys, c'était Franck Delobel qui s'en occupait. Petit à petit, j'ai pu intégrer le noyau et le bureau du groupe jusqu'à en être un membre permanent au début des années 90. J'allais à tous les matchs au Parc et je faisais le plus de déplacements possibles, en France et en Europe. Je suis allé à Naples, à la Juventus, à Anderlecht... Parallèlement à ça, je m'occupais au sein des B.B. de tout ce qui était correspondance, du démarchage des entreprises et des écharpes notamment. J'ai tout arrêté pour raisons personnelles vers 1996.* »

La passion a un prix et les fidèles la vivent loin des stéréotypes de l'époque. Comme le rappelle « Giscard », la vie d'ultra est d'abord une folle passion, un sacerdoce : « *On demandait aux gens deux semaines avant pour les inscriptions. On travaillait avec les bus André Gaubert. Ils nous disaient combien ça allait coûter et nous ensuite au Parc on divisait par 45. On partait toujours devant, Boulogne nous suivait. À l'époque, je faisais tous les déplacements, c'est moi qui les organisais. J'achetais les boissons, le pain pour faire les casse-dalles, et il n'y avait pas de portable, donc les mecs appelaient chez toi pour te dire "je viens pour Lens, je viens pour Lille..." Parfois les mecs m'appelaient à 2 heures du matin quand je dormais... Tu ne savais pas qui appelait, ça pouvait être une urgence familiale... Tu décrochais. Je prenais même mes vacances en fonction du PSG. Il y avait parfois des déplacements loin d'être glamour. Quand tu jouais à Valenciennes en plein mois d'août, aller à la plage à Valenciennes, bon...* »

Daniel Riolo a vécu la même chose : « *Je suis un enfant d'immigré. J'habitais en banlieue. Venir à Paris, c'était déjà un événement quand tu es ado, que tu prends le train. Petit, comme quasiment tout le monde, j'étais pour Saint-Étienne. Et un jour, je suis allé au Parc avec des voisins pour voir un PSG-ASSE. Le Parc était plein. Je pensais qu'il n'y avait pas de supporters du PSG, je ne savais pas qui c'était. Quand Paris a marqué ce soir-là, plein de gens se sont levés. J'ai été surpris et me suis dit "Pourquoi supporter une équipe que je ne verrai jamais ?" Je ne savais même pas où était situé Saint-Étienne ! C'était plus simple d'être Parisien.* » C'est ainsi qu'a débuté sa passion pour le PSG.

Il poursuit : « *On venait au Parc deux heures avant le match pour préparer nos sandwichs. C'est ce qu'ont vécu tout un tas de supporters. Les premiers matchs, tu viens un peu neutre, les places les moins chères étaient à Auteuil. Tu avais l'impression qu'aller à Boulogne, là où ça faisait du bruit, c'était dangereux. En même temps, si tu avais vraiment envie de supporter le PSG, c'était là-bas que cela se passait. Là où il fallait être. Petit à petit, on est allé à Boulogne. En grandissant, on s'est rapproché de l'ambiance mais je me rappelle d'un PSG-Lille où je priais pour qu'on ne marque pas pour ne pas me faire écraser. À chaque fois qu'on y allait, c'était une aventure. Mais on était supporters donc on y retournait ! Paris gagnait en général, donc cela allait. Au Parc, j'ai fait un peu toutes les tribunes : la tribune G car il y avait les places du conseil général Île-de-France, la tribune Auteuil et la tribune Boulogne.* »

Malgré tout, l'ambiance se durcit. Les scandales se multiplient, l'image de Boulogne se détériore encore. Le Parc vit mal la fin des années Francis Borelli et les supporters les moins fidèles désertent. Il faudra attendre l'arrivée de Canal+ pour que les choses changent.

La fin de l'époque Francis Borelli : une chute prévisible

À partir de la fin des années 80, le PSG termine ses saisons de triste manière. Sans titres. Loin derrière. On sent poindre l'impatience au Parc. Boulogne monte en pression. Francis Borelli est critiqué comme jamais. L'ambiance est délétère, elle prend des airs de fin de règne.

Avec plus de treize saisons passées à la tête du club, le patron tient pourtant les rênes fermemement. Il est là et ne veut pas partir. L'argent manque. Luis est parti depuis longtemps. La plaie ne s'est pas refermée. La concurrence du Matra Racing a laissé des traces même si elle s'est révélée moins néfaste qu'attendu. La lassitude point et vire à la colère. Depuis le titre de champion de 86, les résultats sportifs sont au pire décevants, au mieux trop irréguliers. Hormis la deuxième place décrochée par Tomislav Ivic lors de la saison 1988-89, Paris ne parvient plus à s'installer sur le podium. Les supporters se désespèrent des performances de l'équipe et du spectacle proposé. Même si l'ambiance est toujours au rendez-vous dans les tribunes, sur la pelouse, la passion ne se

traduit pas en victoires. Les buts marqués et les retournés d'Amara Simba ne suffisent pas. La fin approche. La Mairie de Paris, toujours très attentive, a chargé Bernard Brochand de trouver une solution à la stagnation sportive du club. Ce sera le « Grand projet ». En 1990, l'équipe change. On essaie d'y croire encore. Daniel Bravo est arrivé, Henri Michel a remplacé Tomislav Ivic. Les résultats, une nouvelle fois, ne suivent pas. Les affluences chutent, le Parc se vide. Moins de 17 000 personnes se pressent pour voir l'équipe. La saison se termine à une triste septième place. Comme rien ne va changer, il faut donc tout changer.
Le PSG n'y arrive plus quand s'ouvre la décennie 90. Son niveau inquiète. La menace permanente d'un dépôt de bilan potentiel est l'autre épée de Damoclès qui plane sur nous. On parle d'une proposition de rachat de Silvio Berlusconi via son groupe Mediaset. L'idée est dans les têtes et sur toutes les lèvres. Le microcosme parisien bruisse de rumeurs d'autant que le logo de La Cinq a déjà figuré sur nos maillots. Pour les historiques du club comme pour le maire de Paris toujours hostile au «*parti de l'étranger*», il est hors de question que le club de la capitale tombe entre les mains d'un groupe de communication étranger même s'il pèse depuis 1986 dans le paysage audiovisuel français. Faire de l'ombre à TF1 est une chose, menacer la trajectoire politique du maire de Paris est simplement inimaginable. Paris doit rester français. Canal+ est alors sondé et se décide finalement à sauter sur l'opportunité. Le PSG se prépare à rentrer dans une nouvelle ère. Celle des années Canal.

Strass, paillettes et samba : l'espoir revient à Paris. Les promesses engagent. Canal+, fais-nous rêver ! Avec sa venue comme actionnaire majoritaire, la volonté est claire : enrichir la salle des trophées. La période s'annonce faste, la venue du groupe audiovisuel inespérée. Tout est simple. Canal détient les droits de la Division 1,

son feuilleton hebdomadaire. Le PSG doit servir à l'animer pour lui permettre de recruter des abonnés.
Chez les suiveurs et les supporters, l'euphorie est comparable aux plus belles années. Si tout le monde s'enthousiasme, au siège du PSG, les regrets s'accumulent. L'ambiance est lourde, pesante. Le patron emblématique du club est amer. Il sait qu'il va devoir partir. Comme Daniel Hechter avant lui. Les histoires d'amour finissent mal. Au football comme ailleurs.
Il n'y a pas d'alternative possible. Il ne reste plus qu'à bien communiquer. Le président le plus aimé des supporters reprend la main et propose sa version de l'histoire. Il est temps pour lui de quitter provisoirement la scène de nos rêves. Son communiqué du 31 mai 1991 cingle : « *Face aux difficultés rencontrées par le football français, et devant les inévitables évolutions qu'il doit connaître, j'ai pris l'initiative il y a plusieurs mois déjà de susciter une profonde réflexion sur la création de nouvelles structures pour mon club. (...) La notoriété de ceux que j'ai choisis comme partenaires du PSG est à mes yeux le gage d'un avenir assuré. Les moyens mis en œuvre, les ambitions affirmées, le confort dans l'idée que Paris aura l'équipe qu'il mérite, toutes ces raisons m'ont conduit, après mûre réflexion, dans l'intérêt général d'un club auquel j'ai tant donné, à devoir passer le relais à deux hommes que je respecte et admire, Bernard Brochand et Pierre Lescure. Je ne doute pas un seul instant de leur succès.*
L'émotion qui dicte ma plume ne me fait pas oublier les moments de bonheur que mon club a connus sous ma présidence. (...) Je n'aurai garde d'oublier le public sans lequel le PSG ne serait pas ce qu'il est. Toute mon action a été conçue et menée pour lui donner le maximum de joie et de plaisir. Mes derniers mots vont aux supporters, à qui je demande de continuer à soutenir leur club. (...) Vive le PSG. »[46]

46 *Le roman noir du PSG*, Jean-Philippe Bouchard, Calmann-Lévy.

La dernière pensée de Francis Borelli est pour nous. Elle restera à jamais dans nos mémoires. Il dit au revoir au Parc, il n'y viendra plus qu'en amoureux trahi, en voisin. Le football pour lui s'achève à Paris. Quelques années plus tard, il replongera. Destination Cannes, où il retrouvera les frissons du football... et Luis.

Pour nous, son sourire et sa bonhomie n'ont jamais quitté les travées du Parc. Le club dit au revoir à celui qui fut son « papa ». Pour l'éternité, il demeurera celui qui embrassa la pelouse du Parc un soir de finale de Coupe de France en 1982. Pour le journaliste Stéphane Bitton, Francis Borelli *« est celui qui a porté le club de son adolescence à sa vie d'adulte. Le jour de son décès, tous les gens qui aiment ou ont aimé le PSG ont forcément été très touchés. On n'oublie jamais son premier amour, Borelli fut le président des premiers trophées. »*

Si Daniel Hechter *« a inventé le club avec un goût immodéré pour le foot et le beau jeu »*, pour reprendre les mots de Mustapha Dahleb, Francis Borelli pour sa part nous a offert un palmarès, avant de donner un visage et une âme à notre club.

Jean-Marc Pilorget a côtoyé Francis Borelli pendant plus de dix ans. Lui aussi ne tarit pas d'éloges : *« Il a été un grand président. Mais c'est en tant qu'homme qu'il m'a le plus marqué. Un homme qui aimait le foot et un homme qui aimait ses joueurs. Ce fut une personne importante dans ma vie professionnelle, dans ma vie d'homme aussi. Il m'a beaucoup apporté sur le plan humain. Il m'a ouvert les yeux sur pas mal de choses. C'était avant tout un homme de cœur, un homme de parole mais aussi un vrai bluffeur quand il s'agissait de négocier les contrats. Il connaissait le foot. Personne ne connaissait Safet Sušić quand il est allé le chercher à Sarajevo en 1982. »*[47]

« Giscard » tranche même la question de savoir qui fut le meilleur président du PSG : *« Borelli était le meilleur président. S'il y a un homme qui m'a vraiment marqué au PSG, c'est lui. Tu pouvais avoir*

47 Jean-Marc Pilorget, interview donnée au site virage.paris.

un contact direct avec lui, il était accessible. Avec les joueurs, il était top, attentif à tous, jusqu'aux femmes des joueurs auxquelles il faisait porter des bouquets lors de leurs anniversaires. Il nous a incités à créer des associations. Les Boys, les Gavroches et les autres groupes sont nés. C'est notamment grâce à lui qu'on a pu réaliser le grand drapeau sponsorisé par le club que l'on déployait à l'entrée des joueurs et au début de la seconde mi-temps. »

« *Les hommes de génie sont des météores destinés à brûler pour éclairer leur siècle.* »[48] Francis Borelli était de cette trempe-là. Celui qui nous a quittés le 2 octobre 2007 n'a cessé de clamer son attachement au PSG : « *Qu'importe, on pourra même me traiter de fou. Il n'y a que ces couleurs parisiennes qui illuminent mon cœur.* » Cette passion que lui reconnaissent tous les supporters demeure vive encore aujourd'hui. « *Paris a été l'histoire de sa vie.* »[49]

48 Napoléon Bonaparte, discours prononcé à Lyon en 1791.
49 Jean-Marc Pilorget, ibid.

PARTIE II

Les années Canal : football, titres et paillettes

(1991-2006)

1. DES BOULOGNE BOYS AUX SUPRAS D'AUTEUIL, « NOUS SOMMES LÉGION » : LE MEILLEUR PUBLIC DE FRANCE EST AU PARC DES PRINCES

Auteuil, une terre qui ne demande qu'à vibrer

1991, Canal+ pose ses valises au PSG. Jacques Chirac est encore à l'Hôtel de Ville mais se rapproche lentement de l'Élysée. Paris ne perd rien de sa splendeur. Le Parc est un monument, il est désormais indissociable du PSG. Il s'apprête à changer de dimension en même temps que le club qu'il abrite. Le Kop de Boulogne est installé, il est notre premier virage, pour toujours. « Giscard », « Kronenbourg », « Bouquin » et tant d'autres se sont dévoués pour le Paris SG.

Le Kop de Boulogne dispose pour l'heure du « monopole de l'ambiance ». Il est temps de prendre le large, de regarder en face, direction Auteuil. L'hippodrome, Roland-Garros, Jean-Bouin et la tribune qui n'attend que de devenir virage, d'écrire à son tour l'histoire. Le titre de 1986 n'a pas encore de successeur, Luis Fernandez et Dominique Rocheteau d'héritiers pour décrocher le titre de champion une seconde fois. Le Parc s'impatiente. Il sonne plus creux. Comme l'a écrit Mathieu Faure, le Parc des Princes est *« un stade versatile. Dur. Rancunier. Violent. Bruyant. Fou. Inimitable. »* La nouvelle direction souhaite profiter du rachat du club pour procéder à la mutation de nos tribunes. Les incidents et provocations des dernières années poussent Canal+ à faire naître un nouveau virage pour atténuer la violence de Boulogne qui lui fait face. Assistés par le club, les Supras Auteuil et Lutèce Falco voient le jour l'année où le PSG est racheté. Les Tigris Mystic apparaissent quelques années plus tard pour animer le bas du virage Auteuil. Yacine Hamened, habitué jusqu'alors à fréquenter la tribune Boulogne, se souvient de cette évolution historique pour le club : « *Je me suis abonné en 1992 à Auteuil. Pas avant car les prix des places étaient tellement dérisoires que je n'avais pas besoin de m'abonner. Auparavant, j'allais à Boulogne. C'était la seule tribune qui bougeait. Quand Canal est arrivé et par là même le virage Auteuil, je me suis abonné là-bas. Il y avait aussi le côté maghrébin. Pour ma part, je n'ai jamais eu de problèmes à Boulogne. Mais j'avais des amis pour qui c'était parfois un peu compliqué. Avec le développement d'Auteuil, je me suis retrouvé là-bas jusqu'en 1998, puis de 2000 à 2004.* » L'histoire est lancée, le PSG tient ses deux tribunes phares, son Kop historique et un virage neuf qui ne demande qu'à s'enthousiasmer.

Une bénédiction pour les fidèles de la première heure, comme nous le rappelle Olivier Laval, membre des Boulogne Boys entre 1986 et 1996 : « *Mon meilleur souvenir au Parc, c'est quand j'ai vu Auteuil peuplé de supporters parisiens. Les échanges entre les deux Kops étaient assez magiques. J'avais d'ailleurs de très bonnes relations avec les gens d'Auteuil. J'ai connu l'époque où il y avait environ 25 000 personnes au Parc. En ce temps-là, la tribune Auteuil était neutre. Il s'agissait bien souvent de provinciaux qui venaient encourager leur équipe à Paris. Voir ce changement était incroyable. Il y a aussi eu la première ola au Parc. Je me souviens que Daniel Bravo avait dit : "Je me suis arrêté de jouer pour regarder, c'était splendide."* » Auteuil a désormais ses associations de supporters. Du côté de Boulogne, les Boys, les Rangers et les Gavroches, entre autres, ont conservé leur place. Le Parc s'apprête à vivre ses plus belles années, sur la pelouse et en tribunes. De belles années que n'oubliera jamais

Didier Domi, titi parisien et champion d'Europe avec le PSG en 1996 : *« Le PSG est une famille. C'est mon club. On se connaît tous. Paris, c'est le bercail. Le symbole de cette famille. Quand tu vas un peu partout en France, tu vois des maillots du PSG. Tu discutes avec les gens dans les stades et en régions. Ils sont tous passionnés. Le summum, c'est le Parc des Princes. À mon époque, il y avait une superbe ambiance. Auteuil, Boulogne, c'était magnifique. Porter le maillot du PSG, c'était représenter tous ces gens, toute cette famille. »*[50] Les deux poumons du Parc que sont Auteuil et Boulogne vont faire de l'arène de Roger Taillibert un élément déterminant de notre passion inébranlable pour le PSG. Pour beaucoup, ils sont la raison de notre passion. *« Une fois par semaine, le supporter fuit sa maison et va au stade. Les drapeaux flottent au vent, les crécelles retentissent, et les fusées, et les tambours, les serpentins et les confettis pleuvent : la ville disparaît, on oublie la routine, seul existe le temple. »*[51] Seul désormais existe le Parc.

Boulogne, Auteuil et le Parc devient légende

« Allez Paris,
Paris est magique,
Allez Paris, allez PSG,
Allez Paris,
Boulogne / Auteuil est magique,
Allez Boulogne / Auteuil, allez PSG »

Les virages se remplissent, le Parc des Princes résonne lors de chaque réception et le PSG se met à gagner. Plus aucun doute, la légende se renforce sous l'ère Canal+. Boulogne a désormais sa moitié, elle s'appelle Auteuil. *« On était tellement fiers quand Auteuil est arrivé. C'était un peu notre deuxième enfant. On chantait*

50 Entretien avec les auteurs.
51 *Le football, ombre et lumière*, Eduardo Galeano, Lux.

ensemble. On s'était même vus pour le fameux "Allez Paris ! Paris est magique !" » se souvient « Giscard », le responsable des Gavroches. Une moitié bien différente toutefois.

Alors que Boulogne trouve son inspiration dans le modèle anglo-saxon, les groupes de supporters qui composent le virage Auteuil se revendiquent davantage du modèle des tifosis italiens. Les chants, les animations en tribune ou encore les tifos et les fumigènes les séparent. Auteuil s'impose vite comme une composante essentielle de l'ambiance du Parc et du bonheur de son public tout enjoué à l'idée de voir vibrer ses deux virages. À l'unisson.

Comme lors d'un match de tennis, le regard des passionnés situés en tribune latérale navigue de gauche à droite, de droite à gauche. Pas pour suivre la balle jaune mais pour admirer le magnifique spectacle que nous offrent nos virages. « *J'allais au Parc des Princes tout petit avec mon grand-père, une fois ou deux par an en tribune latérale. J'avais moins de dix ans. Évidemment, le terrain m'impressionnait mais moi c'était plus les tribunes qui me plaisaient déjà. Ensuite, j'ai voulu y participer et je me suis abonné à Auteuil entre 1995 et 2000. J'aime le foot mais c'était plus pour l'ambiance que j'allais au Parc. Mon grand-père me le faisait remarquer d'ailleurs, moi qui suis quelqu'un de timide, j'arrivais dans la tribune et me mettais à chanter, c'était surprenant. Dans les années 1990, l'ambiance du Parc, c'était quelque chose. Auteuil et Boulogne qui se renvoyaient les chants. Même les supporters visiteurs, quand ils venaient, étaient impressionnés. C'est une chance d'avoir connu cela* » raconte avec ses yeux d'enfant Xavier Coulant.

Les chants entre les deux virages se développent. Les tifos sont de plus en plus sophistiqués. Le 11 avril 1995, en demi-finale de Coupe de France contre l'OM, le virage Auteuil nous régale d'un magnifique tifo aux couleurs du club. Le Kop de Boulogne n'est pas en reste. L'originalité et le talent n'ont pas de virage de prédilection, comme en témoigne le double tifo somptueux déployé le 10 décembre 2005 à l'occasion du vingtième anniversaire des Boulogne Boys. « *Je me sens privilégié d'avoir connu ce Parc des Princes. C'était phénoménal. J'ai une histoire avec le Parc, avec le PSG. En février 2002, on reçoit Marseille en Coupe. C'est certainement aujourd'hui mon meilleur souvenir au PSG. J'arrête le pénalty en première période, je me retourne vers Auteuil pour haranguer la foule, et là je comprends que ça y est, je suis chez moi ici. C'est ma maison. J'ai un amour, un respect et un dévouement éternel pour le PSG* », ajoute, ému, Jérôme Alonzo, portier du club entre 2001 et 2008[52]. Même en déplacement, Boulogne et Auteuil demeurent omniprésents. Plus de doute, Paris possède la meilleure ambiance de France. Son acoustique est unique. « *L'ambiance était exceptionnelle. On a eu la chance de connaître les très belles années du Parc. On avait des supporters en totale osmose avec l'équipe* », confirme Antoine Kombouaré, défenseur parisien entre 1990 et 1995. Toujours plus bruyante, notre enceinte transpire la passion et inspire la crainte ou le respect chez les adversaires se rendant dans la capitale. Elle ne laisse personne indifférent. Avec Boulogne toujours au rendez-vous et Auteuil en constante progression, Paris est définitivement magique ! « *Le Parc, je l'ai connu en 1996 : magique, bruyant, lumineux. J'avais six ans et demi. Mon père m'a emmené voir le match PSG-Bastia et malgré mon jeune âge, je peux te dire que l'expérience m'a marqué. Le vrai souvenir de ce match : le bruit. Pour un enfant de six ans, c'est impressionnant. Mon père n'était pas fan de foot, un de ses amis lui a trouvé des places pour le match et lui a proposé de m'emmener. Grâce à lui, et depuis ce jour, je suis tombé amoureux du PSG* », témoigne Émilien Legras. Depuis, il n'a plus jamais pensé supporter un autre club que le PSG. À son apogée durant l'ère Canal, le Parc devient une addiction pour quiconque le fréquente. Notamment pour ceux d'entre nous qui s'y rendent

52 Interview accordée à ParisUnited.fr.

pour la première fois. La tension qui y plane, l'atmosphère qui y règne, le Parc des Princes est inégalable, il sent la poudre et la passion. Malgré les premières tensions qui émergent entre les deux virages. *« Nous attendons le moment où quelque chose d'extraordinaire va se produire : une soudaine accélération sur une touche, un échange rapide entre deux joueurs, un espace qui s'ouvre et un tir qui fait but. Une détonation se produit alors dans le stade, le stade explose, la fumée se disperse au-dessus des têtes des fans en pleine jubilation pour fêter le but marqué. »*[53]

Le Parc, comme le PSG, est désormais armé pour vibrer.

---

53 *What we think about when we think about football*, Simon Critchley, Profile Books.

2. DENISOT AU POUVOIR : UNE SUCCESS STORY POUR LES SUPPORTERS, UN SEPTENNAT DE BONHEUR ET DE VICTOIRES (1991-1998)

Pour Daniel Riolo, éditorialiste de l'After et ancien abonné de la tribune Boulogne, les années de présidence de Michel Denisot sont incomparables. Ce sont « *les sept glorieuses* ». Un septennat à la tête du PSG qui découpe le règne de Canal+ en deux périodes en tous points distinctes. On pourrait même dire antagonistes. À croire que l'on ne parle pas du même club.

De 1991 à 1998, durant les années où Michel Denisot le dirige, le Paris Saint-Germain retrouve le goût des victoires. Le club s'habitue à humer l'air des printemps européens et enrichit considérablement son palmarès. Les titres se multiplient. Champion en 1994, trois fois vice-champion (1993, 1996 et 1997), le PSG accumule les victoires en Coupe sous sa responsabilité. Avec trois Coupes de France (1993, 1995, 1998) et deux Coupes de la Ligue (1995, 1998) en sept ans, nous sommes admis dans la cour des grands. Les campagnes européennes s'enchaînent et Paris accède cinq années de suite au dernier carré. Demi-finaliste de la Coupe de l'UEFA en 1993 et de la Ligue des Champions 1995, le PSG prend de bonnes habitudes en Coupe des Coupes. Demi-finaliste en 1994 face à Arsenal, le club est sacré face au Rapid Vienne en 1996 à Bruxelles.

C'est le deuxième sacre européen pour un club français, le premier à l'échelle continentale pour nous, Parisiens. Le triomphe est total pour Canal et son président délégué. Ses hommes seront de nouveau finalistes l'année suivante. Ils reviennent tenter leur chance mais sont battus par le FC Barcelone et repartent pleins de regrets de Rotterdam. Le PSG a raté le doublé, il ne sera pas le club français le plus titré en Europe. Peu importe, se dit-on alors. On se rattrapera plus tard. Il n'en sera rien.

À tous points de vue, Michel Denisot a posé son empreinte sur le club. Son départ n'en est que la plus belle illustration. Que ce soit en termes d'image, de réputation internationale et bien sûr de résultats. Au PSG, il y a un avant et un après. Plus rien ne sera jamais plus pareil. Antoine Kombouaré, l'une des figures de cette époque, le confirme : « *J'ai vécu l'arrivée de Canal+, j'étais là dès le début. Le changement a été radical. Le club changeait de cap, avec des ambitions très élevées. Les grands joueurs sont arrivés. Le club s'est complètement transformé. J'ai vécu des années fantastiques. C'est le début du PSG qui gagne, même si le club avait remporté quelques trophées par le passé à la force du poignet. Nous, sous la direction de Michel Denisot, on a installé le club dans le haut du championnat et à l'échelle européenne. Grâce à ces années, le PSG s'est affirmé comme un très grand club français et un grand club d'Europe. Le club était reconnu et enfin considéré comme un grand club. Sans oublier évidemment ce qu'avaient fait les Susic, Bats, etc., le PSG des années Denisot devenait un club qui faisait peur. Un club qui gagne.* » Notre club.
Gilbert, supporter du PSG depuis plus de trente ans, va plus loin : « *Le club a brutalement changé avec l'arrivée de Canal. Vu de l'extérieur, le club s'est professionnalisé. De grands joueurs nous ont rejoints. Dans les tribunes ou devant la télé, les matchs n'étaient plus les mêmes. On s'est remis à gagner, à ne plus avoir peur du lendemain. La fierté était de retour. Évidemment, dire au revoir à Francis Borelli*

a été compliqué... L'heure était venue. Le football français avait changé. Marseille dominait outrageusement. C'est grâce à Canal et à Michel Denisot que le PSG a pu véritablement peser dans les années 1990. On leur doit d'avoir enfin imposé Paris comme le grand club qu'il rêvait d'être depuis 1970 !»

Rebâtir un avenir, se reconstruire un espoir avec l'arrivée de Canal+

Pour en arriver là, il a fallu rebâtir et investir. Lorsque Canal+ rachète en partie le PSG en mai 1991, il faut prendre la suite de Francis Borelli. Ce ne sera pas simple ; mais pour la chaîne cryptée, le choix du club de la capitale s'impose comme stratégique.
Canal vient chercher des abonnements en région parisienne et conforter le portefeuille d'abonnés déjà acquis. Comme le rappellent très justement Daniel Riolo et Jean-François Pérès dans *PSG-OM, histoire d'une rivalité*[54], un tiers des abonnés de la chaîne sont des Franciliens et 60 % d'entre eux se sont abonnés pour voir du football. Or, à ce moment de la Division 1, il n'y a qu'un club auquel les spectateurs d'Île-de-France peuvent s'identifier : c'est le Paris Saint-Germain. Avec une population de 10 millions de clients potentiels, Canal a compris son intérêt. Pour nous, les jours sont longs ; mais personne n'imagine que Francis Borelli parte si brutalement.
Le rachat du PSG poursuit aussi un autre objectif : rentabiliser le produit qu'est le championnat de France et sortir du monopole olympien sur la D1. L'idée de Canal est simple : il faut animer le championnat et créer les conditions d'une véritable concurrence. Ce sont les ingrédients d'un bon feuilleton et les conditions d'un retour sur investissement. Le rachat du PSG, pour Canal, consiste

54 Éditions Hugo Sport.

à faire de la première division un nouveau *Dallas*. Aux clubs d'en devenir les personnages récurrents et de raconter une formidable histoire. Bernard Brochand, un des historiques du club, aura le mérite de ne rien cacher. L'opération tenait autant du marketing que du bon sens. Comme il le confesse si justement, dans le dossier PSG et son rachat par Canal, *« les questions d'économie et de marché éclairent tout le reste. »*[55]

Un dernier objectif est à considérer mais il est moins avouable. En rachetant le PSG, le groupe Canal+ fait le jeu de la Mairie de Paris. Alors que le cabinet du Maire est à la manœuvre, acheter le PSG est le meilleur moyen de s'en rapprocher. Joël Lainé, l'ancien adjoint aux sports de la Mairie de Paris, n'en fera pas mystère en déclarant qu'*« on ne peut pas imaginer qu'une société dirigée par un ami du président de la République (André Rousselet) passe du jour au lendemain un accord avec la Mairie de Paris, dirigée par Jacques Chirac, sans que cet accord soit dénué de toute arrière-pensée politique. »*[56] Notre club est une véritable opportunité.

Penser ainsi nous échappe. Mais pour ceux qui vont signer le contrat de rachat, cela a du sens. Les législatives de 1993 approchent. Elles verront naître l'État RPR. Une seconde cohabitation se profile, d'autant que le maire de Paris se positionne déjà pour la prochaine présidentielle. Canal n'a pas mis tous ses œufs dans le même panier, le PSG n'est pas qu'un club. C'est un atout qu'il peut valoriser. À des années-lumière de ce que l'on vit en tant que supporters.

Entre le 13 et le 19 mai 1991, l'avenir du PSG va basculer. Bernard Brochand a été missionné par la Mairie de Paris. Il a sollicité le ban et l'arrière-ban des médias français : Lagardère, RTL et Philippe Labro, TF1 sont approchés. En vain. André Rousselet et Pierre Lescure, eux, répondent, réfléchissent et s'engagent. En une semaine, la décision de racheter le PSG est actée. Pour

55 *Le roman noir du PSG*, Jean-Philippe Bouchard, Calmann-Lévy.
56 ibid.

nous, cela signifie que le club est sauvé. Charles Biétry l'expliquera froidement : *« Sans nous, le PSG serait en Division 2. »*[57]
Le 20 mai, le deal est une réalité. La Mairie efface la dette du club qui l'asphyxie et s'engage à verser 30 millions de francs sur trois ans. Canal s'engage à mettre au pot 140 millions de francs. En quelques jours, le PSG se dote de l'un des plus gros budgets de France. Pour nous supporters, l'annonce fait l'effet d'une bombe. C'est une déflagration, un shoot d'espoir et d'adrénaline. On se prend à rêver en omettant complètement les raisons qui ont poussé Canal à nous racheter. Peu importe, l'essentiel, c'est le terrain, diront certains. Au diable l'idée de conflit d'intérêts pour Canal qui devient à la fois propriétaire du club et diffuseur du championnat de France. Ce que l'on retient surtout, c'est qu'avec ce rachat, le mécénat des premières heures est terminé. *« Ce n'est plus un homme qui s'engage et incarne le club, comme l'ont fait Daniel Hechter ou Francis Borelli, mais une société, qui plus est la chaîne de télévision qui diffuse le championnat de France. »*[58]
Et elle veut gagner. La pression change de camp. L'échec n'est pas permis pour Canal. Le PSG devient un actif stratégique pour l'image et le business du groupe, tout en étant un atout politique. Fini le temps de l'amateurisme, place à une autre manière de voir le football. Pour nous, supporters parisiens, l'amour est aveugle. Le rachat du PSG a donc ses raisons que notre raison ignore. L'arrivée de Canal est avant tout une bonne nouvelle. Certains regrettent Francis Borelli mais c'est plus par nostalgie et fidélité que par réelle conviction. Canal nous offre les moyens de retrouver le haut de l'affiche. Le peuple parisien n'attend rien d'autre, il est ingrat mais il a de la mémoire : le rachat est une promesse à tenir. Peu importe qui paie si l'on nous offre l'ivresse de la victoire.

---

57 Ibid.
58 Ibid.

Pierre Lescure devient président de la société à objet sportif (SAOS) et Bernard Brochand prend la tête de l'association Paris Saint-Germain. Le groupe audiovisuel choisit des fidèles pour réussir et place un *insider* pour présider le club. Ce sera Michel Denisot. En tant que président délégué, à lui la gestion du club au quotidien. Il est l'un des visages du groupe. Commentateur aguerri du championnat, il est aussi le présentateur de *La Grande famille*. En arrivant à la tête du PSG, il en trouvera une autre.
Ceci dit, il n'a pas vraiment eu le choix. Le président du groupe en personne, André Rousselet, lui a conseillé d'accepter. Sa mission est aussi simple qu'exigeante. Trois objectifs doivent être atteints : une qualification européenne la première année, une coupe l'année suivante et un titre de champion au terme de la troisième année. Là encore, il n'a pas le choix.
Artur Jorge Braga de Melo Teixeira est choisi pour le poste d'entraîneur. Le moustachu le plus impénétrable de la Division 1 est de retour. Il a déjà gagné. Il connaît Paris malgré l'échec de son aventure au Matra Racing. Pour lui, revenir au Parc est aussi un moyen de dépasser les douleurs intimes qu'il y a vécues avec le décès de sa femme. Encensé par Bernard Brochand, il accepte de relever le défi du PSG : « *Le choix d'Artur Jorge est logique. Avec un tel CV, il est docteur en philosophie notamment, c'est un choix délibéré. Quand on lui a proposé le poste, il a dit oui tout de suite. Au Matra Racing, il n'était pas allé au bout de sa mission. Venir au PSG était pour lui une sorte de réhabilitation personnelle. Artur est un homme brillant, séduisant. Avec lui, en huit semaines, on a rebâti une équipe !* »[59]
Laurent Fournier, sous ses ordres dès 1991, confirme : « *Artur Jorge était un homme travailleur, assez distant avec ses joueurs, mais dans ses entraînements, il mettait beaucoup de jeu. Il a instauré entre nous un système de concurrence très sain.* »

---

59 *Le roman noir du PSG*, Jean-Philippe Bouchard, Calmann-Lévy.

L'enthousiasme suscité est à la hauteur du changement vécu par le club. Borelli et Susic sont partis. Le PSG entre dans une nouvelle ère avec son maillot blanc sur lequel s'affichent Commodore et Müller.
Valdo Cândido de Oliveira Filho dit Valdo retrouve l'entraîneur avec lequel il a brillé à Lisbonne. Tous les deux viennent du Benfica qu'ils ont quitté en champions. Ricardo les accompagne. Deux internationaux brésiliens viennent de nous rejoindre ! Paul Le Guen, Daniel Dutruel et Patrick Colleter complètent l'équipe que renforcera David Ginola en cours de saison. Alors que Safet Susic n'est pas retenu ni même reçu, Jocelyn Angloma s'envole pour l'OM, Laurent Fournier, Bernard Pardo et Bruno Germain faisant le chemin inverse. Laurent Fournier se souvient bien de cette intersaison : « *Je pars en vacances, je suis Marseillais, je rentre et je suis Parisien. Le transfert s'est fait dans le cadre d'un échange. Sur le coup, je ne l'ai pas très bien pris, mais quand j'ai vu que Canal+ était l'actionnaire du PSG, je me suis dit que ça valait le coup d'essayer.* » Et il a bien fait !
L'effectif est chamboulé mais gagne en qualité et en profondeur, le recrutement est digne d'un prétendant au titre. « *Avec notre effectif cette saison-là, on savait qu'on n'allait pas jouer la dixième place, ni le maintien* », ajoute dans un sourire Laurent Fournier.[60]
Cette première année sous la présidence de Michel Denisot, le PSG finit troisième avec un effectif considérablement renforcé. Et le public répond présent. Avec 26 606 spectateurs de moyenne, nos deux tribunes battent le record de la saison 1985-1986, celle du premier titre glané par l'équipe de Luis Fernandez et Gérard Houllier ! Le premier objectif est atteint : le PSG a retrouvé le podium et s'est qualifié pour une coupe d'Europe, la Coupe de l'UEFA. Surtout, il a renoué le fil avec les siens. Finie l'hémorragie

60 *40 stars pour 40 ans de passion, Témoignages*, Michel Kollar et Bruno Salomon, Hugo & Cie.

des dernières années de l'ère Francis Borelli. Le Parc redevient lui-même. Notre destin est en marche.
Olivier Laval, fidèle de Boulogne, en garde un souvenir plus mitigé : « *Je ne vois pas de césure particulière entre l'ère Borelli et l'ère Canal au niveau des supporters. Francis Borelli, c'était plus une gestion à l'affectif, c'était un méridional. Il aimait les supporters, mais quand je voyais Michel Denisot, il avait une démarche constructive. Il nous a permis d'avoir une équipe compétitive. J'ai fait une ou deux réunions où il était présent. Il était attentif. Il avait même essayé avec Canal d'insérer des supporters chômeurs dans le monde du travail. Je n'ai pas eu d'antipathie particulière vis-à-vis de lui ou Canal+, à l'exception du reformatage du logo en 1994. Chez les Boys, on les avait combattus pour cela. Ils ont réussi ce qu'ils voulaient faire avec Paris. Ils ont peut-être eu le sentiment d'avoir les clés du succès pour tout...* »

La saison suivante va respecter le plan de marche de l'état-major de Canal. Michel Denisot s'est glissé avec aisance dans les habits du président. La deuxième saison est toujours la meilleure. Artur Jorge l'aborde avec ambition et il va remporter le premier titre de l'ère Canal : la Coupe de France contre le FC Nantes. Antoine Kombouaré, Alain Roche et David Ginola ont marqué. 3-0. La victoire est sans appel. Paris renoue avec son amour des coupes en s'adjugeant sa troisième Coupe de France !
En championnat, lors de cette saison 1992-1993, le titre reste vacant, « non attribué » en raison de l'affaire VA-OM. Marseille est destitué pour des faits de corruption avérés. On ne gagne pas un championnat en distribuant des enveloppes... Le PSG se classe donc deuxième. Nous avons joué la gagne jusqu'au bout, échouant à deux points de l'OM. La rage est dans les regards, le sentiment d'avoir été floué est fort. Pour autant, cette saison est celle de la confirmation.

Même si l'on s'incline (3-1) dans un match resté mythique au Vélodrome, trois jours après la victoire de nos adversaires en C1, le scénario a été superbe et la tension permanente. Malgré sept matchs perdus et une équipe encore en phase de transition, Paris a fait bonne figure et méritait sûrement davantage. Pour nous, supporters, c'est le retour d'une certaine fierté, même si elle est teintée d'aigreur. Nous aurions dû être champions en 1993.
Encore aujourd'hui, le débat fait rage pour savoir si nous méritons de remporter le titre de 1993 sur tapis vert ou s'il doit rester vacant. Nos dirigeants, Michel Denisot en tête, auront l'élégance de ne pas le réclamer et de ne jamais le revendiquer. L'éthique a ses vertus, les conséquences économiques d'une telle décision ne sont pas anodines. Pour nous, supporters parisiens, il est impossible de partager ce point de vue. Les ultras en parlent encore. À Boulogne comme ailleurs, tous considèrent qu'on nous a volés et que le PSG doit être sacré – les Olympiens n'ayant pas joué avec les mêmes règles que leurs adversaires… Dans cinquante ans, on en parlera encore.
Ceci étant, les motifs de satisfaction ne manquent pas. Les progrès sont visibles à tous les niveaux. Quand bien même l'équipe reste organisée autour d'une défense de fer, le Parc fait le plein. Ça hurle, ça chante, ça vibre. Tout le monde est content. Ça fait du bien.
Côté pelouse, Joël Bats part à la retraite, tout comme Oumar Sène. Quant à Christian Perez, le petit feu follet, il rejoint les rangs de Monaco. L'équipe est toujours en transition mais cela ne se ressent pas. Artur Jorge réussit, avec Michel Denisot, à reconstruire un collectif sans perdre en efficacité. En effet, les nouvelles recrues ont fait plus qu'apporter leur lot de satisfaction. George Weah finit meilleur buteur du club. Bernard Lama préserve sa cage inviolée pendant 604 minutes d'affilée, record du club. Quant à Alain Roche, Vincent Guérin, Jean-Luc Sassus ou François Calderaro, ils ont été à la hauteur des attentes. «*Ils ont bombé le torse*», comme aurait dit Francis Borelli.

PSG-Real, le match d'une vie

Cette année-là, l'essentiel se joue ailleurs. En Coupe d'Europe, le PSG réalise un parcours incroyable. Demi-finaliste de la C3, nous tombons face à la Juventus Turin. La Vieille Dame est impitoyable. Aller aussi loin en Coupe de l'UEFA est une première pour nous. Mais cette année reste celle d'un exploit, celui de notre premier grand match de Coupe d'Europe. Un jalon de notre histoire.
Après avoir battu le PAOK Salonique, le PSG affronte en novembre 1992 Naples, où l'on s'impose sans coup férir grâce à un doublé de George Weah. Il reste à franchir l'obstacle que représente l'équipe d'Anderlecht. Le match aller-retour est serré mais Paris s'impose avec autorité grâce à Antoine Kombouaré. Comme un présage.
Place au quart de finale. Il faut maintenant faire face au Real Madrid. Simplement le plus grand club de tous les temps. Lors de cette saison 1992-1993, les étoiles qui figurent sur son maillot ont légèrement pâli mais le club madrilène reste un épouvantail. Pour nous, il s'agit seulement de notre deuxième quart de finale de Coupe d'Europe après notre élimination face à Waterschei lors de la saison 1982-1983. Le premier face à un géant européen. On n'en peut plus d'attendre. Pour beaucoup d'entre nous, c'est une première.
Lors du match aller le 2 mars 1993, à Santiago-Bernabéu, le Real Madrid l'emporte 3-1. Un score suffisant pour se déplacer au Parc sans trembler. Le PSG a vécu son premier grand test européen. Il a échoué. Nous sommes dégoûtés tellement nous y croyions. Sans être en mesure de répondre à la furia madrilène, notre onze n'a pas démérité. Il reste de l'espoir. Les joueurs du Real sont confiants mais comme le rappelle Fernando Muñoz García, l'un des défenseurs *merengue*, à *So Foot*, ils restent sur leurs gardes. « *Je me souviens de Weah, Ginola et des deux Brésiliens, Valdo et Ricardo. C'était fort, vraiment fort ! Quand nous les avions battus au match aller, nous nous sommes dit une fois dans le vestiaire que cette équipe*

était très douée. En face, c'étaient des mecs qui voulaient en découdre. »[61]
Le retour aura lieu au Parc. Les Madrilènes ne le savent pas encore mais ils vont être reçus. Un peuple entier va les attendre. Ce sera le Parc des grands soirs. Rendez-vous est pris pour le 18 mars 1993. On vous attend !
Amara Simba se souvient avec émotion de ces deux matchs : « *On était déçus mais on y croyait encore. On se disait que la qualification allait sans doute être difficile à décrocher, mais qu'à domicile on se devait au moins de gagner contre eux. C'était notre calcul. C'était important de se mesurer à une équipe comme ça, avec les Michel, Butragueño et Zamorano, qu'on surnommait "Monsieur 1 but par match". On était vraiment conscients qu'on pouvait le faire. Sur le terrain, de notre côté, il y avait beaucoup de maturité et d'expérience. Quand tu as un joueur comme Ricardo dans ton équipe, le capitaine du Brésil, ce n'est pas rien. La peur, on l'avait mise de côté. On était chez nous. On avait le public derrière nous. Tous ceux qui étaient dans le stade ce jour-là le savent, parce qu'ils ont ressenti cette force collective.* »[62]
Au terme d'un match d'anthologie, dans une ambiance furieuse, le PSG va réaliser l'exploit auquel nous croyions tous et dont nous parlait Amara Simba. Même s'il a fallu attendre la prolongation et souffrir un scénario incroyable, le club tout entier l'a fait : il a éliminé l'un des géants d'Europe, le Real. 4-1, score final. Une folie. Paris bougera toute la nuit. Le Parc s'en souvient encore.
Le lendemain, le 19 mars, on n'a pas rêvé, le match a bien eu lieu et on l'a gagné. *L'Équipe* titre en une : « *Un bonheur total* ». Pour le quotidien, le Paris Saint-Germain a réussi son pari en étant « *magnifique de talent et de volonté* ». On se félicite en arrivant au collège, c'est le sujet de discussion à la machine à café. Au comptoir, l'exploit est sur toutes les lèvres. À Paris, chose rare, on sourit. On a de quoi être fier de nos joueurs ! Paris séduit.

61 SoFoot.com, 6 mars 2018.
62 LCI.fr, 6 mars 2018.

Le PSG a livré ce soir-là un match impossible, une rencontre improbable. Le coach parisien a pris des risques. L'équipe choisie par Artur Jorge est offensive à souhait. Il faut tout faire pour gagner. Le Portugais a surpris son monde en alignant d'emblée Valdo, Simba, Weah et Ginola. Cela nous sourit, le Real ne s'y attendait pas. Il est pris à la gorge. Le PSG mène 3-0 jusqu'à la 92e minute, il a refait son retard sur un Real impuissant et écrasé par l'ambiance. Derrière les joueurs partis au combat, nous sommes une armée.

George Weah a marqué le premier sur corner à la 33e minute sur une passe de Valdo. David Ginola l'a imité. Il a signé dix minutes avant la fin du temps réglementaire une demi-volée superbe en pleine lucarne sur une remise de son compère libérien. Le but est magistral. Nous sommes à la 81e. Le Parc entier s'est levé pour hurler. Les oreilles bourdonnent. Devant les téléviseurs, on a tous perdu notre voix à force de crier. Les deux équipes sont à égalité. On y croit. À la 89e minute, Valdo surgit. Sur un contre, il remonte le terrain. Au terme d'une action géniale menée par Weah et prolongée par Ginola, il récupère la balle, feinte son défenseur et trompe le gardien. Le Parc est en fusion. Paris est qualifié. À cet instant du match, personne ne pense autrement.

Au commentaire pour Canal, le duo Biétry-Gilardi est dithyrambique mais pressent l'improbable. Un match n'est terminé que lorsque l'arbitre a sifflé. C'est la leçon de cette année 1993. Dans un rappel au dernier France-Bulgarie qui a coûté leur qualification pour le Mondial aux Bleus, Charles Biétry nous alerte. Après une faute évitable dans le temps additionnel, il nous prévient : un coup franc pour Madrid à cet instant, c'est comme concéder un pénalty. Il ne croit pas si bien dire. Sur le centre qui suit, la balle file vers le second poteau sans être contestée. Remisée par un Madrilène, elle revient face au but de Bernard Lama, le long de la ligne.

Plus prompt que la défense parisienne, Ivan Zamorano se jette. Sur la dernière action madrilène, Antoine Kombouaré et Paul Le Guen n'ont pas pu empêcher la passe en retrait. Le but est marqué, Lama est battu. Tout est à refaire. Le silence est assourdissant. Sur les canapés, c'est la douche froide. Les deux équipes se préparent à aller en prolongation. On n'y croit plus. Dernière attaque du PSG dans le temps additionnel. Coup de sifflet de M. Puhl. Une faute est accordée : Ginola est à terre. Nous sommes à la 96e minute. Sur Canal, c'est « *une balle de but pour le PSG* » que l'on annonce. Coup franc de Valdo. La balle part. Antoine Kombouaré coupe la trajectoire. Le gardien est à terre, tout comme le grand Real, le ballon a fini dans le petit filet. Le match est plié. Paris a gagné, Paris a éliminé l'ogre madrilène.

Nous avons gagné !

Antoine Kombouaré vient de faire basculer sa carrière de footballeur. Thierry Gilardi en fait le « *sauveur du PSG* ». Il est le héros du soir. Le défenseur gagne un surnom pour l'éternité et une place inoubliable dans nos mémoires : il s'appellera désormais « Casque d'or ». Le Paris Saint-Germain vient d'entrer dans notre histoire et dans les cœurs des Français. Cette soirée est la plus belle. Elle a pour nous le parfum des premières fois réussies.

Paul Le Guen est profondément ému lorsqu'il s'adresse à la presse après le match : « *Ce match est fou, fou, fou. Un match extraordinaire à jouer. On savoure d'autant plus cette victoire qu'elle a été difficile, on est vraiment allés la chercher. On mène 3-0, on se fait remonter 3-1. Là, je crois avoir sorti toute une série d'injures invraisemblables. Je m'en voulais, je nous en voulais, je maudissais tout le monde, le ciel nous tombait sur la tête. La déception était énorme. Je me suis tout de suite mis dans la tête qu'on allait jouer la prolongation. Et puis, ce quatrième but est venu d'une manière incroyable. Le but d'Antoine est mon émotion la plus forte sur le terrain. C'est merveilleux qu'il réédite le même coup au Parc Astrid et au Parc des Princes. Je suis content pour lui. Le bonheur que je ressens est un moment rare dans une carrière, parfois jamais vécu. Je sais déjà qu'il ne pourra pas s'effacer de ma mémoire.* »

Antoine Kombouaré reste le mieux placé pour parler du match. « *Ce sont des choses que vous ne vivez qu'une fois dans votre vie. Je n'ai plus jamais vécu ça après. Il y a eu des scènes de joie, de folie. J'étais dans un état second* », confie-t-il à RMC. Dans l'entretien qu'il nous a accordé, il va encore plus loin : « *Mon but, c'est un but qui marque l'histoire du PSG, qui fait exploser le Parc des Princes. J'ai même des supporters marseillais qui détestent le PSG et qui m'ont dit : "C'est la seule fois où on a été contents pour Paris." Ce but a changé ma vie. Je n'ai jamais pu m'installer en équipe de France, donc ce but c'est ma Coupe du monde à moi. Encore aujourd'hui, partout où je vais, à Brest, à Strasbourg, on me parle de ce but.* » Pour le défenseur, c'est son plus grand souvenir de footballeur. Un coup de tête qu'il dédie à ses potes. « *Le but d'une génération !* »[63]

« Giscard », figure historique de Boulogne, était évidemment présent en virage ce soir-là : « *PSG-Real est un grand souvenir. J'étais au match aller. Là-bas, on a eu la possibilité de faire 2-2. Malheureusement, sur l'action de l'égalisation, l'arbitre siffle un hors-jeu et sur la contre-attaque, Paul Le Guen fait une faute. Double peine : carton rouge et pénalty. Au lieu de faire 2-2, on perd 3-1 à Madrid. Là on se dit que ça va être chaud, contre le Real de Zamorano et compagnie. Au retour, pareil. Un scénario de dingue. Kombouaré se plante. 3-1. On ne sait pas combien de temps il reste. On se dit "prolongation". On est déjà morts, ça ne passera pas… Et puis Kombouaré marque le but du 4-1 devant Boulogne. Sur les Champs-Élysées, c'était comme si on avait gagné une Coupe d'Europe !* »

Amara Simba va plus loin : « *Croyez-moi, tous ceux qui étaient là dans le stade se souviendront de ce moment toute leur vie.* »

---

63 *Mon histoire passionnée du PSG*, Daniel Riolo, Hugo Sport.

1994, l'heure du titre, la fin d'une époque

Après une telle saison, le PSG 93-94 se doit de confirmer et de franchir un cap. Il faut continuer à gagner. Il faut être champion. L'objectif est annoncé. Tout le monde attend ce second titre. Impossible de reculer. L'équipe se renforce. Le mercato est réussi : José Cobos, Pascal Nouma, Raí et Xavier Gravelaine nous rejoignent.

Malgré la concurrence, Paris s'installe en tête dès le mois d'octobre. À partir de la treizième journée, on ne la quitte plus. Derrière nous, les Girondins de Rolland Courbis. L'écart se maintient puis se creuse au fil des mois. Marseille vit les contrecoups de l'affaire OM-VA mais se bat sans rien lâcher. Le combat est âpre. Chaque match compte. Tout s'achève au soir de la 36e journée. Au Parc, le PSG bat Toulouse, l'une de nos bêtes noires, sur une tête de Ricardo à la 72e minute. On ne peut plus être rattrapés. C'est le but du titre. Notre second titre après tant d'années ! La fête peut commencer. Au Parc, on est à la hauteur de l'attente. On sait faire, Francis Llacer s'en souvient encore ! Pour la deuxième fois de notre histoire, nous sommes champions de France.

Joueur clef de la saison, Valdo se rappelle cette année avec fierté : *« C'était notre principal objectif. Le championnat était plus relevé qu'aujourd'hui avec des références dans presque toutes les équipes (Roger Boli à Lens, N'Doram et Loko à Nantes, Deschamps ou Sonny Anderson à Marseille). Nous avions aussi une très belle équipe mais rien de comparable avec celle d'aujourd'hui. Remporter le titre fut magique. C'était notre rêve absolu alors que le PSG d'aujourd'hui rêve plutôt de la Ligue des Champions. »*

Huit ans après le sacre de la génération Luis, l'équipe d'Artur Jorge a relevé le gant. Le pari engagé depuis l'arrivée de Canal+ aux commandes est tenu. Il a le Parc derrière lui ! Malgré une élimination frustrante face au RC Lens en quart de finale de

Coupe de France, la saison parisienne est une réussite. Paris a confirmé son potentiel en Coupe d'Europe. On atteint pour la seconde fois une demi-finale européenne en Coupe des Coupes. Après avoir sorti l'Apoel Nicosie et le club roumain du Fotbal Club Universitatea Craiova lors des premiers tours de la compétition, le PSG retrouve le Real Madrid.
L'affrontement est de haute volée. Une nouvelle fois, la victoire est de notre côté. George Weah a fait la différence à Bernabeu lors du match aller, le 3 mars 1994 (0-1). Une victoire inespérée. Au retour, le match est accroché. Mais Ricardo, en bon capitaine, arrache une qualification méritée (1-1). Nous avons terrassé le géant madrilène pour la deuxième année consécutive. Hélas, au tour suivant, Arsenal est imprenable. Le club londonien nous élimine aux portes de la finale. Ian Wright était trop fort et George Weah était sur le banc lors du match retour. Les Gunners filent vers leur destin et remportent la Coupe des Coupes. Côté parisien, la déception est grande mais le parcours a été brillant. Le club engrange de l'expérience et progresse encore. Vivement la suite !
Pourtant, l'enthousiasme n'est pas la chose la mieux partagée du monde au club. D'une part, on commence à se lasser du management d'Artur Jorge. D'autre part, les luttes d'influence entre Charles Biétry et Michel Denisot deviennent de plus en plus évidentes. Le manager est en fin de cycle, l'équipe a besoin d'évoluer. Son style parfois trop défensif est un frein à l'affection ; même s'il permet de remporter des titres. Paris a besoin de séduire à Paris et en dehors de la capitale. Il en a le devoir, il n'y parvient pas.
Même s'il a tout gagné, Artur Jorge est sur le départ. Un nom revient et résonne dans la coulisse. Celui de Luis. Michel Denisot l'officialise au terme de la saison. L'enfant prodigue est de retour. Le peuple rouge et bleu a aimé Artur. Avec le retour de Fernandez, il rêve tout haut.

Le retour de Luis : l'Europe pour horizon, l'Europe comme objectif

Pour Daniel Hechter, *« un bon président, c'est celui qui gagne ! »*[64] Michel Denisot est de cette trempe-là. Les années Luis vont continuer à le démontrer. Il a tenu la feuille de route fixée par le groupe. Le Parc s'est à nouveau rempli. Avec plus de 25 000 spectateurs de moyenne, le PSG attire. De nouveaux supporters affluent au stade. Quant aux médias, ils sont ravis et se pressent pour nous suivre. Avec des victoires, des stars et de belles histoires, il y a tous les jours de quoi remplir les pages du *Parisien* et de *L'Équipe*. Pourtant, des mécontents demeurent, à commencer par Charles Biétry qui appelle le PSG à offrir un *« nouveau sourire »*. Selon ces esprits chagrins, le PSG ne fait pas assez rêver la province. Paris ne serait pas assez magique. Luis est donc rappelé en grandes pompes. Il est choisi pour apporter son image, changer celle du PSG et continuer à gagner. Avec un objectif ambitieux : viser l'Europe et la mettre à nos pieds.

Artur Jorge, libéré de son contrat, est en colère. Il se montre mordant dans *L'Équipe magazine*. Il ne digère pas le contexte des derniers mois et le peu de reconnaissance manifesté. Il dit tout haut ce que beaucoup pensent tout bas, en parlant de Charles Biétry et de ses rapports avec le PSG : *« Ce monsieur a tout fait contre nous. Il a voulu nous tuer. Il a passé trois ans à faire mal au PSG. Si j'ai quitté Paris, c'est à cause de problèmes inhérents à Canal+. »*[65] En soulignant l'influence néfaste de l'omnipotent patron des sports de la chaîne, le Portugais rafraîchit l'ambiance et nous incite à nuancer la communication euphorique qui accompagne la prise de fonction de Luis. Pendant ce temps, Michel Denisot met déjà la pression au nouvel entraîneur avec des mots très clairs : *« Luis, qui est un peu l'identité de ce club et auquel je pensais depuis longtemps,*

---

64 *Le Parisien*, 20 mars 2019.
65 Ibid.

va devoir conjuguer plaisir et efficacité. » Il n'a pas le choix : il faut réussir.

Or, à la surprise générale, le PSG est interdit de recrutement par la DNCG qui veut frapper fort après la rétrogradation en Division 2 de l'OM pour faits de corruption. Son recrutement est surveillé. Nous ne pouvons pas nous renforcer. La décision est aussi inique que symbolique. L'état-major parisien encaisse mais fait entendre sa réprobation. En tant que supporters, la décision passe mal. La *tifoseria* parisienne est excédée : on va nous entendre. Cette sanction complique les débuts du nouveau binôme et exacerbe les rapports déjà tendus avec les instances du football français. Quant à Luis, il est abasourdi. Le coup est rude pour une première. Il décide de s'appuyer sur le groupe champion de France et le centre de formation. Pas le choix. Seuls Oumar Dieng et Jean-Philippe Séchet arrivent de l'extérieur. Les titis du club font donc leur apparition et s'imposent dans la rotation de l'équipe : Bernard Allou, Didier Domi, Pierre Ducrocq, Vincent Fernandez rejoignent l'effectif tandis que Patrick Mboma et Pascal Nouma reviennent de prêts. Quant au capitanat, Luis s'impose : il décide d'investir Alain Roche au détriment de Paul Le Guen et il repositionne Daniel Bravo, notre autre « *petit prince* ». À sa manière, Luis affirme son autorité. Le Parc aime les hommes providentiels quand ils prennent des décisions fortes.

Malgré l'ambition initiale, la passion suscitée par le retour de « l'enfant du club » ne se traduit pas sur le terrain. Notre saison en championnat s'avère plus compliquée, plus décevante que prévu. Être Parisien, c'est être toujours exigeant. Le FC Nantes réalise lors de la saison 1994-1995 un quasi sans faute en ne perdant qu'un match. Le trio Loko-Ouédec-Pedros est inarrêtable et se permet même de nous infliger un 3-0 au Parc. Avec un but que l'on aurait aimé marquer. Une leçon que les Parisiens n'oublieront

pas. Nous nous vengerons en corrigeant Nantes la saison suivante 5-0 à La Beaujoire. Il ne faut jamais humilier un champion.
Durant cette saison, le PSG est accaparé par d'autres rêves, la Ligue des Champions, et se disperse. Pour Gilbert, supporter inconditionnel des Rouge et bleu, *« c'est l'une des plus grandes épopées du football français. »* Dépassé en championnat, défait deux fois par le futur champion nantais, le PSG ne lutte plus que pour le podium. Doublé par Lyon, le Paris Saint-Germain version Luis finit troisième à 12 points du leader canari. Le champion est déchu.
Heureusement, il y a les coupes. Et quelles coupes !
Avec Luis, le PSG montre sa vraie nature. Il réalise un doublé historique en remportant sa quatrième Coupe de France et la première Coupe de la Ligue, la nouvelle compétition ouverte aux clubs professionnels qu'organise la Ligue Nationale de Football (qui deviendra la LFP en 2002).
Mais le plus beau est à venir.

PSG-Barcelone 1995, revenir à la vie

André Maurois disait qu'*« une belle partie, c'est de l'intelligence en mouvement. Bien plus, c'est de l'intelligence incarnée. »* Autant de mots qui conviennent au parcours européen du PSG au cours de cette saison 1994-1995. En Ligue des Champions, Paris assure et brille. En matchs de poule, on se défait d'un groupe compliqué où se trouvent pourtant le Spartak Moscou, le Dynamo Kiev et le Bayern Munich. Ces poules seront l'occasion de deux matchs mythiques contre le Bayern durant lesquels George Weah est inarrêtable. Il signe d'ailleurs contre le club bavarois, un des plus beaux buts de sa carrière et l'une des plus impressionnantes déclarations que le PSG puisse faire à l'Europe : nous sommes devenus grands !
La suite est à l'avenant. Après avoir terrassé deux saisons de suite le Real Madrid, l'autre grand d'Espagne se dresse sur notre chemin

en quart de finale : le FC Barcelone de Johan Cruyff, le modèle de Luis, avec pour principales menaces Koeman, Stoichkov et Hagi ! Rien que ça. Mais on n'a pas peur, loin de là.
Le 1er mars 1995, Luis et ses hommes parviennent à décrocher un nul inespéré au Camp Nou. Le Barça domine tout le match. On souffle, on souffre et à la fin du match, on enrage. Bernard Lama a été héroïque mais il a marqué contre notre camp. Il a fallu que Mister George rachète sa faute de main. L'espoir persiste. Le match retour a lieu quinze jours plus tard, le 15. À la maison, nous voilà avec 76 % de chances de l'emporter. Encore faut-il ne pas encaisser de but. David Ginola et George Weah sont fantastiques, la partie est d'un niveau rarement vu au Parc. La France entière regarde le match ! Les deux équipes se rendent coup pour coup. Le duel est tendu, spectaculaire. Le Parc est en ébullition. Bakero pourtant parvient à marquer de la tête au retour des vestiaires à la 49e minute ; Bernard Lama ne peut rien faire. Il faut marquer deux fois. Il reste 40 minutes pour signer un exploit. Raí sort son arme fatale, sa « spéciale » et fusille Carlos Busquets de la tête. Les deux équipes sont à égalité à la 72e minute. Les Barcelonais vacillent. L'exploit est à portée de pied. Il faut qu'on joue notre rôle de douzième homme. Boulogne et Auteuil le sentent et donnent de la voix. Le Parc est volcanique. Paris est transcendé et c'est là que surgit Vincent Guérin. Sur une passe qu'il récupère au milieu du terrain, il pénètre plein axe. La défense barcelonaise recule. Grossière erreur. À vingt-cinq mètres, le milieu défensif décoche un tir qui surprend tout son monde. Sans être particulièrement forte, la frappe est précise. Décisive. Busquets est battu pour la seconde fois de la soirée, celle de trop pour le Barça. Dans sa parka trop grande, Luis exulte et se met à courir les bras en l'air. Comme un enfant. Joël Bats l'imite. À la 82e minute, le match a basculé, le PSG vient de décrocher une qualification qui était loin d'être acquise. On s'embrasse, on se jette les uns sur les autres. Vincent

Guérin a sauvé la patrie, le Parc n'en peut plus de hurler son nom ! Le second grand club espagnol s'effondre à son tour. Luis avait signé pour ces émotions-là : la communion avec le public et la folie offensive. Avec ce match, le peuple de Paris est servi, Canal+ est ravi. Au micro, il redescend à peine : « *Je suis un homme heureux ! On a vu un match d'une grande intensité, exactement ce que l'on aime voir sur un terrain de football. Ce fut un match fou, fou ! On a réalisé un exploit !* » Michel Denisot ne dissimule rien, ni sa fierté, ni ce qu'il a ressenti : « *Ce soir, c'est ma plus belle émotion de président. C'est ma plus belle soirée, c'est encore plus fort que face au Real !* »[66] Le PSG est définitivement devenu un grand d'Europe. L'Espagne lui réussit. Face au grand Milan AC, dans notre troisième demi-finale de rang, l'histoire est différente. Notre PSG chute. George Weah est déjà parti. L'équipe de Luis a montré ses limites. À l'aller, Boban nous a crucifiés et a fait taire le Parc à une minute de la fin du temps réglementaire (0-1). Au retour, à Milan, l'équipe n'existe pas, tout simplement. On subit. On s'incline 2-0 sur un doublé de Savicevic. Milan a été d'un froid réalisme. La marque des grands. Après une première défaite face à la Juventus, celle contre Milan invite Paris à réfléchir. À la fin du mois d'avril, sa saison européenne est terminée mais elle fut belle. On la raconte encore. Avec dix victoires de rang en Ligue des Champions pour atteindre le dernier carré, Paris ne pouvait pas mieux faire.

À la fin de la saison, une page se tourne. Mister George, David Ginola, Ricardo et Valdo s'en vont. Antoine Kombouaré, notre talisman, nous quitte aussi après cinq saisons au club. Il part rejoindre Sion. C'est la fin d'un cycle. Il faut revitaliser l'effectif. Le Parc a mal vécu certaines défaites et se fait entendre. Avec la rage passionnée des déçus. La 35e journée face au Havre reste un

---

66 Paris-Canalhistorique.com.

triste souvenir pour les joueurs et pour le club. Ce soir du 31 mai 1995, en multipliant les banderoles, les ultras parisiens expriment leur exaspération et dépassent les bornes. Le simple supporter n'y comprend rien. Tout y passe, de l'attachement au club au départ de l'entraîneur. «*Luis, merci et au revoir*» ou «*Ayons l'esprit de se faire chier, regardons le PSG*» se succèdent. Chacun en prend pour son grade. «*Et l'amour du maillot?*» se demandent les plus énervés. Les joueurs qui vont partir sont particulièrement visés, malgré tout ce qu'ils ont pu apporter: «*Weah à Milan, Ginola au Barça, seuls les supporters seront toujours là*». Le Parc est ingrat et multiplie les signes de colère face à la perte du titre de champion: «*11 défaites, bravo les tapettes*» ou encore «*Les fainéants en vacances*» s'affichent en virage. La pire de toutes est explicitement raciste. Elle vise le joueur libérien. La rupture est consommée. La France ne comprend pas que les frustrations des supporters s'expriment ainsi. Malgré les titres et le jeu proposé, il va falloir reconstruire. Paris n'avait pas besoin de ça...
La première saison de Luis est réussie, quoi qu'on en dise. Piégé par son absence de recrutement et parfois paralysé par son tumultueux public, Paris a montré son tempérament. Le club a glané deux titres, tout en signant un parcours européen séduisant, historique. Malgré la tension qui électrise les coulisses, notre équipe a fait preuve de panache et de style. À l'image de son entraîneur, elle a su être à la hauteur des enjeux. Ce sont les sommets qui l'excitent, la pression des rencontres à élimination. Pas le ronronnement du quotidien et de son championnat domestique. Paris a besoin d'adrénaline.

La saison 1995-1996 s'annonce sous de meilleurs auspices. Les promesses de la première saison doivent aboutir. Tout le peuple Rouge et bleu est derrière Luis. Le recrutement est plus que satisfaisant. Paris voit grand et Canal, pour l'heure, met encore de l'argent dans le recrutement.

Julio César Dely Valdés et Youri Djorkaeff signent à notre grande satisfaction, même si l'attaquant panaméen n'est connu que des amateurs du *calcio*. Laurent Fournier, Patrice Loko, Stéphane Mahé, Bruno N'Gotty les rejoignent tandis que Jérôme Leroy, Nicolas Anelka, Djamel Belmadi et Edwin Murati intègrent le groupe. Richard Dutruel et Xavier Gravelaine reviennent de prêts. Raí et Lama sont toujours là. Le club semble armé pour jouer sur tous les tableaux.

En championnat, nouvelle désillusion : le PSG n'arrive pas à s'imposer. Il finit deuxième. Pourtant, nous sommes champions d'automne et dominons nos adversaires de la tête et des épaules jusqu'à la trêve. On a même compté 10 points d'avance sur le rival auxerrois au milieu de la saison, avant de nous effondrer inexplicablement. Après Nantes, c'est donc Auxerre qui se trouve sur notre chemin. L'AJA réalise la saison de sa vie et reprend la tête du championnat lors de la 33e journée. Au terme de la saison, nous voilà devancés de 4 points. Paris est dépité. Personne ne comprend comment cela a pu arriver. Même si le club est un beau dauphin, on n'aurait jamais dû être rattrapé. Paris ne parvient pas à gagner dans la durée. La colère est à la hauteur de la frustration.

En coupes, la déception est là aussi au rendez-vous. Notre parcours s'arrête vite. La colère gronde, Luis a la pression. Lors de cette saison, aucun trophée français ne vient garnir le siège du club. Un mal pour un bien puisque le PSG va aller chercher sa Coupe d'Europe : la C2, sa Coupe des Coupes. La seule du football français.

Une Coupe des Coupes pour la vie

Face à ces résultats, Luis a fait de la Coupe d'Europe son objectif, son obsession. Le parcours parisien est une nouvelle fois exemplaire. Comme en Ligue des Champions la saison passée, le PSG est irrésistible. Jamais aussi à l'aise que lorsque le match est à élimination directe. À des lumières de ce qu'il peut vivre en Division 1. Paris sort Parme en quart de finale puis La Corogne en demi. Les matchs ne sont pas simples. Nous sommes bousculés, accrochés. Contre Parme, au Parc, le 21 mars lors du quart de finale retour, Raí a dû marquer deux pénaltys pour nous qualifier et emmener les siens vers les demi-finales. Face à La Corogne, nos joueurs réussissent à rompre le signe indien et parviennent à battre la solide équipe espagnole que mène Bebeto. C'est Youri Djorkaeff, le « Snake », qui débloque la situation lors des deux matchs. Une nouvelle fois décisif, notre facteur X a signé un but à l'aller au Riazor et délivré une passe décisive pour Patrice Loko au Parc. Une leçon d'efficacité et de réalisme. Luis l'admet, le passé européen des dernières années a compté : *« Paris possède, aujourd'hui, beaucoup d'expérience et l'a encore démontré. »*

Cette qualification est *« un moment historique pour le club, qui n'avait encore jamais réussi cela, et inoubliable aussi »*. On ne le sait pas encore, mais Luis, au sortir de ce match, a demandé à parler à Michel Denisot. Comme il nous l'a raconté, il l'informe qu'il doit chercher un nouvel entraîneur pour la saison suivante. Malgré tout l'amour qu'il a pour le club, il ne ressent plus la confiance et la reconnaissance nécessaires pour continuer. En début de saison, Pierre Lescure et son président lui avaient fixé pour objectif de remporter un titre. Avec cette accession en finale, Luis est sur le point de le réaliser. Il partirait la tête haute.

Mais pour l'heure, rien n'est fait. Rien n'est gagné. En finale, son adversaire est inattendu. C'est le Rapid Vienne.

Le 8 mai 1996, au matin du match, *L'Équipe* titre : *« Beau jour pour la victoire »*. Comme une prémonition. Une obligation, diront certains, devant la faiblesse relative de l'adversaire. En attendant de lever le trophée, le match est tendu et âpre comme peut l'être une finale. Face à nous, un seul joueur représente une réelle menace,

l'immense attaquant allemand Carsten Jancker. Dans nos rangs, tout le monde est présent. Luis va aligner notre meilleure équipe. « *Un super groupe* », comme il nous le dira avec fierté.
Pourtant, rien ne semble aller. Comme d'habitude à Paris, nous nous mettons une pression supplémentaire.
L'ambiance au sein du club et autour du groupe est délétère. Les luttes intestines se poursuivent. Le club n'a pas fait les efforts suffisants, il n'a pas su anticiper. Dans le vestiaire, les joueurs se regardent en chiens de faïence. Certains contrats ne sont pas prolongés. Personne ne comprend ce qui se passe, à commencer par nous, les supporters. La direction du club met alors Luis sous pression. Elle impose Yannick Noah dans la vie du groupe. Avant la finale. Une première.
Auréolé de sa victoire à Roland-Garros et en Coupe Davis, il est perçu comme le Français qui sait comment gagner. Luis est pourtant clair. Il est hors de question qu'il interfère avec lui ou s'immisce dans le vestiaire. Les joueurs acquiescent, sans trop être perturbés. Noah apporte de la bonne humeur. Dans ce vestiaire crispé, il est ce « *sourire* » que certains appellent de leurs vœux. Vue de l'extérieur, l'histoire est belle. Il contribue à changer l'image du groupe et pendant un temps, une partie des tensions s'apaisent. Mais soyons clairs, c'est Luis qui mène son groupe et construit une victoire historique. Maintenant, il est temps de jouer et de gagner le match. Le groupe va le faire. Pour eux, pour nous, pour Luis.
La finale peut commencer. Ce ne sera pas un grand match mais peu importe, cette rencontre, on va la gagner. À la 29e minute, Youri Djorkaeff laisse la balle à Bruno N'Gotty. Il lui glisse à l'oreille « *Frappe en force !* » Le défenseur prend son élan et rappelle à tous qu'il a une sacrée frappe de balle. Son tir à ras de terre, précis, puissant, cadré, trompe Michael Konsel. Ce but nous suffit. Paris n'aura jamais eu peur à Bruxelles.

Au coup de sifflet final, le PSG a gagné. On ne pourra jamais nous l'enlever, peu importe ce que l'on pense de l'adversité. Un trophée, ça se prend. On se moque de qui nous fait face !
Ce soir de mai, nous avons remporté la première Coupe d'Europe de notre histoire. Dans le stade, le parcage parisien explose de joie ! Le moment est fabuleux, les images de cette soirée gravées à jamais. Cela faisait tellement longtemps qu'on l'attendait. Luis peut partir en courant sur la pelouse féliciter ses joueurs avec son imperméable crème qui flotte au vent. Ce sera le « *plus beau souvenir de [sa] carrière d'entraîneur* ».
Yacine Hamened s'en souvient parfaitement : « *On attendait cette victoire depuis des années, notamment depuis que Marseille a gagné la Ligue des Champions. Le parcours est exceptionnel. Tu élimines Parme qui à l'époque était une grosse équipe de Serie A. Alors oui, tu tombes en finale contre le Rapid Vienne, mais avant ça, on a joué des matchs intéressants. Cette journée, je m'en souviens comme si c'était hier. On part en bus à Bruxelles, on se retrouve là-bas et on se rend compte qu'on est vraiment un club. Il y a une vraie union. Il y a ce match et la victoire. On est rentrés vers 2 heures du matin au Parc. On n'avait tellement pas envie que ça se finisse qu'on s'est retrouvés sur les Champs-Élysées au milieu de la nuit. Il fallait aller fêter ça sur Paris.* » Gilbert, qui n'avait pas pu se rendre à Bruxelles, se rappelle de ses cris devant sa télévision et du lendemain matin face à ses amis marseillais : « *Cette victoire les a fait taire. Ils resteraient les premiers, mais ils n'étaient plus seuls. Ils nous savaient derrière. Qu'est-ce que j'ai pu hurler ce soir-là ! En termes d'émotion pure, ce match est à égalité avec le retour contre le Steaua Bucarest, le 4-1 face au Real et la victoire en finale de l'Euro 2000 face aux Italiens. Mais cette finale, avec le recul, c'est plus que cela. Ce match a permis à Luis de partir avec les honneurs et de faire oublier une saison amère. Ce titre, personne ne pourra le lui enlever. Avec cette victoire, une page s'est tournée au PSG. On perdait Luis mais on savait qu'on serait dorénavant regardé et respecté comme un grand club.* »

L'Équipe trouve les mots justes le lendemain. C'est «*La consécration*» du PSG, Bruno N'Gotty et Patrick Colleter sont à l'honneur. Luis peut partir la tête haute.

L'après Luis : le retour de Bats et Ricardo

Luis est parti. Avec trois titres remportés, 53 victoires pour 19 nuls et 22 défaites en deux saisons, le bilan de «l'enfant du club» est flatteur. Il a laissé Paris sur de bons rails, pense-t-on alors. Il faut lui trouver un remplaçant qui soit à la hauteur. Rapidement, le nom de Ricardo s'impose, accompagné de Joël Bats. Le duo coche toutes les cases. Anciens Parisiens, les deux hommes ont gagné sous le maillot du PSG et se connaissent bien. Leur expérience devrait payer ; mais la saison qui s'annonce sera loin d'être de tout repos.
Paris n'investit plus de la même manière et peut, de l'extérieur, sembler manquer d'ambition. Youri Djorkaeff, dans *Le Roman noir du PSG*, avoue l'avoir bien compris. Il décide de quitter le club. Malgré les signatures de Leonardo, Jimmy Algérino et Benoît Cauet, l'effectif perd plusieurs éléments de valeur. Daniel Bravo est parti à Parme, le «Snake» à l'Inter, Oumar Dieng à la Sampdoria, sans parler du départ en cours de saison du jeune Nicolas Anelka. L'effectif a tout de même belle allure et conserve l'ossature des vainqueurs de la Coupe des Coupes. Il est dimensionné pour gagner le championnat. Hélas, une nouvelle fois, le PSG n'y arrive pas. Comme une malédiction.
Cette fois-ci, c'est l'AS Monaco qui vient gâcher la fête. Une nouvelle fois, on finit sur la deuxième marche du podium. L'écart de huit points est trop net. Alors que Paris a mené le championnat de la 5e à la 21e journée, nous nous sommes encore effondrés. Coachés par Jean Tigana, les hommes du Rocher sont impitoyables. Ils en ont bien profité. Portés par Sonny Anderson,

ils nous battent même lors de la 24e journée (2-0), ne nous laissant aucun espoir. Il faut dire que le onze rouge et blanc a de l'allure puisque s'alignent ensemble Fabien Barthez, Sylvain Legwinski, Victor Ikpeba, Emmanuel Petit ou encore Enzo Scifo.
Mais ce qui reste de cette année 1996-1997 n'a que peu de rapport avec un énième championnat raté. Trois oppositions scellent les regards que l'on porte sur une saison prometteuse devenue un calvaire. Malgré une seconde place dont on pourrait se contenter, le public parisien a presque eu l'impression de passer *« une saison en enfer »*.

À partir de janvier, le club s'effondre et les moqueries fusent comme rarement. Le chambrage est devenu systématique à mesure que les défaites incroyables s'enchaînent. Il y a eu tout d'abord la Supercoupe. Disputée contre la Juventus en matchs aller-retour le 15 janvier et le 5 février 1997, elle a laissé une trace indélébile chez tous ceux qui l'ont vécue. Cette double opposition est l'une des plus grandes humiliations européennes du club, l'une de nos pires prestations, le tout en Mondovision. Le PSG croyait avoir grandi, la Vieille Dame nous a rappelés à notre prétention. Avec Didier Deschamps et Zinédine Zidane dans ses rangs, elle nous balaie littéralement en nous infligeant une leçon à domicile, un 6-1 au Parc. Un *« véritable cauchemar »* pour Vincent Guérin. La preuve est faite : le PSG est un club à part. À cette occasion, nous avons retrouvé nos *« amis marseillais »*. Longtemps portés disparus après notre titre européen, ils font leur miel de nos défaites. C'est de bonne guerre. L'élimination face à Clermont lors de la séance de tirs au but est l'autre humiliation de notre saison, dans notre épreuve fétiche en plus, la Coupe de France. Une défaite en huitième de finale, lorsque le match se joue à l'extérieur, pourquoi pas. C'est ce qui fait le sel de cette compétition. Mais celle-ci est impardonnable pour une équipe comme la nôtre. On menait 4-1 à la 67e minute face à une équipe de National 2 ! On a envie de se cacher, de ne plus parler football. Le chambrage est permanent. Cette saison a un goût particulier. En Europe, heureusement, on se rattrape. En Coupe des Coupes, le 31 octobre, le PSG balaie Galatasaray 4-0 à domicile, après avoir explosé 4-2 à Istanbul. Enfin de l'émotion ! Le Parc, lorsqu'il est flamboyant comme il le fut ce soir-là, est une formidable arène. Notre parcours ne s'arrête pas là. Après avoir disposé de l'AEK Athènes, c'est Liverpool qui tombe. L'opposition fut très serrée et notre victoire 3-0 à l'aller nous a amplement servis. Dans l'enceinte d'Anfield, nous nous sentons bien seuls. L'ambiance est indescriptible et les Anglais ne font que pousser. Ils marquent à deux reprises et fort heureusement ils ne parviennent pas à inscrire le troisième but synonyme d'égalité. Les buts de Leonardo, Cauet et Jérôme Leroy se sont révélés précieux. L'impensable se produit. Le PSG enchaîne une deuxième finale contre un club qu'il a battu deux ans auparavant, le FC Barcelone.

Seul problème, l'équipe n'est plus la même. Le 14 mai 1997, face à nous, elle compte dans ses rangs un phénomène, Ronaldo. Toute la finale, il pèsera sur notre défense et menacera la cage de Bernard Lama. Le PSG joue crânement sa chance mais les occasions sont trop rares pour briller sur la pelouse du Feyenoord Stadion. Quand Laurent Fournier perd la balle à la 36e minute dans le camp adverse, il ne peut pas savoir que celle-ci va rapidement remonter en transitant entre de la Pena, Sergi et Luis Enrique. Lorsque ce dernier sert Ronaldo à la limite de la surface, il est déjà trop tard et pourtant ce dernier manque son contrôle. Un instant, on croit que l'action va s'arrêter ; mais dans un sombre retournement de notre histoire, Bruno N'Gotty, le buteur de la finale 1996, perd ses nerfs et le fauche rageusement. Thierry Roland et Jean-Michel Larqué qui sont aux commentaires n'en reviennent pas. Tout le poids du match repose alors sur les épaules de Bernard Lama ; mais le Brésilien marque.

La frappe est forte et placée, en bas, sur la gauche du gardien parisien. Imparable. Paris aura beau pousser, ils n'y arriveront pas. Le destin a choisi son camp, tout comme l'arbitrage. Ce soir-là à Rotterdam, ils sont Barcelonais. Pour Didier Domi, cette finale reste malgré tout un grand souvenir : « *Quand tu te balades à Paris, certaines personnes te reconnaissent. Elles me parlent souvent des mêmes matchs, de PSG-Steaua Bucarest ou de la finale contre Barcelone en 1997. C'est plus qu'une fierté. On sent qu'on fait partie de l'histoire du PSG. Mon plus beau souvenir néanmoins reste l'avant-match de cette finale de 1997. On arrive dans le stade, je tourne ma tête à droite et je vois qu'il y a un peu de supporters barcelonais, sans plus. Je la tourne à gauche, je vois tout le virage parisien rempli à ras bord. Ça chantait, c'était incroyable. Jamais je n'ai revécu cela.* » Pour nous, si le souvenir est vivant, le dépit est profond. Après Bruxelles, l'impression est forte d'avoir raté quelque chose d'unique. Même si le Barça a été supérieur, le sentiment ne s'efface pas. Éric Krissi va plus loin : « *Lors de la finale 1997 contre Barcelone, on se fait voler par l'arbitrage, un peu à l'image de l'histoire du club. Si l'on avait gagné cette deuxième finale, l'histoire du club aurait été différente. Ça aurait été une confirmation.* » Et non la débandade qui va suivre. Avec cette deuxième place et cette finale perdue, cette saison aurait dû être une fête. Il est temps qu'elle s'arrête. Elle a des airs de cauchemar.

La dernière année de Michel Denisot : boire le calice jusqu'à la lie

La prochaine sera pire. L'organisation du club est modifiée durant l'été. Claude Le Roy est devenu directeur sportif pour seconder un Michel Denisot plus que jamais sur le départ. *Mutatis mutandis :* il faut que tout change pour que rien ne change. La locution latine prend tout son sens avec Paris et il y a de quoi être désabusé. Les mêmes erreurs produisent les mêmes effets.

Et de fait, lors de la saison 1997-98, le PSG poursuit ses errements en championnat. Pour la première fois depuis six ans, il ne finit pas sur le podium. Sa huitième place est une anomalie. Pour un club qui a recruté Éric Rabésandratana, Christophe Revault, Marco Simone, Florian Maurice et Franck Gava, c'est même un accident industriel. Pour leur deuxième saison, le duo Ricardo-Bats avait la pression, il devait ramener le titre de champion. Ils savent tous les deux qu'ils seront débarqués.

Dans nos rangs, « Captain Raí » est toujours titulaire, il joue les 48 matchs de la saison. Sa dernière à Paris. Le Brésilien va remporter deux nouvelles coupes sous les couleurs rouge et bleu. Ce sont nos premières victoires au Stade de France contre le RC Lens en Coupe de France et contre les Girondins de Bordeaux en Coupe de la Ligue. Le club a réalisé un nouveau doublé, le second après celui obtenu par Luis. Mais la joie n'y est pas.

L'Équipe a beau pointer le fait que le PSG est abonné aux coupes, il manque quelque chose. Ces deux titres sont l'arbre qui cache la forêt de nos ennuis. Pour nous supporters, ils représentent aussi autre chose. Ils sont le testament d'un joueur d'exception. Un cadeau qu'il fait aux siens mais aussi à Michel Denisot et Ricardo. Tout le monde l'a compris. La fin est proche.

Dans les coulisses du club, les erreurs se multiplient, l'approximation est la règle et le sort s'acharne. Le club est à bout de souffle. C'est plus qu'une fin de cycle. Cette saison va davantage compter pour les larmes que l'on va verser que pour tout le reste. Rien ne nous sera épargné.

Il y a d'abord ce pénalty fantôme qu'obtient Fabrizio Ravanelli et que Laurent Blanc transforme lors du *clasico* du 9 novembre 1997. À l'époque, il n'y a pas de VAR et encore moins d'éthique. Le joueur italien s'est fait un croche-pied tout seul, il a abusé l'arbitre et il le sait. Il a surtout mis en furie les 43 307 spectateurs qui garnissent le Parc ce soir-là et les millions de Parisiens qui se

sentent trahis. Nous ne l'oublierons jamais. Depuis cet automne, toute simulation dans la surface est devenue une « Ravanelli ». À Paris et pour l'éternité, son nom signifiera tricherie.
Puis vient un moment improbable de la saison : la double opposition contre le club roumain Steaua Bucarest en tour préliminaire de Ligue des Champions. L'une des plus incroyables histoires européennes du PSG. Alors que la compétition s'ouvre pour la première fois au dauphin du champion national, la rencontre face au club roumain va rester dans nos annales. Au regard de son scénario, elle reste aussi embarrassante qu'unique.
À Bucarest, le 13 août 1997, le PSG tremble face au champion de Roumanie et, s'incline 3-2 devant moins de 25 000 spectateurs. Paris mène une partie du match grâce à Vincent Guérin et Florian Maurice mais finit par céder. Il faudra gagner au Parc. Avec 60 % de chances de se qualifier, Paris peut y croire… jusqu'au moment où l'UEFA se rend compte que Laurent Fournier a été aligné. Or, ce dernier avait été averti lors du dernier match européen qu'il a disputé, la finale de la Coupe des Coupes. Cela n'aurait pas constitué un problème si le joueur n'avait été exclu lors de l'humiliation face à la Juventus. Les règles sont claires en Coupe d'Europe. Carton rouge direct + nouveau carton jaune = suspension automatique. Le milieu français n'aurait jamais dû jouer, le club a failli. L'UEFA tranche en faveur du Steaua. Paris a match perdu 3-0. La décision prise par l'instance suisse oblige le PSG à un exploit.
Laurent Fournier se souvient avec gêne de cet épisode pour *Le Parisien* : « *À l'époque, je prenais beaucoup de cartons, se souvient-il. Je ne les comptabilisais pas. J'avais totalement oublié qu'après avoir été exclu en Supercoupe contre la Juventus en janvier, j'avais été averti en finale de la Coupe des Coupes en mai contre Barcelone, et que je ne pouvais pas jouer contre le Steaua. Je ne me suis pas considéré comme coupable, mais, comme toute l'équipe, j'ai pris un énorme coup de massue*

sur la tête. Mais le groupe s'est aussitôt remobilisé. C'est exactement ce qu'il fallait. » Le joueur accuse le coup mais c'est surtout nous qui sommes ridicules. Claude Le Roy, au lieu d'assumer seul, charge Guy Adam, notre intendant historique. Seul problème, la faute n'est pas individuelle mais collective. Elle révèle ce qu'est devenu notre club durant les dernières années de présidence de Michel Denisot. Personne n'a prêté attention au fax envoyé par l'UEFA pour avertir le club que Laurent Fournier ne pouvait être aligné. Ni le staff, ni la direction sportive et encore moins le joueur. Faute professionnelle.

Il faut la réparer et faire face : le PSG n'a plus que 6 % de chances de se qualifier pour la lucrative Ligue des Champions. La presse se déchaîne. Le club est acculé et le manque à gagner représente une somme considérable pour l'époque (70 millions de francs, près de 12 millions d'euros). La balle est dans les pieds des joueurs. Claude Le Roy essaie de mobiliser le groupe : « *Nous sommes la risée de l'Europe* », annonce à l'époque le directeur sportif, une énième fois dépassé par les événements, à ses joueurs. « *Il ne vous reste qu'à relever l'impossible défi de vous qualifier.* » Raí, notre capitaine, veut y croire. Il sait que nous en sommes capables. Et surtout il sait se montrer plus convaincant : « *On peut rentrer dans l'histoire ! Je sens un truc, une ferveur, le parfum de la victoire.* »

En dehors du ridicule de la situation et de la nouvelle humiliation que l'on vient de subir, quelque chose flotte dans l'air. Les joueurs s'apprêtent à écrire l'histoire. Ils se préparent à l'exploit. C'est inexplicable. Le grand jour arrive. Tout le monde veut y croire. Nous sommes le 27 août. Tout Paris veut en découdre, des joueurs aux supporters. L'atmosphère est électrique. Le match sera magique.

Laurent Fournier le suit en tribune de presse, aux côtés des commentateurs et des journalistes radio. Il est tendu, mais serein : « *J'étais certain que nous allions renverser la situation.* » L'équipe est transfigurée et sur le terrain, elle présente son plus beau visage. Chaque individualité va donner son maximum et Raí sera étincelant. Xavier Coulant était au Parc ce soir-là, il en a encore la chair de poule : « *Mon meilleur souvenir de match, c'est PSG-Bucarest (5-0). Les mecs devaient remonter trois buts, ils avaient le couteau entre les dents dès le début du match. On a étouffé les Roumains, ils n'ont pas vu le jour. L'ambiance était dingue, tout le Parc était debout. Il y avait tellement de ferveur que tu sentais le stade vibrer. Pour moi, un bon souvenir, c'est quand l'ambiance est grande.* » Là, elle fut incroyable. Didier Domi s'en souvient comme si c'était hier : « *PSG-Bucarest est mon deuxième plus beau souvenir sous le maillot du PSG. Avant d'arriver au Parc, j'avais l'impression d'être en Turquie. Il y avait un tel sentiment d'injustice que tu pouvais entendre le bruit des chants bien longtemps avant le match. Tu sentais que quelque chose allait se passer.* » Les 42 686 spectateurs qui garnissent l'enceinte parisienne n'attendent qu'une chose : l'exploit.

Au sortir du tunnel, les visages de nos joueurs disent tout. Ils vont le faire. Et Paris commence fort. 2e minute, sous l'étreinte, les Roumains plient d'entrée. Maurice est accroché dans la surface. Penalty. Raí s'avance, le silence se fait. Sa course est brève, sa frappe prend à contre-pied Ritli, le gardien du Steaua. M. Jol n'a pas le temps de revenir pour l'engagement que Raí s'est déjà saisi du ballon. Il est habité. La légende est en marche. L'intensité est incroyable. Jamais on n'a vu les Parisiens donner autant ensemble. 23e minute, Leonardo apporte sa pierre à l'édifice sur corner. « Captain Raí » surgit au premier poteau et devance toute la défense. Il nous fait sa spéciale : tête décroisée. Le Parc est en feu, Raí harangue nos tribunes. Le vacarme est incroyable. Plus qu'un but pour être à égalité. Les joueurs roumains sont éteints. Paris livre à cet instant l'une des plus belles partitions offensives de son histoire. Notre équipe est transfigurée. Devant les téléviseurs, on ne tient plus en place. Il reste plus de 60 minutes à jouer. Leonardo remet ça et lance cette fois Marco Simone sous une pluie qui ne faiblit pas. Sa frappe croisée est parfaite, l'ancien buteur du Milan AC rappelle son talent au monde entier. À la 32e minute, le PSG a déjà refait son retard. Maintenant il faut continuer. Certains Parisiens ont déjà les mains sur les hanches, les Roumains sont dépassés, écrasés par l'ambiance. Paris recule un peu et sur une des rares actions roumaines, un contre part. Paul Le Guen dégage son camp à partir de son poteau de corner. Marco Simone est à la réception et d'une talonnade aérienne ouvre l'axe du terrain à Leonardo. La passe est sublime, l'ouverture du Brésilien pour Florian Maurice est magnifique. L'ancien Lyonnais s'enfonce dans la surface et soigne son tir. 4-0. La messe est dite. Notre PSG a éteint l'équipe adverse, il l'a balayée en moins de 45 minutes. C'est l'un des trois plus beaux matchs européens de notre histoire, l'un des plus forts en émotion.

La mi-temps permet aux acteurs de souffler et dès la reprise, il s'agit de ne pas lâcher, de ne rien gâcher. Raí est aux commandes et dès la 56e minute, il remet ça pour signer un incroyable triplé d'une nouvelle tête. Sur une nouvelle passe de Leo. 5-0, le match est plié. L'exploit est historique. Un jour, le PSG comprendra qu'il peut gagner sans devoir souffrir autant.

Ce match est le climax émotionnel de notre saison. Une victoire à la Pyrrhus. Elle annonce la fin d'une équipe et une profonde désillusion, celle de ne l'avoir vue évoluer à son vrai niveau qu'une seule fois.

Ce soir d'été, Raí a été à la hauteur de son rang. Il fut même plus grand encore. Il a tout fait. Il a marqué trois fois. Il a motivé et encouragé les siens, sans oublier d'appeler le Parc au soutien. À l'image du leader incroyable qu'il a toujours été. Il n'a jamais oublié cette soirée : « *Ce match retour est extraordinaire, c'est peut-être l'un des matchs qui a le plus marqué ma carrière. Nous avions la pression, le soir du match, tout a fonctionné. Je me souviens aussi du public du Parc qui avait été merveilleux.* » Leo a été brillant lui aussi avec quatre passes décisives, mais il ne restera pas. C'était son dernier match avant de rejoindre le Milan AC pour 68 millions de francs (10 millions d'euros). Il fut grandiose.

Laurent Fournier peut souffler. Il l'avoue lui-même : « *J'ai rarement ressenti un tel bonheur. Mes partenaires ont été formidables.* » Michel Denisot, tout heureux de vivre un tel dénouement, adresse ses premières pensées aux supporters et aux virages : « *Le Parc a été plus grand que jamais. Merci au public, le meilleur de France !* »[67] La presse sportive multiplie les superlatifs. *France Football* titre « *Formidables* » en mettant à l'honneur notre duo d'artistes brésiliens. Un seul mot barre la une de *L'Équipe* : « *Énorme* ». Un juste résumé de ce qu'on vient d'accomplir.

Gilbert, fidèle suiveur du PSG durant les années Denisot, se rappelle cette opposition avec plus de recul. « *Ce match est double pour les supporters du PSG. D'un côté, l'aller fut sans saveur et de l'autre, le retour fut l'un des matchs les plus nerveux que j'ai vécus en tant que supporter. On l'attendait après le fiasco administratif du match perdu sur tapis vert. On avait envie de revanche, de marcher sur l'adversaire. Ça aurait dû être un match insignifiant. C'est pour moi l'un des matchs les plus intenses, les plus beaux que j'ai vus. C'était la plus belle équipe des années Denisot.* »

Mais il n'oublie pas cette frustration qui a couru toute la saison avec comme point d'orgue cette rencontre face aux Roumains : « *Le match contre le Steaua a été un tournant et une folle parenthèse dans un océan de médiocrité. Raí allait partir, tout n'était que tristesse. On comptait les matchs avant son départ. Quant à Leonardo, je n'ai jamais compris pourquoi personne n'avait réussi à le retenir. Le secteur*

67 Paris.canalhistorique.com.

offensif du PSG de cette année 1997-1998 est l'un des plus incroyables que l'on ait eu sur le papier. Et en définitive, cela n'a rien donné. Quel gâchis. Heureusement que le fax n'a jamais été lu... Sinon, on aurait passé la saison à se faire charrier et à ne prendre aucun plaisir. » Être supporter du PSG dans ces années, c'était cela aussi. Après ce match, rien ne sera plus comme avant. Même s'il arrive tôt dans la saison, il ne connaît pas de suite. Il marque la fin des années Denisot. C'est comme s'il mettait un terme aux années de titres et aux espoirs de grandes victoires. Il annonce frontalement la fin d'une histoire.

Une rupture profonde se profile. Les départs vont se multiplier. Leonardo est le premier. Même si *L'Équipe*, quelques jours après le match contre le Steaua, le met en une et l'implore de rester, il s'envole pour l'Italie. Puis, c'est au tour de Raí de nous quitter. Hélas, ils ne partent pas seuls. L'exode est pire qu'annoncé. Alain Roche, Vincent Guérin, Bruno N'Gotty, Édouard Cissé, Florian Maurice s'en vont. Paul Le Guen arrête. Quant à Ricardo et Joël Bats, ils ne sont pas reconduits. Les années de présidence de Michel Denisot s'achèvent aussi pour laisser les mains libres à Charles Biétry. Le PSG des années 90 a vécu. Un monde disparaît durant l'été 1998. Heureusement, la Coupe du monde arrive.

3. LA RÉPUBLIQUE DE NOS GRANDS JOUEURS

Les années Canal sonnent comme un renouveau. Entre l'argent avancé par le groupe audiovisuel et l'arrêt Bosman qui dérégule le marché des transferts, le visage du PSG change en profondeur. Il ne sera plus jamais le même. Les grands joueurs vont se succéder. Bientôt Paris ne comptera plus dans ses rangs que des internationaux. Panama, Italie, Argentine, Nigeria, Allemagne, Libéria, Brésil, Albanie, Cameroun, Bosnie, Maroc, Russie ou encore Portugal, Tunisie, Serbie-Monténégro, ils viennent de partout. L'effectif du Paris Saint-Germain prend alors des allures de village mondial. Dans les années 90, le PSG va véritablement devenir un club international et attirer au Parc quelques-uns des joueurs les plus brillants de l'époque. Boulogne et Auteuil vont recevoir en récompense de leur passion ce que le football offre de meilleur. Dans le même temps, sous la présidence Denisot, le PSG se transforme en principal pourvoyeur de l'équipe de France avec l'OM. Les deux rivaux rayonnent alors sur le football français et fournissent aux Bleus plus de la moitié de leurs joueurs. Comme un juste retour des choses.

Évidemment, durant les années Denisot et sous les présidences suivantes, il y aura des déceptions, des castings ratés, des joueurs qui ne s'adapteront jamais. Et il y aura les autres. Les grands joueurs. Ceux qui permettent de mesurer ce qu'est devenu le PSG à l'aube du millénaire.

Ils suscitent les passions, exacerbent les attentes et attirent au Parc un nouveau public de supporters : la jeune génération. Aurélie Gascon, fidèle supportrice du club depuis plus de deux décennies,

le confesse : «*Je suis devenue fan du PSG comme je suis devenue fan de foot. Un peu par hasard. Je suis pratiquement la seule footeuse de ma famille. Seuls mes deux grand-pères l'étaient aussi, et encore, ils n'étaient pas supporters d'un club en particulier. Je suis devenue fan du PSG en tombant sur leurs matchs à la TV. Je suis tombée sous le charme de David Ginola, Raí, George Weah... À partir de ce moment-là, rien n'a pu me détourner du PSG !*»
Les stars sont depuis toujours le meilleur moyen de remplir le Parc, de s'en attirer les faveurs. De Dahleb à Neymar, il n'y a pas de secret. Daniel Hechter et Francis Borelli l'avaient compris. Avec d'autres moyens, Michel Denisot a donné à cette politique une nouvelle ampleur. Séduisant les foules et profitant des nouvelles règles sur le marché des transferts, il a réuni quelques-uns des plus grands talents de son temps. Voici leur histoire sous le maillot parisien.

David Ginola, « El Magnifico »

De tous les grands joueurs du PSG à avoir été recrutés par Michel Denisot, David Ginola est le seul attaquant français à faire partie de cette catégorie. Son histoire avec Paris commence avec le Matra et se termine mal. Contraint de rejoindre Brest pour rester en Division 1, il signe chez nous au milieu de la saison 1991-1992, profitant de l'effondrement du Brest Armorique. Marseille était sur les rangs, Paris le séduit, ce qui provoque l'ire de Bernard Tapie. Comme premier gage donné au club, on peut difficilement faire mieux. Pourquoi une telle réaction ? L'ailier vient du Sud, c'est un redoutable attaquant et il n'aura de cesse de le prouver au cours des saisons qui suivront. Avec 44 buts inscrits, 23 passes décisives en 158 matchs, le natif de Gassin est un fantastique technicien. Avec lui, tout y passe : volées, sombreros, passements de jambes, crochets. Son talent est énorme. Bientôt le Parc criera son nom. Aussi impressionnant sur le terrain que sur les podiums où il aime à porter le costume officiel du club, David Ginola séduit tout le monde. Et surtout il gagne. En trois saisons, il remporte tous les trophées du football français. Vainqueur de la Coupe de France en 1993 et 1995, il devient champion en 1995 sous les ordres d'Artur Jorge et se permet même le luxe de remporter un doublé en ajoutant, l'année de France-Bulgarie, la Coupe de la Ligue à notre palmarès. Meilleur joueur français pour *France Football* en 1993, joueur de l'année pour l'UNFP en 1994, le joueur est brillant. Tout le monde le sait. À commencer par lui. Les jaloux s'en moquent, le Parc s'en félicite. Il résume à lui seul la phrase de Francis Borelli : sous le maillot du PSG, « *il faut gonfler la poitrine et bomber le torse* ».

Dans le vestiaire, l'attitude de l'artiste a parfois été moins bien vécue. Comme le rappelle Vincent Guérin à la presse, David Ginola est comme tous les attaquants, plus enclins à briller qu'à se replacer : « *J'étais irrité par son attitude, son manque de replacement, son peu de reconnaissance pour le travail des autres. Il fallait que ça sorte. Je voulais qu'il soit moins dans l'individualisme, pour moi comme pour l'équipe. Sinon, je ne lui passais plus le ballon.* » David Ginola est un homme aussi intelligent que le joueur est brillant. Il comprend vite le message. Il accepte la critique et va devenir pour le club un meneur d'hommes, avant de bientôt briguer le brassard de capitaine. Héros de la victoire contre le Real Madrid en 1993 avec sa demi-volée dantesque, il ne sera jamais aussi fort que dans les matchs de Coupe d'Europe. Il en tirera d'ailleurs son surnom d'« El Magnifico ». Quand l'air se raréfie, le numéro 11 répond présent. Il sera de chacune des demi-finales européennes du club. De 1992 à 1995, David Ginola a compris comment faire pour que le Parc se lève. Il joue, provoque et dribble. Il marque et frappe les esprits avec maestria. En trois saisons, il réinvente la panoplie de l'ailier moderne avec une arrogance toute parisienne. De la maîtrise, de l'audace et du style. Telle pourrait être sa devise. Sa technique est flamboyante mais jamais futile. Le geste est sûr, toujours décisif. Déterminant, l'homme est un attaquant de grande classe. Que ce soit contre Bastia en 1993 avec une frappe soudaine ou face à Barcelone, sa maîtrise du ballon n'a d'égale que son coup de rein. L'idéal pour faire la différence et porter haut nos couleurs avec une certaine élégance.

Le 23 septembre 1993, l'AJ Auxerre va en faire l'expérience. Menée au Parc 3-0 par un doublé magistral de Weah et une frappe sèche de Le Guen, l'équipe auxerroise plie. David Ginola décide de prendre sa chance à un quart d'heure de la fin du match. Alors qu'il est pris par deux défenseurs rugueux comme Guy Roux sait si bien les former, l'ailier accélère. Goma et Sylvestre s'en souviennent encore. Il s'en détache et les laisse sur place en évitant leurs tacles. Excentré côté droit, il rentre dans la surface et sans même se recentrer, il ose l'impensable : lober Bruno Martini, le gardien international auxerrois, à angle fermé, en visant la lucarne opposée. Le but est sublime, le Parc peut exulter. David Ginola a clos le récital du PSG et démontré qu'il était de la caste dont on fait les stars. Cette année-là, celui qui deviendra notre capitaine mène les siens jusqu'à la deuxième place. Seulement devancé par l'Olympique de Marseille, un club bientôt déchu de ses droits en raison de l'affaire VA-OM, l'attaquant parisien est inarrêtable. Mais le sort va le frapper là où il ne l'attend pas. Sur ses terres mêmes, devant les tribunes du Parc.

En ce soir de novembre 1993, à domicile, l'équipe de France doit se défaire de la Bulgarie de Stoichkov et Kostadinov pour disputer le Mondial américain. Gérard Houllier, l'ancien coach parisien et sélectionneur des Bleus, subit une intense pression populaire et médiatique pour faire jouer David Ginola dans le jardin de ses exploits. Lui-même se plaint d'être sur le banc en déclarant à *L'Équipe* 48 heures avant le match que « *Jean-Pierre Papin et Éric Cantona ne devraient pas jouer en équipe de France* ». Alors que le

joueur manque d'être exclu pour ses déclarations, Gérard Houllier écoute Aimé Jacquet, son adjoint, et change d'avis. Il le garde sur le banc et choisit même de le faire entrer à la fin du match alors que la France pense tenir sa victoire. Malheureusement, la consécration attendue et la communion avec le Parc des Princes n'auront pas lieu comme prévu. Le joueur entre et perd la balle sur un centre trop long. Kostadinov part en contre-attaque. Aucun Bleu ne l'arrête et l'attaquant bulgare fusille Bernard Lama. Contre toute attente, la France est éliminée. C'est la consternation. Le retentissement est national. Dans un excès de colère, le pays se cherche un bouc émissaire. Le sélectionneur, maladroit, va livrer David Ginola à la vindicte populaire en parlant de sa passe ratée comme d'un «*crime contre l'équipe*». Il s'en excusera plus tard mais le mal est fait. David Ginola, malgré les titres et le soutien indéfectible du Parc, va traîner à tort cette élimination comme un boulet. Pour le reste de sa carrière française. Adulé par les siens et rejeté par tous les autres, il ne lui reste plus qu'à partir exercer ses talents ailleurs. Alors que le FC Barcelone, pendant des mois, le courtise sans parvenir à régler son transfert, il décide de s'expatrier. Direction l'Angleterre et Newcastle. Là où Éric Cantona, un autre Frenchy lui aussi loin de faire l'unanimité, l'a devancé.
Son histoire au PSG s'achève sur des regrets mais David Ginola n'est pas près d'être oublié de ceux qui l'ont vu jouer. Magnifique à jamais.

George Weah, Mister George : 3 ans de bonheur

Pour Sacha Guitry, «*être Parisien, ce n'est pas être né à Paris, c'est y renaître*». La formule sied à merveille à George Weah. Quand il signe à Paris, l'attaquant libérien est déjà reconnu au sein du championnat de France mais il joue à l'AS Monaco, un club sans public ni ferveur. Or, le lion de Monrovia en a assez.

Défait en finale de Coupe des Coupes face au Werder Brême en 1992, George Weah a acté son départ. Arsène Wenger cherche une issue à sa star et quelqu'un pour le remplacer. Le PSG de Michel Denisot va lui offrir une solution en ouvrant en grand les portes du Parc au meilleur attaquant africain de notre histoire. À cette époque, Paris cherche une vedette. L'état-major du club est même sur le point d'enrôler Jürgen Klinsmann. Champion du monde 1990, l'Allemand est une star du ballon rond, un joueur d'exception. C'est l'attaquant idéal pour lancer le PSG version Canal pour sa deuxième saison, mais les négociations traînent. La *tifoseria* parisienne en trépigne déjà d'impatience. Un double transfert va se produire, il va profondément bouleverser le football français.
Weah rejoint le PSG et endosse pour notre grand plaisir le maillot des années Commodore. Quant à Klinsmann, il enfile à la surprise générale, après avoir signé avec Paris, le maillot rouge et blanc siglé Tamoil. L'échange est une première. Le déroulement a dérouté tout le monde, la presse spécialisée comme les supporters. Comme le dira avec malice Michel Denisot à L'Équipe 21 en 2014, le PSG a *« switché les deux joueurs avec l'accord de tout le monde »*[68].
Le PSG n'a pas perdu au change. Si l'Allemand marque 29 fois en 65 matchs au cours des deux saisons qu'il passe sur le Rocher, Mister George, en signant à Paris, va tout simplement nous aider à écrire les plus belles pages des années Canal. Et si l'on est justes, les plus beaux souvenirs européens de notre histoire.
George Weah est un buteur d'exception, un soliste qui a allié sous nos couleurs le muscle aux plus géniales des inspirations. Par instants, il nous a offert des chorégraphies balle au pied qui n'auraient rien eu à envier aux plus sophistiqués des ballets classiques. Quand Simon Critchley a écrit dans *What we think about when we think about football*[69] que *« le football est une expérience de soumission au rythme du*

68 Sofoot.com, 29 juin 2015.
69 Profile Books.

jeu», il devait penser à lui. Car le jeu du PSG dans ces années s'est souvent reposé sur la fréquence de ses impulsions, la cadence de ses dribbles et le génie de ses inspirations. Au risque de l'inconstance. Contre le Bayern Munich en Ligue des Champions 1994-95, au Stade olympique, George Weah signe un but d'anthologie face à Oliver Kahn, le meilleur gardien du monde. Après un relais avec son ailier, il part dans une chevauchée fantastique et syncopée. Droit vers le but. Tout en puissance et en déhanchés, il remonte le terrain sous les yeux médusés de Luis. Se débarrassant de la défense toute entière des champions d'Allemagne en titre, il s'avance jusqu'aux 18 mètres avant d'envoyer en lucarne une frappe insensée d'audace. Extatique ce soir-là, il a montré l'étendue de son importance, le génie qui l'habite.
Devant les écrans, la sidération l'emporte. Pendant un bref instant, on n'y croit pas. Plein écran, George hurle son bonheur à gorge déployée : on peut enfin exulter, hurler à notre tour dans les bars, dans nos canapés. Ce but est un moment d'éternité. Une épiphanie. Tous ceux qui ont vu ce but en 1994 s'en souviennent encore. Ce frisson, cette folie, la course du ballon et surtout ce sourire... Ce match et ce but nous occuperont pendant des semaines. Ils ont rempli les conversations au collège, nourri les chambrages dans les lycées, notamment face aux fans marseillais. Marseille se morfond en Division 2. Pendant quelques semaines, on n'entend plus la ritournelle que l'on subit depuis le 26 mai 1993 : «*À jamais les premiers*». Paris triomphe, l'OM est oublié. Ce soir de Ligue des Champions, le temps s'est suspendu sur cette inspiration, nos vies se sont arrêtées. Tout ce que recherche le supporter. Avec ce match de poules vécu comme une qualification, George Weah est entré définitivement dans nos mémoires. Même si le PSG lors de cette saison s'arrête une nouvelle fois en demi-finale européenne et tombe face au froid réalisme du Milan AC, nous aurons fait découvrir au monde un attaquant d'exception.

Avec huit buts en onze matchs durant la compétition, George Weah s'est montré impérial. Il nous a offert des émotions pour la vie. Et un but qui nous fait toujours autant vibrer quand on le revoit. Il a fait souffler un vent d'enthousiasme qu'on n'imaginait pas possible à Paris. On ne revivait pas les prouesses de Mustapha Dahleb ou les buts de Carlos Bianchi, c'était différent. Avec lui, le PSG s'est imaginé un destin, un avenir. Et nous avec lui. Avec en ligne de mire la C1. Pour la première fois, le PSG pouvait prétendre à une finale européenne en gagnant sur le terrain. Le peuple du Parc s'était trouvé un messie. Il venait du Liberia.

Chacune de ses foulées était une invitation au dépassement, un appel vers le but, un nouvel horizon à découvrir. Avec 55 buts en 138 matchs, George Weah n'a pas changé la face du PSG au cours des trois saisons qu'il a passées à Paris. Il est allé plus loin, il l'a aidé à grandir. Comme David Ginola, il a remporté tous les titres possibles avec Paris. Pilier des années Artur Jorge, il incarne le style offensif des années Luis et le bonheur de nos soirées de Ligue des Champions, à l'époque où chaque pays n'envoyait que son champion. Plus que la victoire, il nous a permis d'y croire. Il nous a fait rêver. Simplement en créant pour nous des buts que l'on n'avait jamais vus ailleurs, des dribbles que l'on n'a pas revus depuis.

Son ancien partenaire Bernard Lama ne se remet toujours pas de l'avoir côtoyé lorsqu'on lui en parle : « *Je suis récemment tombé sur une vidéo de notre parcours européen, je me suis dit : "George, il faisait tout ça ? C'est dingue."* »[70] Antoine Kombouaré ne dit pas autre chose de Mister George : « *C'était un homme en or, un gars d'une richesse incroyable et un très grand buteur. De la tête, des pieds, de la cuisse... il pouvait marquer sur chaque action !* »[71]

70 Interview accordée à ParisUnited.fr.

71 Ibid.

Ballon d'Or la saison suivante sous les couleurs du club *rossonero* de Silvio Berlusconi, il aurait pu faire rejaillir sur nous l'éclat de son trophée, mais il est parti fâché. Au soir de la défaite parisienne contre le Milan AC, l'équipe qu'il allait rejoindre la saison suivante, le joueur a une parole malheureuse dans les coursives de San Siro[72]. Nous sommes le 18 avril 1995, il est 23 heures et George Weah commet l'impensable. Sa déclaration commence par un constat : « *L'équipe italienne était impressionnante. On ne pouvait rien faire contre elle. Nous avons tout tenté mais Milan était trop fort.* » Mais au lieu de s'arrêter, il poursuit. Et il ajoute : « *Maintenant, j'espère jouer en Italie l'année prochaine. On est éliminés une nouvelle fois en demi-finale, mais sur les deux matchs, c'est normal.* » Il dit tout haut ce qu'il va faire. Le PSG n'est plus à la hauteur de ses ambitions. Peu importe la défaite, il lui faut partir et ne pas se retourner. Le tout sans émotion supplémentaire, sans la moindre pensée pour ses coéquipiers ou les supporters. La rupture est irrémédiable. Daniel Bravo ne lui pardonnera pas et s'en ouvrira sans ambages à Pierre-Louis Basse : « *George n'avait pas le droit de souhaiter partir comme ça, tout de suite, un soir de défaite et de chagrin. Ses propos sont indécents.* » Le divorce est consommé.

Une partie de Boulogne, au lieu de fêter George Weah, n'a pas oublié ses paroles alors que se profile le dernier rendez-vous de la saison. Le soir du match contre Le Havre, le 31 mai 1995, le virage préfère illustrer son ingratitude haineuse et exhibe une banderole illustrée de croix celtiques où s'inscrivent les mots suivants : « *Weah, on n'a pas besoin de toi.* » Pendant quelques minutes de trop, avant que le club ne réagisse enfin, la banderole infâme flotte aux yeux de tous. Blessé par le dépit affiché, bouleversé par les relents racistes d'une minorité d'imbéciles, le futur président du Libéria ne termine pas le match. Il sort à la mi-temps

72 *PSG, histoires secrètes 1991-1995*, Pierre-Louis Basse, éditions Solar.

remplacé par Pascal Nouma. Il quitte le Parc sans un adieu. Sans se retourner. Définitivement. Il en a voulu au club et aux plus ultras de ses fans. En ternissant les liens que l'attaquant avait tissés avec Paris, la fête a été gâchée.
Heureusement, comme un pas en avant, en signe de réconciliation, il nous a confié Timothy, son fils. Même si la famille Weah n'est plus au club aujourd'hui, la flamme de ces années n'est pas prête de s'éteindre.

Youri Djorkaeff, Parisien de père en fils

Youri Djorkaeff aurait pu jouer partout. Il a choisi le Paris Saint-Germain comme son père avant lui. Pour les Djorkaeff, le PSG est une histoire de famille, la parfaite illustration d'une filiation 100 % parisienne. Après Tchouki, voici donc Youri qui s'avance. Avec humilité, avec ambition.
Comme lui, il figure en bonne place au panthéon des joueurs qui ont marqué notre histoire. Avec une différence cependant. Son père était en fin de carrière lorsqu'il a accompagné les premières heures du club en 1970. Lorsqu'il signe chez nous, Youri est un joueur en pleine ascension. Il veut évoluer dans un *« club stable, ambitieux, réputé sur la scène européenne et surtout plus médiatique que Monaco. »*[73] Le temps est venu pour lui de franchir un palier et de gagner des titres en signant avec nous.
Lors de son unique saison sous nos couleurs, il ne connaîtra pas la ferveur d'un titre de champion mais il sera l'un des hommes de base du PSG de Luis. Il nous laisse l'impression d'être resté des années tant la trace qu'il a laissée dans nos cœurs demeure forte. Lui-même dira qu'il avait eu *« l'impression d'y avoir joué pendant dix ans »*.

73 *40 stars pour 40 ans de passion, Témoignages*, Michel Kollar et Bruno Salomon, Hugo & Cie.

Aux côtés de Patrice Loko, de Raí et de Dely Valdés, il est l'une de nos premières armes offensives. Avec 20 buts en 47 matchs, le « Snake » est notre facteur X. Courtisé par l'Europe entière, capable de renverser n'importe quel adversaire, Youri voulait conquérir Paris pour mieux briller ensuite à l'étranger.

Avant de partir en Italie pour porter le maillot de l'Inter, il lui faut réussir sous nos couleurs. Durant la saison 1995-1996, il incarne déjà le futur des Bleus mais plus que tout, il porte en lui l'espoir d'un titre européen pour le club parisien. Il sait pourquoi il est là. Ni David Ginola, ni George Weah n'y sont parvenus. Youri réussira. Buttant systématiquement sur les demi-finales des compétitions européennes dans lesquelles il est engagé, le PSG est bâti pour gagner. Reste à concrétiser sur le terrain son formidable potentiel. Le Français d'origine arménienne est là pour y parvenir. Il est accueilli comme un prophète.

Attendu par le peuple Rouge et bleu, il ouvre une nouvelle page des années Denisot. Même si Paris trébuche encore en championnat et finit deuxième derrière l'AJ Auxerre de Laurent Blanc et Corentin Martins, le PSG décroche son Graal. En remportant la Coupe des Coupes en 1996 à Bruxelles, Youri a rendu le plus bel hommage qu'il pouvait à son « *club de cœur* ». Pour lui, ce n'était « *ni une délivrance ni une consécration, plutôt un accomplissement* » et une communion fantastique avec les supporters. Du Parc qui les accueille à la Mairie de Paris qui fête ses héros, Youri goûte deux ans avant aux effluves de son futur triomphe planétaire lors de la Coupe du monde 98.

Bien vite, hélas, l'heure du départ sonne, alors que l'Euro 96 s'annonce. Avant de quitter Paris, il faut soigner ses adieux. Rien de mieux que le Parc pour les réussir. L'ultime match que dispute Youri Djorkaeff sous le maillot parisien est un récital, le plus beau des au revoir. Face au SC Bastia, il embrase littéralement le Parc des Princes en réalisant un hat trick. Le succès du club est large, sa prestation grandiose. Il est porté en triomphe. Il part en ayant libéré Paris.

Le Brésil à Paris : Valdo, Ricardo, Raí, Leo, Ronaldinho, notre rêve est *auriverde*

« *L'essence du football est un geste au service de la beauté.* »[74] Ces mots de Juan Pablo Pochettino illustrent à merveille l'importance prise par la communauté brésilienne dans le développement du PSG tout au long des années Canal+. On aurait pu écrire « *Paris do Brasil* » tant Paris s'est souvent pensée comme la seconde capitale du Brésil.

Dès ses premières années à la tête du PSG, Canal s'est découvert un tropisme brésilien, une passion soudaine pour les joueurs *auriverde*. Ils sont ainsi 31 à avoir porté le maillot rouge et bleu depuis 1970 et Canal à lui seul en a recruté 17 ! Le Parc a pu profiter de quelques-uns des meilleurs joueurs brésiliens de leur génération. Ricardo, Valdo, Raí, Ronaldinho, Leonardo ont porté fièrement nos couleurs tout en défendant celles de la *Seleção*. Comme une tradition.

Évidemment, avec autant de champions brésiliens à Paris, tous n'ont pas réussi. De Vampeta à Éverton Santos, Souza ou Reinaldo en passant par Edmilson, la liste de ceux qui ont échoué à s'adapter est au moins aussi longue.

Pour le Brésil, le PSG est devenu une seconde terre d'élection et nous le leur avons rendu au centuple. À leurs inspirations ont répondu nos acclamations. Pour quelques-uns d'entre eux, ils font partie des légendes du club aux côtés de Mustapha Dahleb, de Safet Susic et de Luis.

---

74 Prononcés le 20 janvier 2010 en rapport avec le jeu de Marcelo Bielsa.

Le duo Ricardo-Valdo est le premier couple qui ait compté dans les années Canal. Ils ont répondu présents dès les premières heures de la présidence de Michel Denisot. Sous la férule d'Artur Jorge, ils ont apporté, chacun dans son domaine, ce supplément d'âme et de hargne qui manquait au PSG.

Ricardo nous a offert sa férocité, celle d'un défenseur intraitable, et son sens du placement. Jamais pris en défaut, il est l'homme des premiers titres. Durant les quatre saisons qu'il a passées à son poste de 1991 à 1995, il incarne à merveille l'expression chère à son entraîneur : « *avoir une défense de fer* ». Au cours de ces « *quatre années fantastiques entouré de très grands joueurs dans une très belle équipe* », Ricardo nous a ravis. Si « *le PSG a marqué sa vie* », les 167 matchs qu'il a disputés pour nos couleurs sont restés comme la définition même de ce que doit être un défenseur à Paris, capable qui plus est de marquer 20 buts. Comme nous le dit très justement Yacine Hamened, « *au début des années Canal, Ricardo était le symbole de l'équipe. Très propre dans son jeu, il savait être méchant, dur. Il représente vraiment cette époque pour moi.* »

À son sujet, Alain Roche est dithyrambique : « *Il a été une source d'inspiration pour moi. Il ne cédait jamais à la panique ni à l'euphorie. C'est très rassurant quand vous jouez à ses côtés. On était également admiratifs qu'il parvienne à être aussi talentueux vu l'état de son genou. On l'appelait "l'Alien" tellement son genou était énorme. C'était dû à un problème de cartilage. Mais il ne s'en plaignait jamais. Parfois il disparaissait pendant trois jours à cause de cela. Et l'avant-veille des matchs, on le voyait revenir à l'entraînement comme si de rien n'était. Son intelligence dans le jeu compensait ses problèmes physiques. Son influence sur l'équipe a été colossale. Et pas seulement parce que c'est lui qui nous donne le but de la victoire contre Toulouse, 1-0, en avril 1994, qui nous permet de devenir champions de France. C'était un roc.* »

Mais c'est Valdo, son compère, qui parle le mieux de lui : « *C'est mon autre frère dans le foot avec Raí. Entre Benfica, le Brésil et le PSG, je le connais depuis toujours. On a été collègues de chambre pendant dix ans. C'était un rigolo, mais à sa manière, toute en discrétion et en petit comité. Moi, j'étais plus blagueur. Mais dans la chambre, lors des mises au vert, d'un regard il savait me faire comprendre que ce n'était pas le moment de rigoler. Il ne parlait pas beaucoup. Mais quand le maître ouvrait la bouche, tout le monde l'écoutait. C'est un homme avec un grand H. Il est né pour être un leader. Et il l'a été avec nous. Je lui dois beaucoup. C'est lui qui a conseillé Artur Jorge et Denisot de venir me prendre à Benfica.* »

Michel Denisot ne tarit pas non plus d'éloges sur son ancien joueur et ami. « *Ricardo est le premier joueur prestigieux que j'ai fait venir au PSG. Il a réussi une carrière de haut niveau, en étant capitaine du club de la capitale et du Brésil. Il nous a aidés à construire le PSG. C'est lui qui nous a suggéré Raí. Il était le patron sur le terrain, il avait une autorité naturelle qui se dégageait.* »

Si Ricardo a tant apporté, Valdo fut l'autre lumière des années 90. Disputant presque autant de matchs que son compatriote Ricardo sous le maillot parisien (153), l'artiste est arrivé à Paris aussi discret que virtuose. Il brillait déjà à Benfica et fut l'un des plus habiles techniciens que le Parc ait pu acclamer. Il est de la trempe de ces grands maîtres qui ont illuminé le jeu du PSG dès sa création.

Récupérateur, passeur et parfois finisseur, Valdo n'était pas un buteur. Avec seulement 16 buts inscrits, il avait pour habitude de faire briller les autres et de mettre sa technique soyeuse à leur service. Il était l'accélérateur du jeu, le pourvoyeur. Lors de PSG-Real, son talent s'impose comme une évidence. Il est à l'origine du premier but sur corner de George Weah. C'est lui qui initie l'action qui permet à David Ginola de placer sa mythique volée, celle du 2-0, avant de marquer le troisième but. Il s'en souvient pour *So Foot* : « *Ginola m'avait passé le ballon et je m'étais retrouvé dans les 16 mètres face à Rocha, je crois. Et là, dans ces moments-là, il faut rester maître de soi : j'ai feinté la frappe et j'ai mis Rocha dans le*

vent. Après je n'ai pas croisé, j'ai ouvert bien comme il faut face à Buyo sur le côté droit et elle est entrée. On menait 3-0 et on était qualifiés à la 89ᵉ ! C'était la folie dans le Parc ! »
« *Valdo avait un poids prépondérant sur le jeu de l'équipe* », se souvient Vincent Guérin ; et ce, même si sa réserve le dessert par moments. Indispensable sur le terrain, l'homme est taiseux mais il aime Paris. Valdo se rappelle très bien sa communion avec le stade : « *Le Parc, c'était "mon" stade : j'étais chez moi ! On était dans mon jardin. Je connaissais le terrain par cœur, tous les coins, tous les trous.* [...] *Le public parisien s'est mis petit à petit à nous soutenir, quand il a vu que notre équipe jouait si bien. Au bout de trois saisons, il a commencé à s'enflammer : les beaux gestes, les petits ponts, les buts de "Big George", le beau gosse David Ginola... Là, le public a explosé. Il nous poussait vraiment : "Ici, c'est Paris !", "Paris est magique !"* »
La communion entre Paris et l'international brésilien va durer quatre ans avant qu'il ne retourne à Benfica avec Ricardo, son indissociable partenaire. Ils laissent le club avec le sentiment du devoir accompli et la sensation d'avoir marqué l'histoire du Paris Saint-Germain.

Dans leur sillage, un troisième international brésilien s'engage au PSG. Il s'appelle Raí. Capitaine du Brésil, frère du grand Socrates, il va devenir une icône parisienne. Valdo et Ricardo sont d'ailleurs à l'origine de sa venue. Ce sont eux qui ont soumis à Michel Denisot le nom du capitaine du São Paulo FC. Jamais avare de détails quand il parle de ses amis brésiliens, Valdo nous fait revivre l'instant. Le président du PSG cherche depuis quelques semaines un bon joueur pour remplacer le Brésilien en cas de blessure. La saison 1992-93 va s'achever. L'ancien joueur du Grêmio pense immédiatement à Raí, son ami et partenaire en Seleção. Ce dernier a tout gagné au Brésil. L'opportunité de venir en Europe est à saisir. Valdo s'en ouvre à Michel Denisot : « *J'ai un frère, un ami à moi : s'il vient*

ici, il va exploser la baraque. C'est Raí. Prenez-le, et après on verra. Et si c'est lui qui joue, eh bien c'est OK pour moi.» Avec l'appui de Valdo et Ricardo, le milieu offensif s'engage à Paris. La saison 1993-1994 commence et le PSG s'offre l'un des plus brillants joueurs de son histoire. Mais ses débuts sont difficiles. Raí lui-même en convient : «*L'adaptation n'était pas évidente. Cela n'était pas simple en dehors du foot, avec le froid et la langue… Ensuite, au niveau du jeu, chez nous, c'est plus technique, plus concentré dans les espaces alors que le jeu en Europe et en France est différent, ce sont de longues passes, un jeu physique. Il m'a fallu presque une saison pour m'y adapter.*»[75]
Les débuts de Raí sous le maillot du Paris Saint-Germain sont calamiteux, au point qu'il a failli quitter prématurément le club. Le titre de champion du monde aux États-Unis sauve sa saison même s'il perd sa place en sélection. La saison qui suit sera celle de l'éclosion. Artur Jorge est remplacé par Luis. Le clan brésilien sait qu'il saura saisir sa chance. Pour Valdo, Raí a toutes les qualités pour réussir au PSG : «*Il était très intelligent et fort dans sa tête. Il n'a pas cédé à la pression de la presse qui le fracassait sans arrêt : il connaissait très bien son potentiel. Il avait marqué tant de buts si importants. Et en plus, intellectuellement, il était top.*» La légende peut commencer à s'écrire.

En 215 matchs sous le maillot rouge et bleu, Raí marque 72 buts mais surtout il transfigure le jeu du PSG. Meneur d'hommes, fin technicien, il est ce stratège que le club n'espérait pas trouver en le recrutant. Il sera de toutes les victoires, des plus belles campagnes. Il sera notre icône, le capitaine que l'on révère. La passion devient folle. Entre lui et nous, c'est une belle histoire qui s'écrit. Parce que c'était lui, parce que c'était nous. Boulogne et Auteuil lui dédient des chants et l'acclament. Son nom résonne comme aucun autre au Parc. «*Captain Raí !*» va devenir un chant de ralliement,

75 Fanafoot.com.

la marque de respect d'un peuple entier. Il aura juste fallu être patient.

Dès son premier match, tout le monde avait pourtant compris ce que pouvait apporter Raí à Paris. Lorsqu'il foule les pelouses de Division 1 à l'occasion de la 8e journée le 11 septembre 1993, le numéro 10 brésilien étonne son monde. Face à une rugueuse équipe de Montpellier, il sidère le Parc. Dès la 6e minute du match, il lance Ginola du milieu de terrain avec un coup du foulard somptueux aux allures de transversale. Le geste est maîtrisé, efficace. Il est surtout somptueux. Au Parc, on aime les artistes. Raí est de cette caste. Il ne s'arrête pas en si bon chemin puisqu'il inscrit d'une tête piquée imparable le but qui nous donne la victoire. Tout Raí est dans ce match. Généreux, talentueux et décisif. Il le restera durant six années, tout en étant «*fier d'avoir marqué l'histoire du PSG*».

Michel Montana, le speaker du Parc, a connu tous ceux qui ont compté au PSG. Raí l'a marqué comme nul autre: «*Si je devais en ressortir un de tous ceux que j'ai pu connaître au Parc, je citerais en premier Raí. Pour plein de choses, le côté humain, le sportif... Il s'en est pris plein la gueule la première saison, on oubliait que c'était le capitaine du Brésil. À chaque fois que j'entends des critiques quand un nouveau joueur arrive, j'ai envie de dire "Est-ce que vous savez ce que c'est que de changer de pays, de langue, d'habitudes, etc. ?" Il y a toujours un temps d'adaptation. Raí n'a rien dit, il a juste fait le boulot. Il s'est fait accepter. Petit à petit. Et tout le monde a vu à quel point c'était un grand bonhomme.*»[76]

Pour Xavier Coulant, membre d'Histoire du PSG, «*dans les années 90, on avait une belle équipe. On enchaînait les demi-finales. On se faisait respecter en Europe. Deux joueurs m'ont marqué à cette époque. Ce sont Ginola et Raí. Des deux, Raí a vraiment marqué l'histoire,*

76 Entretien avec les auteurs.

c'était un vrai patron.» Supporter excessif durant cette décennie, Gilbert est du même avis. «*Raí est le joueur emblématique du PSG de la décennie 90. Il est son visage, son souffle. Il a apporté son élégance et son allant durant chacune de ses saisons passées chez nous. Au Parc, il était chez lui. Le footballeur était incroyable, l'homme charismatique. Il est simplement devenu pour nous l'un des joueurs majeurs de l'histoire du club. Au même titre que Safet ou Luis. Il m'a fait comprendre pourquoi j'aimais le PSG.*»

La samba est devenue incontournable au Parc. Une joyeuse bande *auriverde* s'est formée. Elle ne cesse de s'agrandir. Elle va bientôt accueillir en son sein Leonardo et Ronnie. Deux talents qui, de manière différente, complètent l'histoire des Brésiliens à Paris.
Leonardo n'a joué qu'une saison à Paris, en provenance du Japon, des Kashima Antlers. Milieu de terrain offensif, il faut le dire, il est inconnu du public parisien comme des spécialistes. On sait juste qu'il va porter le numéro 7 et qu'il est international brésilien. Les conseils de Raí ont porté leurs fruits. Leo signe à Paris pour relever «*le défi le plus passionnant qu'on [lui] ait proposé*». Le palmarès européen du PSG a joué, tout comme la colonie brésilienne qui s'est constituée depuis des années. Il sera coaché par Ricardo, qui a tombé le short pour endosser le costume d'entraîneur. Leo arrive avec envie. Le public parisien est plus réticent. L'adaptation de Raí est encore dans nos têtes. On préfère attendre de le voir avant de s'enflammer, d'autant qu'il est recruté pour remplacer le «Snake». Combler le vide laissé par Youri Djorkaeff est un challenge de taille et Leonardo va le relever avec classe et intelligence.
De suite, le joueur est convaincant. Intelligent, vif et adroit, il fait la différence sur et en dehors du terrain. Son entente avec Raí est un bonheur pour les yeux comme pour leurs attaquants. Paris a réussi un superbe recrutement. Nous avons un nouveau Brésilien à aimer, un nouveau talent dont on va adorer les débordements,

la vivacité et les gestes techniques. Leonardo joue juste, court vite. Il a même le temps de scorer à dix reprises lors des 46 matchs qu'il dispute sous le maillot parisien.
Le Brésilien devient l'un des chouchous du Parc aux côtés de Raí, Patrice Loko et Dely Valdés. Quatrième meilleur buteur de l'année, il livre une de ses plus belles parties parisiennes lors du match retour contre le Steaua Bucarest en Coupe des Coupes. Avec quatre passes décisives, il contribue au succès 5-0 du PSG. Une prestation de grande classe qui lui ouvre les portes du Milan. Le PSG finit deuxième de Division 1 derrière Monaco. Il est déjà l'heure pour Leonardo de partir. Direction l'Italie. Comme Youri avant lui. Le temps passe trop vite. L'impression qu'il a toujours été avec nous persiste. Le reste appartient à l'histoire. Son retour sera célébré comme il se doit treize ans plus tard.

Tout au long des années qui suivent, le PSG multiplie les arrivées de joueurs brésiliens. On se plaît tous à rêver. On espère revivre les belles années, mais la page est tournée. Le PSG a perdu Michel Denisot et le club s'enfonce dans une crise permanente. Associée à une carence persistante au niveau de la direction sportive, la politique de recrutement qui nous a tant réussi conduit au pire à des échecs, au mieux à des demi-réussites. Christian réussit une saison très appréciable en 1999-2000 en plantant 16 buts en 21 matchs, mais l'arrivée de Nicolas Anelka le condamne à disparaître. Prêté par Parme, Adailton n'est pas la vedette attendue. Quant à l'ancien duo de Saint-Étienne, Alex-Aloisio, il suscite la nostalgie mais n'attire pas la réussite. Par respect pour Vampeta, plus connu pour ses virées parisiennes que pour son influence sur les terrains, on ne parlera pas de ses performances. Beaucoup d'entre nous se demandent d'ailleurs s'il a vraiment porté le maillot du Paris Saint-Germain. Quant à André Luiz que le club souffle à l'OM, son bail ne convainc personne.

Aucun Brésilien n'arrive donc à s'imposer durant la seconde partie des années Canal. À une exception près. L'exception s'appelle Ronnie.

Ronaldinho signe chez nous en avril 2001. Le PSG a soufflé le prodige au Grêmio. Durant les deux saisons qu'il passe au PSG, il ne joue pas autant qu'il l'aurait pu. Protégé par Luis Fernandez de retour au club, le brillant gaucher enchaîne tout de même 77 matchs et inscrit 25 buts qu'il agrémente de 22 passes décisives. Le jeune homme est un phénomène. Il est magistral. Le titre de champion du monde remporté en 2002 et le Ballon d'Or qu'il reçoit en 2003 une fois au FC Barcelone couronnent un talent hors normes, comme seul le Brésil sait les produire. Hélas, le PSG n'en a pas totalement profité, et nous non plus.

En le voyant jouer, le Parc et tout ce que le peuple parisien compte de supporters se découvrent une passion brésilienne. L'attaquant *auriverde* est un artiste. Il invente des gestes, stupéfie ses partenaires comme ses adversaires. Imprévisible, il vit, il joue le football autrement. Avec lui, chaque match est une énigme, un *work in progress* qui voit le joueur improviser en permanence. Ronaldinho au PSG est une performance. La rencontre devait se faire, c'était écrit. Dans la capitale de l'art, Ronnie a trouvé son public et une bruyante admiration. La foi du Parc en lui, ce Brésilien capable de tout, est inébranlable, même si elle se transforme parfois très vite en immense frustration.

Évidemment, Ronnie nous a fait nous lever. Il nous a fait hurler de joie. Virgules, passements de jambes, râteaux, feintes de corps, feintes de passes, passes aveugles, crochets, tout y est passé. Il l'a d'ailleurs plus sûrement fait contre Marseille que contre n'importe quel adversaire. Assurément, il sait y faire. En tant que supporter, on savoure un tel bonheur.

Lors de sa deuxième saison parisienne, Ronnie a compris l'importance des matchs contre l'OM. Le 26 octobre 2002, l'équipe olympienne se présente au Parc. Elle ne le sait pas encore mais ce soir-là, elle sera une victime expiatoire. Le récent champion du monde a décidé de frapper les esprits. Il a remisé son numéro 21 au placard pour enfiler la panoplie du numéro 10. Ronaldinho aime les chaudes ambiances. Ce soir, il est servi. Dans les tribunes, le public est chauffé à blanc. Boulogne est bouillant comme à son habitude. À Auteuil, les Tigris Mystic appellent l'équipe à un «*état d'esprit différent*» avec un tifo qui ne laisse personne indifférent. Le décor est planté. Ronnie a décidé de briller et il va marcher sur l'OM. Il ne leur laissera rien. Il marque deux fois. À la 15e, un magnifique coup franc direct trompe Runje qui le regarde filer dans son but. À la 37e, sur pénalty, il venge la faute que vient de subir Ogbeche. Avec le but de Martin Cardetti, le PSG punit Marseille.

Luis est extatique. Il danse la samba devant les supporters olympiens dépités. Et surtout il rend hommage à son champion alors que leurs relations se sont nettement dégradées. Il sait plus qu'un autre ce que signifie cette victoire dans le contexte d'une saison compliquée : «*Ronaldinho a été ce soir un vrai génie, un artiste, il a beaucoup donné. Il a survolé tout le monde et a montré ce que c'est qu'un champion du monde. Nous aurions été contents avec une simple victoire mais là, nous avons mis la manière en plus.*» Ronnie savait ce qu'il faisait. Ses déclaration d'après-match ne trompent pas. Il avait choisi son match : «*Battre Marseille, c'est toujours spécial. On éprouve une sensation différente parce qu'on connaît toute la rivalité qui peut exister entre les deux clubs. Je vais rentrer chez moi le cœur léger, heureux d'entrer un peu plus dans les annales du PSG.*» Le lendemain, *L'Équipe* le gratifie d'un 9 sur 10.

Le 9 mars suivant, le retour a lieu au Vélodrome. L'heure de la revanche a sonné. L'OM veut se venger, la cité olympienne attend le PSG de pied ferme. Si les Olympiens l'emportent, ils prendront la tête de la Division 1. De son côté, cela fait quinze ans que

Paris n'a plus gagné boulevard Michelet. L'engagement rappelle les années 90, les Winners sont en furie, la partie est virile. Luis Fernandez est accueilli par un tifo explicite qui rappelle le match aller : « *Luis : ta place est à l'asile* ». La rencontre est placée sous haute sécurité. Une nouvelle fois, Ronaldinho répond à l'appel comme un squale assoiffé de sang. Le garçon ne se contente pas de subir ou de rôder. Nullement intimidé, il se surpasse ce soir-là. En plus, il n'est pas seul. Jérôme Leroy, qui a joué pour les deux clubs, a décidé de se montrer. À la 27e, ce dernier marque un but improbable en feintant Runje. Au lieu de centrer, il tire directement. Surprise générale. L'OM a un genou à terre.

L'artiste peut entrer en scène pour illuminer la soirée et dynamiter l'OM. À la 56e, alors que l'ambiance devient irrespirable, Ronnie décide de prendre l'air en contrant une passe malvenue de Lebœuf. Plein axe, il accélère et remonte tout le terrain, déposant les défenseurs jetés à ses trousses. Parvenu dans la surface, il trompe le gardien olympien d'un pointu. Marseille se tait. Le stade reste stupéfait, sans réaction. Thierry Gilardi hurle au génie. À Paris, c'est la liesse. Mais le match n'est pas terminé. Nous allons bientôt être comblés. Ronnie repart de plus belle. Sur un contre parti de son camp à la 82e, le prodige est lancé à merveille. Il remonte de nouveau tout le terrain et une fois entré dans les 18 mètres, décide de faire parler sa technique. Mêmes causes, mêmes effets. Il dribble Runje, une nouvelle fois impuissant, fixe Hemdani comme un cadet, fait mine de s'arrêter un instant, se fige tête levée. Comme défiant le public, il adresse, moqueur, un tir que Jérôme Leroy pousse alors dans le but déserté. La bête phocéenne est à terre, Ronaldinho a joué les matadors. Il n'y a pas eu de match. *Bis repetita*. Le génie a frappé, Marseille est éparpillé. Johnny Ecker, le défenseur marseillais, ne peut que le reconnaître : « *On disait souvent qu'il choisissait ses matchs. Malheureusement, c'était toujours contre nous. On ne faisait pas de marquage individuel sur lui, contre*

un joueur de cette puissance, de cette qualité technique, ce n'était pas la peine. C'était un extraterrestre, il était monstrueux, insolent. »[77]
Ce soir de mars, le score est le même. Accompagné par le précieux Jérôme Leroy, Ronaldinho a humilié l'OM sur ses terres. Et comme six mois auparavant, il avait tout planifié : « *Je savais que ce match était très important. Depuis que je joue au football, on dit de moi que je suis toujours présent dans les grands rendez-vous. Mais aujourd'hui, c'est toute l'équipe qui a bien joué.* » Le prédateur a senti l'odeur du sang, l'ambiance des grands soirs. Marseille s'est fait dévorer. Comme face à Bordeaux, Monaco, Guingamp ou Lorient, on ne compte plus les regards apeurés de défenseurs dépassés.
Le génie brésilien garde de Paris de bons souvenirs, comme il le dit lui-même, mais il n'omet pas ses regrets, des regrets partagés avec la presse : « *J'ai passé de très bons moments avec le PSG. Mais là-bas, parfois, j'ignorais totalement jusqu'au dernier moment si j'allais jouer. C'est comme ça… Je ne regrette pas d'avoir joué à Paris. J'y ai quand même appris des choses car Paris est un bon club. Passer par le PSG m'a aidé à atteindre mon niveau actuel. D'ailleurs, je suis reconnaissant et je remercie encore les gens que j'ai connus là-bas.* »
Avec Ronaldinho, un sentiment d'inachevé demeure, comme une légère amertume. L'impression de ne pas avoir tout vu, l'idée que le joueur n'a pas tout donné. Le Brésilien s'est montré inconstant. Il n'a pas pu donner plus. Il était jeune. Il a grandi à Paris et la capitale offre des tentations difficiles à refuser. Cependant, ses fulgurances ne cachent pas l'absence étonnante d'un palmarès parisien au vu de ses immenses qualités et de l'équipe qui l'entourait. Jérôme Alonzo ne l'oublie pas : « *Ronaldinho est le joueur le plus technique avec lequel j'ai joué. C'était un frère pour nous. Ce fut un privilège, un honneur et un bonheur d'avoir joué avec lui. En même*

---

77 SoFoot.com, 7 février 2016.

temps, il y a ce regret que l'on n'ait rien gagné ensemble. Il y a eu un problème quelque part. On avait une superbe équipe et pourtant avec lui, on n'a rien gagné. »[78]
Au PSG, il reste le seul grand Brésilien de notre histoire à ne pas avoir soulevé un trophée. Ronaldinho nous a fait rêver mais il n'a rien remporté. Paris l'a préparé à gagner. Ailleurs.
Malgré cela, on n'est pas près de l'oublier. Ronaldinho est une étoile qui ne cesse de briller dans nos mémoires.

L'armée des ombres

Pour briller, les stars ont besoin de soutien. Le talent n'est rien sans l'effort ni la sueur. Durant les années 90, le PSG a appliqué cette maxime comme aucun autre club. C'est comme cela qu'Artur Jorge a gagné une Coupe de France et le deuxième championnat de notre histoire. Luis a fait pareil. Ricardo lui-même le reconnaît : « *Paul Le Guen, Antoine Kombouaré, Alain Roche, Vincent Guérin, Laurent Fournier, moi, on travaillait pour eux. Il y a une différence entre les artistes et nous.* »[79] Qu'ils se soient appelés George Weah, David Ginola, Raí ou Ronaldinho, ils ont toujours eu derrière eux des joueurs de devoir. Une véritable armée des ombres. Capables de faire le geste qui tue une action adverse, mettant le coup d'épaule qui déstabilise ou bombant le torse pour protéger leurs pairs, ils ont été nombreux à défendre nos couleurs sans prendre la lumière.
Ils sont restés dans nos cœurs et méritent tout autant que les autres notre reconnaissance profonde. Celle que l'on doit aux serviteurs du beau jeu, aux défenseurs du club. Quand on dresse la liste des meilleurs joueurs du PSG, on les oublie trop souvent. Sans eux, aucune de nos victoires n'aurait été possible.

---

78 Entretien accordé à ParisUnited.fr
79 *Le Parisien*, 2 décembre 2018.

Pêle-mêle, ils s'appellent Jean-Luc Sassus (76 matchs sous nos couleurs), Francis Llacer (254 matchs), Antoine Kombouaré (137 matchs), Patrick Colleter (213 matchs), Jimmy Algérino (178 matchs), Éric Rabesandratana (135 matchs), Bernard Mendy (247 matchs) ou Édouard Cissé (259 matchs). Ils ont été aussi discrets qu'essentiels. Toujours fidèles à leur poste.
Associés à quelques renforts venus d'ailleurs comme Mikel Arteta, Mauricio Pochettino, Cristóbal, Gabriel Heinze ou Juan Pablo Sorin, ils ont permis à nos stars de s'exprimer, au PSG de gagner.
Aux côtés de ces grognards, il ne faudrait pas oublier nos titis, les enfants du club. Formés par le PSG, ils ont toujours été adorés, défendus, réclamés. Tous n'ont pas réussi. Certains ont dû partir comme Selim Benachour ou Djamel Belmadi, mais ceux qui sont restés ont marqué nos esprits. Didier Domi (115 matchs), Pierre Ducrocq (148 matchs), Jérôme Leroy (166 matchs), Sylvain Distin (45 matchs) ou encore Bartholomew Ogbeche ont maintenu une certaine tradition parisienne et formé cette lignée de combattants venus de l'intérieur. Ils tissent un lien indissoluble au-delà des générations. Ils relient les joueurs des années Canal à ceux d'hier comme Luis ou d'avant-hier comme Éric Renaut (290 matchs de 1972 à 1982), l'un des premiers joueurs formés au club.
On reste frappés du nombre de matchs que tous ont disputés sous nos couleurs. On les avait presque oubliés. Ils ont été la colonne vertébrale d'une certaine idée du PSG. Loin des projecteurs, ils se sont dépouillés sans jamais rien demander. Tantôt sur le banc, tantôt sur le pré. On s'est habitués à eux sans toujours comprendre leur importance. Ils étaient pourtant précieux par leurs courses, leurs replacements, leurs caractères. Ils sont sur les photographies de tous nos titres, parfois loin du centre des objectifs. Restés dans la coulisse, ils méritent l'hommage qu'on leur doit. À leur manière, ils ont écrit notre histoire.

Bernard Lama, le chat de Cayenne

Pour mener une telle armée, il fallait un général qui soit à la fois un rempart et un leader. Le PSG de ces années-là avait Bernard Lama. Pour beaucoup d'entre nous, il est le plus grand gardien de notre histoire. C'est en tout cas le plus titré. C'est simple, sous le maillot parisien, il a tout gagné et à chaque fois, il a compté. Avec Joël Bats, il partage le fait d'avoir été un gardien décisif et aimé par tous les supporters. Incontournable dans le vestiaire, adulé par le Parc, il est le joueur le plus capé des années Canal avec 317 matchs joués sous nos couleurs. Son départ n'a jamais été comblé. Durant les sept années qu'il a passées au PSG, entrecoupées par une suspension pour consommation de cannabis qui a fait sourire tout le monde et un transfert raté à West Ham, Bernard Lama a marqué son temps. Et plus que tout, il n'a jamais caché son immense attachement pour le PSG : *« Je suis très fier d'être reconnu pour ce que j'ai fait à Paris. Partout où j'ai joué, j'ai toujours tout donné. Parfois au détriment de ma propre santé. J'ai parfois joué blessé ou malade. Paris, c'est là où j'ai gagné tous les titres. Être respecté et aimé ici, c'est très gratifiant. Ce que je retiens au PSG, c'est tout ce que l'on a construit ensemble, à commencer par l'amitié. Quand on se revoit avec les garçons, c'est comme si on ne s'était jamais quittés. Il y a des victoires qui n'arrivent pas s'il n'y a pas de complicité entre les joueurs, le staff et les dirigeants. C'est cela qui nous a permis d'écrire une page de l'histoire du PSG. »*[80] Celle des années Canal.

Celui que l'on a surnommé le « Chat de Cayenne » a mis Paris à ses pieds et a découragé des dizaines d'adversaires. Par son agilité féline, par ses arrêts sur sa ligne, il s'est élevé au rang des meilleurs gardiens français. Meilleur joueur français de l'année 1994 pour *France Football*, le champion du monde 1998 sait ce qu'il vaut. Il n'est pas l'un des meilleurs, il est le meilleur, tout simplement.

---

80 Interview de Bernard Lama pour ParisUnited.fr.

Bernard Lama,
Tous ensemble on chantera,
Cet amour qu'on a pour toi,
Qui ne cessera jamais !
Après tant d'années,
De galères et de combats...

4. LES *CLASICOS* : LA CONSTRUCTION D'UNE OPPOSITION DEVENUE « CLASSIQUE » POUR TOUTE UNE GÉNÉRATION DE SUPPORTERS

«*Au football, tout est compliqué par l'équipe adverse.*» Ces mots de Jean-Paul Sartre conviennent à merveille pour décrire la rivalité qui nous oppose à l'Olympique de Marseille. Pour tout supporter parisien, ce match est un rendez-vous incontournable. Comme le dit si bien Gilbert, supporter depuis 1988, « *l'OM est le seul club que l'on veut battre chaque année.*» C'est encore plus vrai quand les saisons sont mauvaises. Ce sont les matchs qu'il faut gagner ! Comme un baume sur nos plaies, une sorte de renaissance.

Ce duel est un résumé de ce que nous sommes et représentons. Le Nord contre le Sud. La capitale et son arrogance face à l'une des villes les plus pauvres de France.[81] C'est Paris contre la province ou encore les élites du pays contre une autre idée, moins jacobine, de la France. PSG-Marseille, c'est un «*choc des cultures*», une autre manière de raconter notre histoire nationale. Au risque de stéréotypes faciles qui ont la vie dure.

Depuis le 27 novembre 2011, nous dominons Marseille. Les chocs tournent systématiquement à notre avantage au Parc comme au Vélodrome. Il n'en a pas toujours été ainsi. En 96 rencontres,

81 Données INSEE.

toutes compétitions confondues, le bilan a largement basculé de notre côté. Avec 42 victoires en notre faveur au 17 mars 2019, nous dominons l'OM de dix unités. De quoi voir venir. Si l'on peut remercier QSI de nous avoir permis de continuer cette série de victoires, il faut remonter aux années Canal pour comprendre comment Marseille est devenu un tel rival.

Naissance d'un affrontement

Antoine Kombouaré, figure des années Denisot, est celui qui en parle le mieux. Il revient pour nous sur cette rivalité qui dépasse tous les autres derbys : « *Les rencontres entre Marseille et Paris étaient des matchs excitants. Ces années-là, les deux meilleures équipes de France s'affrontaient lors de ces clasicos. Il y avait des ambiances incroyables, une vraie tension à chaque rencontre. C'était même très tendu entre les supporters, parfois trop. Lors de certaines arrivées au stade, il y avait plus de CRS qu'autre chose. Sur le terrain, c'était pareil. Il y avait un engagement qui dépassait l'entendement. À vivre sur le terrain, ce n'était pas beau. On ne voulait pas que nos enfants viennent aux matchs. J'ai gardé le souvenir de nos arrivées sous haute surveillance à l'aéroport de Marseille. Les CRS venaient nous chercher directement sur le tarmac. À l'hôtel, on ne pouvait pas dormir. L'arrivée au stade était ultra tendue. On le sentait. Dans les années 90, plus personne ne maîtrisait cette tension. Pour moi ce n'était pas du football. Tout ceci était alimenté par les médias et les déclarations des uns et des autres qui attisaient la situation. Ces clasicos représentaient quelque chose de fort mais on a compris par la suite que cette rivalité avait été construite et entretenue par Canal+ et Bernard Tapie. Nous, les joueurs, on était amoureux du PSG. Tout est beau dans ce club, le maillot est magnifique, le logo, le stade... Pourtant il n'y avait pas ou peu de Parisiens dans l'équipe. Mais comme tout le monde tapait sur le PSG, ça renforçait notre attachement au club : il fallait défendre nos couleurs, s'entraider, se serrer les coudes.*

Partout on était jalousés et détestés. On s'est vite rendu compte aussi en disputant ces matchs qu'en réalité, on en jouait un autre : c'était le club de la capitale contre toutes les équipes de province ! Nous étions détestés partout où nous allions en province. C'était incroyable et encore plus fort dès qu'on passait Lyon pour arriver dans le sud. Plus encore à Marseille. »
« Casque d'or » n'a pas tort. Le *clasico* a pris des proportions inattendues durant les années Canal et transformé une rivalité nouvelle en un affrontement sans limites. Une impression que confirmera Charles Biétry le 11 avril 1998 au micro de RTL alors qu'il est encore à la tête du service des sports de Canal : « *Des apprentis sorciers sont allés trop loin et à force de jouer avec des allumettes, l'antagonisme PSG-OM est né.* »[82]
Cette réflexion, Bernard Brochand, le président historique de l'Association PSG, la prolonge et la confirme. Cette rivalité est une construction médiatique récente et « *c'est là que le business OM-PSG entre en jeu. Il apparaît vite évident qu'il est difficile de trouver mieux qu'un club à Paris pour faire face à l'Olympique de Marseille. Notre première tâche fut de construire un club à côté de Marseille, qui n'ait pas ses excès. Pour respecter un certain standing, on a décidé de façon systématique de donner un jeu et un style brésiliens à notre équipe. On a recruté Ricardo, Valdo, Raí. On a toujours eu de meilleurs Brésiliens que Marseille. La tendance ne s'est jamais démentie depuis. On a aussi essayé de cultiver un style gentlemen. Avec des joueurs intellectuellement plus structurés que la moyenne, sachant s'exprimer, des gens de qualité, avec une certaine idée du sport et du football car avec des gens de ce profil, il est impossible d'échouer.* »[83] Le PSG des années Canal s'est construit en miroir de l'OM des années Tapie, comme une réponse à sa domination. Les dirigeants de ce nouveau PSG ont ainsi repositionné notre club en respectant une stratégie de différenciation claire par rapport à l'OM qu'ils identifiaient comme

82 *PSG-OM, histoire d'une rivalité*, Daniel Riolo et Jean-François Pérès, Hugo Sport.
83 Ibid.

étant leur principal concurrent dans la lutte pour la suprématie nationale et la quête du championnat de France.
En réfléchissant en termes de positionnement marketing et en adaptant sa politique de recrutement par rapport à celle de l'adversaire olympien, le PSG des années Denisot a posé les jalons d'une rivalité durable. Cette dernière a aussi servi les intérêts de Canal. La chaîne cryptée pouvait ainsi vendre le feuilleton passionnant d'une Division 1 dont le climax, deux fois par an, serait le *clasico* PSG-OM. Avec son lot de suspense et d'attente comme dans toute bonne série, et sur le modèle des grands matchs entre le Real et le Barça et des oppositions historiques entre Man U et Liverpool ou entre les deux Milan et la Juve. Se confronter à un adversaire irréductible est parfait pour un bon storytelling. Mais c'est aussi idéal pour conserver ses abonnés et en recruter de nouveaux. À Paris comme ailleurs.
Cette rivalité soudaine a également favorisé les intérêts de Bernard Tapie. Comme il a pu le déclarer de manière cinglante : *« Seuls en haut, on se faisait chier. »*[84] L'OM avait besoin du PSG pour valoriser son parcours, dynamiser son public et redonner de l'intérêt à la Division 1. N'oublions pas qu'à l'époque Marseille dominait outrageusement son sujet jusqu'à conquérir la première C1 du football français. Ce n'est donc pas pour rien que Bernard Tapie a facilité l'échange entre Jocelyn Angloma et trois joueurs de son équipe. Laurent Fournier deviendra un de nos joueurs majeurs avant de devenir notre entraîneur à la fin des années Canal, Bruno Germain portera le brassard de capitaine. Quant à Bernard Pardo, il arrive blessé et ne restera pas, arrêtant vite sa carrière. En exagérant un peu, on pourrait dire que « Nanar » a été notre meilleur ambassadeur ! En tout cas, il se vante d'être à l'origine des affrontements mythiques qui nous opposent à l'OM, bien loin de toutes les

84 Ibid.

justifications historiques. Avec un certain sens de la provocation, l'ancien ministre de François Mitterrand déclare notamment que «*les explications des sociologues sont une vaste connerie! PSG-OM, c'est moi qui l'ai créé. C'est moi qui ai tout orchestré.*»[85]
Un basculement dont Gilbert se souvient: «*L'année précédant le rachat du PSG, les relations entre les deux clubs étaient tendues mais différentes. L'hostilité n'avait pas la même intensité. C'est le premier match auquel j'ai assisté avec mon père en latérale. Il s'est terminé sur un match nul mais on était très loin de l'ambiance agressive qu'a connue David Ginola le 17 décembre 1991 lors de son premier match au Parc face à Papin et Waddle. Sans parler du match de bouchers de 1992!*»

Et si le *clasico* avait commencé avec l'ère Canal?

Si l'on s'intéresse à l'histoire du PSG, cette version, aussi séduisante soit-elle, est à reconsidérer. Les deux premiers matchs entre les deux équipes ont lieu lors de la saison 1971-1972. Le premier *clasico* n'en est pas un. Le 12 décembre 1971, pour la 18e journée de championnat, le PSG pour sa première saison en Division 1 se rend au Vélodrome pour affronter le leader marseillais. La rencontre est à sens unique. Victoire 4-2 pour l'OM. Il n'y a aucun débordement, pas la moindre hostilité. Le retour à Colombes est du même acabit. On s'incline 2-1 mais l'équipe a opposé une belle résistance devant plus de 14 000 spectateurs. Marseille sera champion cette saison-là. Là encore, pas la moindre manifestation de folie sur la pelouse ou dans le stade.
Le premier match entre les deux clubs à mal tourner date de la saison 1974-1975. Le PSG vient de remonter en D1 et l'Olympique de Marseille se présente face à nous en quart de finale de Coupe de France. À cette époque, la compétition se joue par matchs

85 Ibid.

aller-retour. La première manche a lieu dans la cité phocéenne et elle sera compliquée. Les deux équipes se sont croisées lors d'un match amical de pré-saison quelques mois auparavant et aucun problème ne fut à signaler. Il en fut de même lors des deux journées de championnat où nous nous sommes affrontés. Pourtant, le 9 mai 1975, lors de ce quart de finale aller, les choses vont changer.

Mené 2-0, le PSG remonte son retard. Les tribunes phocéennes sont déchaînées, elles veulent en découdre. Le nul enflamme le boulevard Michelet. Comme le racontent les journalistes Frédéric Chevit et Olivier Rey, « *des bataillons de CRS sont appelés en renfort. La police avertit Daniel Hechter qu'il doit sortir par une porte dérobée. [...] Les CRS, en tenue de soirée, dans la cour du stade Vélodrome, ne sont pas à la fête. Des pierres, des cocktails Molotov, des pavés volent au-dessus de leurs casques d'apparat. Le car des joueurs n'échappe pas à ce feu d'artifice. Les vitres pètent, Charles Talar est couché dans le couloir. Les joueurs l'imitent. Seul le chauffeur est contraint de servir de cible aux casseurs. [...] Cette émeute promet un match retour détonant. Dans les tribunes et sur la pelouse.* »[86] Le match retour, le 13 mai, est la réponse que Paris attend. 46 471 spectateurs se pressent au stade. Ce sera l'une des premières folles ambiances du nouveau Parc des Princes, « *Le Parc des Princes est plein à craquer. C'est véritablement la première fois que le public parisien se déplace pour soutenir le Paris SG. Et non pour rester neutre. [...] Dès le début du match, le public scande : "Paris... Paris..." Daniel Hechter n'en revient pas. Just Fontaine s'étonne : "C'est incroyable. C'est la première fois qu'ils sont comme ça avec nous. Je vais te dire qu'on n'a pas intérêt à rater notre match."* »[87] Paris ne se manque pas et l'emporte 2-0. L'OM est éliminé. Pour François M'Pelé qui a joué ce match, ce quart

86 *Le roman vrai du Paris SG*, Fayard.
87 Ibid.

de finale de Coupe de France est « *à l'origine du duel avec l'OM* »[88] d'autant que Paulo César et Jairzinho craquent et s'en prennent à un arbitre de touche, écopant au passage d'une suspension d'un an. Tout est réuni pour créer un contentieux qui va durer. C'est un « *moment important dans l'histoire du club* », le début d'une hostilité latente et le « *premier fait d'armes entre les deux clubs.* »[89]
Un second PSG-OM reste dans nos mémoires, mais pour d'autres raisons. Il se joue le 8 janvier 1978 devant 33 386 spectateurs. Ce soir-là, l'adversaire compte peu. Le match se solde par une écrasante victoire (5-1) du PSG sur une équipe olympienne pourtant leader du championnat. Les joueurs ont voulu rendre hommage à Daniel Hechter. Ce dernier venait d'être suspendu à vie de toute activité dans le football à cause de l'affaire dite de la double billetterie. Au terme du match, il sera porté en triomphe. Une nouvelle ère s'annonce et c'est un PSG-OM qui l'a ouverte.

La Bataille de France

La saison 1988-1989 relance les hostilités. Pour la première fois, les deux équipes luttent pour le titre et se rendent coup pour coup sur le terrain et par voie de presse. Leader de D1 au soir du 5 mai et d'un OM-PSG décisif, l'OM nous crucifie par l'intermédiaire de Franck Sauzée à la 90e. Si le PSG veut garder une chance d'être champion, la victoire est impérative contre Lens. Mais les Nordistes, pourtant derniers et décrochés, nous accrochent. Francis Borelli s'emporte. Il accuse l'OM et Bernard Tapie : « *Il y avait du micmac dans l'air, les Lensois n'avaient plus rien à espérer mais ils se sont battus comme des lions. Tapie a acheté le match.* » Mais ce qui anime la coulisse durant cette saison 1988-89, ce sont aussi des rumeurs de contact entre Bernard Tapie, Tomislav Ivic et

88 Ibid.
89 Michel Kollar.

Safet Susic. L'hostilité des ultras parisiens n'aide en rien. Depuis le match de novembre 1987 et un tifo déployé au Parc qui fait jaser (« OM=SIDA »), le Kop Boulogne a un ennemi désigné. Ses déclarations en début d'année 1989 n'arrangent rien : « *Trop longtemps endormi, le Kop Boulogne va se réveiller et nos combats retentiront dans toute l'Europe. Marseille ne se relèvera jamais plus après notre passage. Le grand nettoyage commence. Notre histoire deviendra légende. Anciens et nouveaux unis dans les futurs combats. Notre haine est sans limite. Le Heysel nouveau est arrivé.* » Sans commentaire. Paris finit deuxième, à trois points de Marseille. Le PSG se sent floué. La rivalité prend une tournure guerrière. L'ambiance se tend brutalement entre les deux clubs. Cela ne fait que commencer.

L'idée que l'on se fait des PSG-Marseille date des années Canal et de la présidence de Michel Denisot. Le plus mémorable d'entre tous est le « *match des bouchers* » du 18 décembre 1992. 55 fautes sifflées, dont 33 pour la seule première mi-temps, mais aucun carton rouge de sorti. M. Girard, l'arbitre, ne dégainera d'ailleurs que six cartons jaunes. Il se souviendra avoir vu « *de la haine dans le regard des joueurs* », mais il laissera jouer... Les Marseillais sont inarrêtables. Les tacles redoublent de violence. Les coups pleuvent, sans parler des attentats les deux pieds décollés du sol. Éric Di Meco s'en est donné à cœur joie et Laurent Fournier se le rappelle encore. C'est l'un des matchs les plus violents de l'histoire du championnat de France. Mais il est surtout le résultat d'une stratégie médiatique osée, initiée par Artur Jorge et prolongée par David Ginola. Dans les jours qui ont précédé la rencontre, le premier se confie à *L'Équipe* et enflamme le match : « *On va leur marcher dessus.* » Une déclaration que son joueur confirme en promettant « *la guerre* » aux Marseillais. À partir de cette date, on comprend vite qu'un match ne se gagne pas dans la presse mais sur le terrain. Cette rencontre où l'on s'est fait bouger s'est soldée par une défaite 1-0, au Parc de surcroît. On n'est pas près de l'oublier. Ce match est le marqueur de l'hostilité entre les deux clubs. Aucun ne l'égalera.

Pourtant, les années 1990 n'arrangent rien. Olivier Laval, des Boulogne Boys, se rappelle particulièrement le millésime 1993 : «*Le déplacement OM-PSG en 1993, c'était du grand n'importe quoi. Deux ans avant, on était seulement 50 avec les Boys. Deux ans après, on a dû descendre en train spécial depuis la gare de Bercy. Il y avait des gens qui n'étaient pas là pour supporter le PSG mais pour foutre la merde. Ce genre de choses m'a gâché le match.*» «Giscard» confirme l'hostilité ambiante : «*J'étais aussi descendu à Marseille en 1993. À l'époque, les supporters visiteurs étaient derrière le but. À droite, on avait des Marseillais. Et à gauche aussi. Un mec nous balance une fusée. Pour une fois, j'ai dit merci aux flics. Ils se sont mis contre ceux qui venaient pour nous rentrer dedans. Tout le stade voulait nous tomber dessus. Je me suis dit "là, on est très mal". On s'attendait au pire. Heureusement, après le match, comme ils fêtaient leur titre, ils nous ont oubliés et laissés sortir. On est partis directement au bus.*» Et tout le monde s'en mêle : même dans le rap français, les PSG-OM résonnent au travers des clashs entre IAM et NTM.
Entre la correction que l'OM nous inflige au Vélodrome au sortir de leur victoire en C1, le titre de 1993 qui n'est pas attribué et les simulations de Ravanelli, les raisons d'en vouloir aux Marseillais se multiplient et les incidents aussi. Il ne fait pas bon être Parisien à Marseille et vice-versa. Si les années 2000 font basculer la rivalité OM-PSG en notre faveur, les bagarres, les blessés et les interpellations se multiplient jusqu'à servir de théâtre à l'affrontement entre Auteuil et Boulogne qui conduit le 28 février 2010 au décès de Yann Lorence. Le point de non-retour est atteint.

Nombreux sont les supporters qui, comme Vincent Duchaussoy, n'adhèrent pas à cette hostilité : « *La rivalité contre l'OM a du sens pour moi, mais elle se transforme trop souvent en haine.* » Une opinion de plus en plus partagée. Pour une raison simple : la rivalité est allée trop loin.

On préférera donc se souvenir du meilleur : les *masterclass* de Ronnie, le lob fabuleux de Pauleta sur Fabien Barthez, le but de Vikash en Coupe ou le plaisir de siffler Frédéric Déhu et Fabrice Fiorèse. Ce sont les seules images que l'on veut garder. Elles nous réconcilient avec des matchs qui restent avant tout des rencontres à gagner. Et rien d'autre.

5. LE PSG APRÈS DENISOT, UNE *DREAM TEAM* QUI NE GAGNE PAS : LES 7 PITEUSES (1998-2006)

Le départ de Michel Denisot, usé et fatigué par le PSG, marque une rupture. Pour Canal, c'est la fin d'une certaine idée du PSG. «*Diriger le PSG, c'est un travail sans fin. C'est quelque chose qui l'emporte sur tout le reste. Je n'exagère pas. Peu à peu, ça a bouffé ma vie. Si la télé ne m'a pas rendu fou, je crois que le foot aurait pu y arriver. J'avais déjà demandé à arrêter après la victoire en Coupe d'Europe. Pierre Lescure m'a convaincu de rester. De la même façon, il m'a donné le meilleur des arguments pour me décider à échanger mon poste avec Charles Biétry, alors directeur des sports. Le club était en train de me bouffer complètement. J'ai vécu des fins de saison de plus en plus éprouvantes. J'étais très fatigué.*»[90]

Durant ces années, le groupe audiovisuel va réduire ses investissements drastiquement. Tout le monde comprend très vite où cela va nous mener. Les joueurs qui sont recrutés sont des demi-stars. Ils sont en fin de course ou n'ont pas trouvé leur place ailleurs.

Il y aura certes des vedettes, quelques grands matchs et quelques titres. Avec Philippe Bergeroo et Coach Vahid, on retrouvera même l'espoir d'aller plus haut. Mais cette époque reste terne dans nos mémoires. Pour nous supporters, elle résonne comme une accumulation de frustrations. Le temps des désillusions et de l'ennui s'est ouvert. Et il va durer. Les présidents vont valser aussi vite que les entraîneurs, les grognards vont remplacer les stars. À deux exceptions près, Ronaldinho et Pauleta, et quelques joueurs

---

90 *Le roman noir du PSG*, Jean-Philippe Bouchard, Calmann-Lévy.

que l'on adulera comme Juan Pablo Sorin, Gabriel Heinze ou Mikel Arteta, il ne se passe pas grand-chose. L'excitation, c'était avant. La deuxième partie des années Canal est un prélude à la pire période de notre histoire, les années Colony Capital. Comme un avant-goût de ce que l'on devra dorénavant subir chaque saison. Luis aura beau revenir, on ne renoue pas le fil d'une belle histoire. Même avec notre soutien aveugle. Le PSG aurait dû écouter les conseils : « *Il ne faut jamais remettre le couvert avec son ex.* » C'est d'ailleurs toute l'histoire du club. Just Fontaine l'a rappelé avec sagesse en juillet 2007 dans une interview donnée à PSG70 : « *Tous les entraîneurs qui ont tenté de revenir se sont plantés. Je pense à Georges Peyroche (1979-1983 puis 1984-1985), à Velibor Vasović (1976-1977 puis 1978-1979), à Artur Jorge (1991-1994 puis 1998-1999) ou à Luis Fernandez (1994-1996 puis 2000-2003), qui, malgré sa victoire en Coupe d'Europe, a été limogé par la suite.* »
Ainsi commencent nos « sept piteuses », ces longues années durant lesquelles le PSG ne va connaître que déceptions et déclin.

1998-1999, *annus horribilis*, une saison post-Coupe du monde horrible sous l'autorité de Charles Biétry, le déclin commence

Michel Denisot a donc passé la main pour retrouver son premier métier. Charles Biétry réalise son rêve, prendre la tête d'un club, *a fortiori* le Paris Saint-Germain. Pour nous, le cauchemar commence. En cette saison post-Coupe du monde, le club est une page blanche. Tout ce qui restait du passé a été balayé, à l'exception de Bernard Lama qui nous revient. 90 % de l'effectif a quitté le club. L'équipe est complètement renouvelée : Jay-Jay Okocha, Yann Lachuer, Christian Wörns arrivent, suivis d'Adaílton, Laurent Leroy, Bruno Carotti, Igor Yanovski ou encore Dominique Casagrande. Un véritable inventaire à la Prévert.

Pour succéder au duo Bats-Ricardo, Canal choisit Alain Giresse. En quelques matchs, tout est dit. La table rase est toujours une mauvaise idée. Personne n'y croyait, nos craintes étaient fondées. Le PSG va dans le mur. Marco Simone est en conflit avec le club. Il en veut à Charles Biétry et ne se cachera pas pour en parler au Figaro : « *Quand il est arrivé, il a dégagé Le Guen, Roche, Fournier, Guérin, Raí... Le groupe des historiques. Je me suis retrouvé au milieu d'une guerre entre Biétry et Denisot, qui remontait à leurs années Canal+. J'étais le symbole du PSG, le joueur qu'a fait venir Denisot, et quand il est parti, Charles a tout fait pour me mettre en difficulté et me faire passer pour une personne que je n'étais pas. Au niveau médiatique, il m'a ciblé car j'étais un pro-Denisot. Mais j'étais intouchable et avec moi, il a fait un travail de finesse. Il a brisé mon rêve de finir à Paris. Je n'ai pas un bon souvenir de cette personne.* »
L'ambiance est donc excellente au Camp des Loges et une nouvelle fois, le PSG va nous gratifier d'un exploit prémonitoire. Éliminé lamentablement en seizième de finale de Coupe des Coupes par le Maccabi Haïfa, le PSG s'enfonce dans ce qui va faire son quotidien : la crise. Non sans surprise, cette fois-ci, elle a commencé dès septembre ! L'incompétence est à l'œuvre au club et Alain Giresse est débarqué sans ménagement. Il n'a pas eu le temps de s'installer. Peut-être n'avait-il pas la carrure ; mais le problème semble ailleurs. Tout le monde pointe du doigt ceux qui l'ont nommé. À la surprise générale, Artur Jorge revient.
Les leçons du passé ne sont jamais retenues au PSG. Le Parc a vieilli mais il n'a rien pardonné. Quant au Portugais, personne n'a oublié la haute estime qu'il avait affichée pour celui qui est désormais son président. Le couple ne fonctionne pas. Une évidence. Les mêmes problèmes provoquent les mêmes causes : le recrutement réalisé est l'explication des mauvais résultats. Tout le monde en convient, à commencer par Artur Jorge.

Le 19 décembre, après une nouvelle défaite 2-0 à Lorient, Charles Biétry prend acte, il décide d'en finir et de partir. Ironie de l'histoire, on retiendra que c'est un ancien joueur du club, Patrice Loko, qui a précédé une chute inévitable en marquant au stade du Moustoir un doublé contre nous. Le 22 décembre, l'ancien directeur des sports de Canal+ annonce son départ au bout de cinq mois de présidence. Son communiqué est digne et affligé : « *Je tire un constat d'échec de ces derniers mois. Je suis responsable et coupable. Je trouverais indigne de rester à un poste où, n'étant venu chercher ni gloire ni argent, je n'ai trouvé ni réussite ni plaisir. Sans doute ma conception et ma philosophie du sport ne sont-elles pas en adéquation avec un club de football professionnel comme le PSG, sans doute ai-je mal maîtrisé des éléments extérieurs à la vie du club.* »
Lors de son arrivée, ses objectifs étaient louables : « *Notre but est de faire du spectacle, de séduire le public.* » Le Breton a manifestement échoué. Il n'est pourtant pas le seul à devoir en porter la responsabilité. Il sera le seul à l'assumer. En signant un record avec le transfert de Jay-Jay Okocha et avec un budget de 300 millions de francs, le PSG n'a réussi qu'une chose : défrayer la chronique et proposer une saga à rallonge à tout le football français. Tout le monde se gausse. Paris est un vaudeville. Il est dur à ce moment-là d'en être un fidèle supporter.

Le 22 décembre 1998, Laurent Perpère est nommé président délégué tandis que Jean-Luc Lamarche devient directeur sportif quelques jours plus tard. Rien ne change. Les problèmes demeurent, les matchs se suivent et les défaites s'enchaînent. Comme son *board*, Paris perd les pédales et balbutie son football. 15 matchs perdus pour 10 gagnés. Tout est dit. Le 13 mars 1999, Artur Jorge est débarqué à son tour malgré les arrivées de Mickaël Madar et Bruno Rodriguez au mercato d'hiver. Il se sent trahi, à juste titre. On lui avait promis des renforts, il a vu revenir Xavier Gravelaine.

On lui avait fait miroiter une grande équipe à reconstruire, il doit jouer avec des jeunes. Le compte n'y est plus. La France assiste, effarée, à l'effondrement de notre club. Avec trois entraîneurs en une seule saison, le PSG fait mieux que Waldemar Kita. Philippe Bergeroo est nommé. L'ancien adjoint d'Aimé Jacquet connaît le club. Il va ramener le calme. La saison 1998-1999 se termine donc en apothéose. Paris finit 9e et n'a rien gagné. Une première depuis l'arrivée de Canal et le même classement que la dernière année de l'ère Francis Borelli. Seule satisfaction, il a évité une relégation pas si lointaine. Rien de rassurant. En football, on croit aux signes et au classement final du championnat. Le licenciement pour des raisons économiques de Toko, l'ancienne gloire du club devenu superviseur au sein du staff technique, et la pression mise sur Llacer sont d'autres fautes de goût que l'on ne pardonnera pas. L'année fut mouvementée, le PSG nous a déçus mais il va continuer à alimenter la chronique.

1999-2000, le PSG de Bergeroo et des titis de banlieue : de Luccin à Anelka, du club au Parc, tout le monde affiche son identité parisienne et banlieusarde

Canal+ appelle à la mesure, la direction du club reçoit le message. Les restrictions sont claires, le mercato devra être modeste. Une hérésie à Paris. Il faut vendre pour acheter et espérer faire des coups. Philippe Bergeroo l'a bien compris et déclare : «*Le PSG, c'est une cathédrale. Mais je ne sais pas si ses fondations sont profondes. Pour l'instant, je creuse. Pour que l'édifice résiste aux tempêtes. Ensuite viendront les résultats. Paris est enfin un club normal. Il ne faut pas rêver, il n'y a pas encore les structures pour être champion et européen tous les ans, mais on y travaille.*»[91] En tant que supporter, le message

91 Ibid.

passe mal. Le déclin est un constat, l'idée de déchéance nous est insupportable. Paris ne sera jamais un club « normal ». Le dernier président à avoir souhaité être normal a mal fini. Pourtant, sous la férule de Bergeroo, le PSG du nouveau millénaire fait son petit bout de chemin.

Outre le grand ménage attendu dans l'effectif, des renforts inattendus arrivent. Fabrice Abriel intègre le groupe. Les Brésiliens César et Christian sont deux bonnes pioches, Ali Benarbia est une recrue surprenante et Édouard Cissé, un joueur apprécié, tout comme Godwin Okpara. Avec Laurent Robert et l'ineffable Talal El-Karkouri en provenance du Maroc, l'effectif a du potentiel. Jean-Luc Lamarche, pourtant fortement décrié, a réussi l'intersaison. Le PSG reprend ses marques et Philippe Bergeroo, sans être un coach flamboyant, impose une autre approche. Discipline, travail et rigueur deviennent la norme tandis que les passe-droits sont terminés au profit du respect du groupe. Et ça marche. À la surprise générale, ce « PSG normal » devance Lyon et Bordeaux. Monaco était trop fort. Sous les ordres de Claude Puel et renforcé par Marco Simone, l'effectif monégasque a fière allure. Il fait un beau champion et nous, un beau dauphin, d'autant que Marseille est loin derrière (15e).

Pour autant, Paris a une nouvelle fois trouvé le moyen de s'afficher et de perdre bêtement un match qu'il aurait dû gagner. Opposé au FC Gueugnon alors en Ligue 2, le PSG se fait battre en finale de Coupe de la Ligue au Stade de France devant 72 000 personnes. Les Forgerons nous ont marché dessus, nos joueurs étaient tétanisés, leurs adversaires survoltés. Un match de coupe typique auquel on n'aura pas su répondre. Une nouvelle désillusion qui gâche presque la saison. On espérait un renouveau, le club est retombé dans ses travers. Battu par l'équipe d'Alex Dupont, le PSG de Philippe Bergeroo n'a connu qu'une amélioration passagère. Il n'a pas changé.

2000-2003, le retour de Luis, faire du neuf avec du vieux

À Paris, les vérités d'un jour ne sont pas celles du lendemain. Le PSG est une lessiveuse et Philippe Bergeroo va s'en apercevoir très vite. Alors que la section féminine accède à la première division, Canal+ initie un projet inattendu : le PSG Banlieue. Le club doit être celui de l'Île-de-France. Il doit en être le visage, il doit être à son image. Pour cela, Paris va dépenser sans compter, bien aidé par son actionnaire. Comme le rappelle Laurent Perpère au *Parisien*[92], « *Canal a décidé qu'il fallait réinvestir pour accroître la valeur du PSG. Nous croyons que cet investissement sera rentable.* » Les ambitions fixées sont élevées, d'autant que le club retrouve la Ligue des Champions.

Les meilleurs joueurs de l'équipe de France espoirs, Peter Luccin, Stéphane Dalmat, Nicolas Anelka et Bernard Mendy, arrivent au club. En provenance de Barcelone et de Gueugnon, Frédéric Déhu et Sylvain Distin viennent également renforcer un groupe qu'intègre Selim Benachour. Le président du PSG est persuadé que Philippe Bergeroo saura y faire : « *Les garçons donneront le meilleur d'eux-mêmes s'ils ont le sentiment d'appartenir à une communauté de destin.* » Même si les objectifs ne sont pas annoncés, ils sont clairs : « *L'ambition est de se qualifier pour la Ligue des Champions, mais je ne veux pas dire que l'objectif est d'être champion. On verra dans quelques mois si on peut réviser notre ambition à la hausse.* » Avec un tel recrutement, l'artifice de communication est évident. Paris doit faire mieux que la saison précédente. On doit être champions et atteindre les quarts de finale de la C1. C'est officieusement l'objectif fixé.

La saison commence bien. Paris est injouable et cumule neuf victoires de rang à domicile. On se prend à rêver. Laurent Robert est

92 *Le Parisien*, 28 juillet 2000.

en feu et score à dix reprises en douze matchs. C'est sans compter sur la crise de novembre. Après s'être qualifié pour le deuxième tour de la Ligue des Champions au détriment de Rosenborg, Paris enchaîne cinq défaites de rang et plonge au classement. Malgré le festival offensif (7-2) du dernier match de poule en Coupe d'Europe, Philippe Bergeroo n'a plus la main sur son groupe. Les joueurs arrêtent de faire les efforts nécessaires. Chacun fait ce qu'il lui plaît. On ne court plus pour son partenaire. Les égos ont pris le dessus ; l'heure est aux caïds, aux enfants gâtés. Les excellents résultats initiaux ont dissimulé les problèmes, les comportements inacceptables se multiplient. Le vestiaire manque de maturité, de volonté, de leaders. L'ensemble se fracture, l'équipe se délite et la défaite 5-1 à Sedan signe pour Philippe Bergeroo la fin de son aventure parisienne. L'homme est honnête, il a tout tenté. Il se savait sur la sellette. Intègre jusqu'au bout, il lance à ses joueurs avant de les quitter : *« L'histoire est finie. Ceux qui m'ont lâché, un jour ou l'autre ils le payeront. Je vous demande simplement de penser au club. Tout n'est pas perdu, vous n'êtes pas loin en championnat et vous êtes qualifiés pour le deuxième tour de la Ligue des Champions. Pensez au club ! »*[93] Il ne sera pas entendu.

Contrairement à ce qu'il avait déclaré en juillet, Laurent Perpère n'a d'autre choix que de rappeler Luis Fernandez et de ravaler ses paroles. Insistant sur *« l'attachement de Luis au PSG »* et son *« rôle de joueur emblématique »*, il ajoute que l'ancien milieu de terrain *« cadre assez bien avec le projet que l'on développe »*. Luis va surtout jouer les pompiers de service avec une équipe qui a coûté plusieurs centaines de millions de francs. Avec un groupe qui n'assume rien. L'échec est retentissant. Zéro titre. Le PSG finit 9e. La C1 s'est arrêtée en poules et une nouvelle fois, le PSG nous a offert un match que lui seul sait perdre : le tristement célèbre match contre la Corogne du

93 PSGMag.net, 15 avril 2011.

7 mars 2001. Mener 3-0 à l'extérieur à une demi-heure de la fin et perdre 4-3 n'arrive heureusement pas tous les jours.
Être supporter parisien à cette époque est une tâche ardue, un sacerdoce. Chaque saison comporte un match-référence dans l'horreur et à Paris, les dernières s'accompagnent de leur lot d'humiliations. Avec le PSG, il faut savoir espérer et encaisser !
Le couperet tombe. La moitié des jeunes talents est exfiltrée au mercato d'hiver, les autres attendront l'été. Le PSG des banlieues est mort. Paris désespère son monde, une nouvelle fois. Cette saison fut un fiasco. Heureusement, une colonie espagnole (Pochettino, Arteta…) est arrivée avec sa *grinta* et son accent. Un jeune Brésilien va les suivre pour tout changer et nous faire oublier Vampeta, son compatriote reparti aussi vite qu'il est arrivé.

La saison 2001-2002 commence avec plus d'entrain. Canal+ possède désormais 98 % du capital du club et le PSG remporte la Coupe Intertoto contre Brescia. Cette victoire lui ouvre les portes de la Coupe de l'UEFA. On s'attend à ce que les joueurs en profitent. On y croit. Le groupe n'en fera rien. Le PSG s'incline dès les seizièmes de finale contre le modeste club portugais de Boavista. Les problèmes demeurent. Nicolas Anelka ne s'en était pas caché dans *L'Équipe* : « *Quand Luis est arrivé, le doute était déjà installé. Et après, c'est allé en empirant…* » Il n'a pas eu tort. Les inimitiés persistent. La suite va le démontrer.
Le vestiaire est divisé, les tensions sont vives. Au même moment, un nouveau talent accapare la lumière et n'attend qu'une chose, c'est de participer à la fête. Cela fait déjà quelques mois qu'il patiente. Le Parc l'appellera Ronnie.
Par rapport à la saison passée, on se dit que la situation ne peut pas empirer davantage. C'est mal nous connaître. À Paris, tout est possible. Le 2 mars 2002, à l'occasion du match de Coupe de

la Ligue perdu contre les Girondins, Luis craque sous la pression et s'en prend aux arbitres. Exclu du terrain par M. Veissière tout comme Jean-Louis Gasset, son adjoint, il écope d'une sanction exemplaire au terme d'une procédure menée à charge. Six mois de suspension de banc de touche ! Paris a toujours eu des difficultés avec les instances. Côté parisien, le sentiment de persécution est à son comble. Le PSG n'avait pas besoin de ça.

Pourtant, porté par Ronnie et Okocha, le PSG s'accroche, il redresse un peu la tête et termine 4e. Le bilan est une fois de plus décevant. Au vu des moyens engagés, des changements s'imposent. Nicolas Anelka nous quitte une nouvelle fois. Peter Luccin, Laurent Robert et Ali Benarbia suivent le même chemin. Le projet du club n'a pas résisté à la dure réalité des résultats. Ronaldinho aura été l'une des rares satisfactions de la saison. Il aura joué 40 matchs dont 26 comme titulaire et marqué 13 buts. Il finit meilleur buteur du club mais il n'est ni prêt ni plus mûr que les autres. Luis n'a eu de cesse de le protéger pour ne pas trop l'exposer. Pour sa première saison au PSG, il n'a pas pu montrer la plénitude de ses qualités. À lui seul et pourtant bien entouré, il n'a pas su ni pu changer le visage de l'équipe. En revanche, lorsqu'il est sélectionné pour la Coupe du monde 2002, tout Paris sait que Ronnie n'est plus une promesse, mais un futur grand.

Durant ces mois de compétition, le désaveu est continu et les Guignols s'en donnent à cœur joie. Le PSG est devenu une cible de choix. Notre saison est moins ratée que la précédente mais elle n'est pas satisfaisante. Avec six défaites et treize matchs nuls, le PSG ne pouvait pas espérer davantage. Gabriel Heinze et Cristobal ont apporté leur hargne, Ronnie et Okocha leur talent. Mais Luis n'a pas trouvé la recette idéale. L'Olympique lyonnais commence son règne alors que s'annonce la Coupe du monde 2002. Les années Jean-Michel Aulas sont un camouflet pour le PSG.

La saison 2002-2003 aurait dû être celle de l'aboutissement pour Luis. Elle sera celle du renoncement et du licenciement. Okocha est parti. Son passage à Paris fut une déception sans fin. Alors que Ronnie réalise deux *masterclass* contre Marseille en championnat, le récent champion du monde n'affiche ni le professionnalisme ni le rendement escomptés. Ses sorties nocturnes l'empêchent de répondre présent. Ses relations avec Luis s'enveniment puis dégénèrent franchement. C'est le début de la fin.

Côté tribunes, le Parc est à bout et le fait bien comprendre. Contre Troyes notamment, le 1er mars 2003, les tribunes ont décrété la grève des chants. Le contexte est plombant. Paris s'en sort la peur au ventre en gagnant 4-2 mais les choses ne peuvent pas durer. Faruk Hadzibegic, le coach troyen, s'en est ému devant les micros : « *Le début de match était vraiment moche, ce silence de cathédrale. Je n'étais pas tranquille sur le banc. D'habitude, on joue dans une bonne ambiance, surtout au Parc des Princes.* »

Pourquoi une telle hostilité ? La faute aux résultats, évidemment. Malgré les promesses, le PSG persévère dans sa médiocrité et nous surprend encore. Alex Nyarko et les nouveaux arrivants n'ont pas bouleversé les choses. Pire, pour la plupart, ils n'ont rien apporté. La saison du duo Perpère-Fernandez se termine à la 11e place. Un résultat insuffisant et très éloigné des objectifs initiaux.

Balayé en Coupe de la Ligue, le PSG peut toutefois sauver sa saison en battant Auxerre au Stade de France. On l'attend tous ! Mais ce 31 mai 2003, l'histoire n'est pas aussi belle qu'on l'espérait. Paris fait son match et domine. On tient notre chance mais Hugo Leal se fait exclure. La rencontre bascule à 11 contre 10 en faveur de l'AJA. Guy Roux et le club icaunais s'imposent 2-1. Alors que Cristobal, écœuré, déclare qu'il arrête sa carrière, Mauricio Pochettino, notre capitaine, résume ce que le groupe entier a vécu cette année : « *Nous sommes très déçus. L'exclusion d'Hugo est totalement injuste, et fausse le match. À dix contre onze, il était trop difficile d'espérer quelque chose. Il est dur ce soir de penser déjà à demain. Une chose est sûre, cette saison a été très frustrante.* » Ce sera aussi la dernière de Luis sur le banc. Sa sortie est manquée.

Le duo Vahid-Graille : le retour de l'espoir ?

À la fin de la saison, Canal+ constate les dégâts. Les finances sont dans le rouge. L'image du club est au plus bas. Le *PSG bashing* est devenu une source de plaisanteries. La valeur marchande des joueurs s'est effondrée. En somme, plus rien ne va. Émilien Legras, journaliste sportif et supporter investi, s'en souvient très bien : «*J'étais trop petit pour vivre les belles années Canal. Pour moi, Canal au PSG, c'est le manque d'investissement. Ces années se résument en un mot : l'instabilité. Les présidents se suivent, les entraîneurs s'enchaînent et les joueurs s'y perdent.* »

Pour la deuxième fois sous l'ère Canal, Luis ne reste pas. Il part dès le 1er mars. C'est lui qui a pris les devants. Laurent Perpère est invité à le suivre. Paris ne sait plus gagner. Deux hommes forts sont choisis pour les remplacer lors de la saison 2003-2004. Ils ont déjà gagné ensemble à Lille. Francis Graille est nommé président, Vahid Halilhodžić sera notre entraîneur pour 4 ans, la durée de son contrat. L'effectif est complètement chamboulé. 25 joueurs quittent le club, Ronaldinho en tête. Le FC Barcelone l'accueille. En contrepartie d'un tel bouleversement, autant de joueurs arrivent. Paris se découvre une nouvelle équipe. Branko Bošković arrive de l'Étoile Rouge de Belgrade, Juan Pablo Sorin nous rejoint en prêt suivi notamment par José-Karl Pierre-Fanfan et Modeste M'Bami. Mais la vraie sensation du mercato, c'est l'arrivée à Paris de Pedro Miguel Pauleta en provenance des Girondins de Bordeaux contre 11 millions d'euros et le départ de Mauricio Pochettino. « L'Aigle des Açores » se pose au Parc. Pendant cinq années, son ombre va planer sur les défenses adverses pour notre plus grand bonheur.

Depuis qu'il est en France, il a toujours marqué au moins 20 buts par saison ! Il est le buteur qui nous fait défaut depuis tant d'années. Pour remettre le club sur les rails, Francis Graille a un plan : *« reconstruire une grande équipe sur deux ans. »* Vahid sait déjà comment faire. C'est un ancien du PSG, il connaît le poids des attentes et la pression du Parc. Déjà mise en application chez les Dogues lillois, sa méthode est connue : du travail, de la sueur et beaucoup d'autorité. Le tout associé à une science du jeu et une profonde capacité à mener les hommes.

À l'issue de la saison 2003-2004, l'Olympique lyonnais se montre encore trop fort mais Paris fait mieux que résister, restant notamment invaincu face au futur champion. Le Paris Saint-Germain retrouve le podium et boucle la saison avec 22 victoires, 10 nuls et seulement 6 défaites. Nous terminons deuxième, à 3 points seulement de l'OL ! Le Parc est ravi. Après tant de moments compliqués, cela fait du bien. Secrètement, on souffle enfin... Nos deux compères ont remis de l'ordre dans la maison et on les a laissés faire. Tant mieux pour nous. En plus de sa deuxième place, l'équipe de Vahid offre une nouvelle Coupe de France au club en disposant de la Berrichonne de Châteauroux. L'image est plutôt sympathique puisque le PSG, pour cette finale, fait face au club que Michel Denisot préside et dans lequel évolue encore Jimmy Algérino ! Mais entre nous, pas de cadeaux. Seule la victoire est belle.

Le match est disputé, Paris domine et répond à l'engagement berrichon. La déroute contre Gueugnon est encore dans toutes les têtes. Sauf que cette fois, Miguel Pauleta est avec nous ce 29 mai 2004 au Stade de France. Il ne peut rien nous arriver. Pauleta fait une nouvelle fois parler son talent et marque le but décisif. C'est la sixième Coupe de France de notre histoire ! Avec 23 buts inscrits durant l'année, notre avant-centre confirme tout le bien qu'on pensait de lui. C'est le début d'une grande histoire.

Tout le monde est conquis. Pourtant, à Paris, rien n'est jamais simple, que ce soit dans la défaite ou dans la victoire. En début d'année, il y eut d'abord l'affaire Hakan Yakin – le joueur a été recalé lors de la visite médicale. Mais alors que les vacances se profilent, c'est l'affaire Déhu qui fait sensation.

Frédéric Déhu, notre capitaine, a décidé de partir. Le contrat que le club lui propose est inférieur à ce qu'il touche et ses relations avec Vahid sont parfois heurtées. Il a reçu une offre de Marseille, notre grand rival, et l'a acceptée. L'affaire ne doit pas être rendue publique mais elle s'ébruite à quelques heures de la finale de Coupe de France : l'homme qui porte notre brassard déserte pour de l'argent, il nous quitte pour rejoindre l'ennemi ! Dans un entretien donné à *Planète PSG*, il revient sur le sujet : « *L'avant-veille de cette finale, des informations ont fuité sur une rencontre avec des dirigeants de l'OM, dirigeants auxquels j'aurais déjà donné mon accord pour la saison prochaine. Lors de la finale, dès l'échauffement, à chaque fois que mon visage apparaissait sur les écrans géants, toute la tribune parisienne me sifflait. Cela a continué durant le match à chaque ballon touché.* » Frédéric Déhu termine en larmes, brisé par l'émotion et l'hostilité d'un public qui ne comprend pas sa décision. Taxé d'ingratitude, traité comme un traître, il ploie sous les sifflements. Il a pourtant défendu ardemment les couleurs du club durant quatre ans, comme le dira Lionel Letizi. Ses coéquipiers le défendront mais il ne profitera pas de cette victoire tant il a été conspué. Francis Graille déplore ce qui s'est passé mais ne s'attarde pas sur l'incident, préférant se projeter sur le prochain exercice : « *Nous terminons en beauté cette saison avec un nouveau titre pour Paris. Je suis simplement déçu par l'attitude du public envers Frédéric Déhu. Il ne méritait pas cela, d'autant plus qu'il a réalisé une saison exemplaire. Excepté cela, la soirée a été extraordinaire. Le PSG sera ambitieux la saison prochaine, que nos supporters se rassurent.* » Vahid n'aura pas un mot pour son capitaine en public. Frédéric Déhu laisse une image contrastée derrière lui. Alain Cayzac lui voue une farouche inimitié qui en dit long et s'en ouvre à *L'Équipe*: «*Déhu a quitté le PSG, après la finale de Coupe de France contre Châteauroux (1-0), en 2004, sur un conflit avec Vahid. Il a pensé qu'il y avait une cabale contre lui. L'année suivante, à Marseille, lorsque je suis passé devant lui, dans les vestiaires, je lui ai tendu la main et lui a retiré la sienne. Je lui ai alors dit: "Je savais que tu n'avais pas beaucoup de classe. Ça se confirme."*» Les supporters ne l'oublieront pas et le lui feront payer.

Décidément, Paris adore les psychodrames.

2004-2005, la chute de Vahid

L'année suivante sera complètement différente. Vahid a épuisé son groupe et les finances ne sont pas consolidées. Malgré les recrutements de Mario Yepes, Sylvain Armand, Charles-Édouard Coridon et Jérôme Rothen, la saison est un nouveau calvaire. Le mercato a mis trop de temps à se décanter. Le PSG est en retard et à trois jours de sa clôture, Fabrice Fiorèse décide de rejoindre l'OM. C'est la stupeur. Un deuxième cadre parisien rejoint le rival marseillais après Déhu, notre ancien capitaine. Vahid est dégoûté et ne le cache pas en conférence de presse: «*Son geste a pris le club en otage. Maintenant je sais tout ce qui s'est passé... Est-ce que d'autres masques tomberont, je ne sais pas. Mais faire tout ça à trois jours de la clôture du mercato... Mardi soir, nous avons raté un joueur parce que nous manquions de temps pour recruter.*» Il s'arrête et ajoute, dépité: «*Ça me rend triste. C'est une situation que je n'aurais jamais imaginée, surtout de la part de Fabrice Fiorèse. Cette nuit, quand je suis rentré chez moi à 1 heure, je vous le dis franchement, j'ai vomi.*» Le malaise est patent et l'effectif moins hargneux. Le PSG ne confirme pas sa première bonne saison sous la direction du duo Graille-Vahid.

Il dit adieu au podium, l'exercice 2004-2005 se termine à la 9e place. Un nouveau gâchis parisien.
La Ligue des Champions ne nous a pas non plus réussi. Paris reçoit une correction à domicile (3-0) face à Chelsea et perd ses deux matchs contre une équipe du CSKA Moscou emmenée par Sergueï Semak. Si ce dernier nous rejoint, son intégration devient vite compliquée, le joueur se montrant incapable de renouveler ses performances passées. Quant aux Coupes, Auxerre et Montpellier nous éliminent tous les deux en huitième. Outre l'histoire de la « taupe du vestiaire » qui distillait des informations à la presse et que l'on cherche encore, le fait essentiel de la saison est ailleurs : c'est le limogeage de Vahid par son ami Francis Graille.
Le couperet est tombé après la défaite 2-0 concédée au Parc face au RC Lens lors de la 25e journée, le 6 février. Ce soir-là, les tribunes multiplient les banderoles hostiles, voire haineuses, déclenchant les réactions stupéfaites de Gervais Martel et de Francis Graille. Le Parc voulait la tête de celui qu'il avait encensé la veille. La rupture est consommée. Vahid doit partir. Son groupe refuse désormais de le suivre, envisageant même de faire grève. Le 9 février, Laurent Fournier, un autre Parisien historique, lui succède. Mais rien ne change. Lyon est champion pour la quatrième fois de suite. Quant à nous, nous sommes une nouvelle fois derrière.
Yacine Hamened se rappelle ces saisons étranges : « *Cette époque était bizarre. Paris attirait quand même de bons joueurs mais l'équipe ne fonctionnait pas. Il y avait parfois des matchs de fous en termes de spectacle et des périodes où ce n'était vraiment pas beau.* »
Dans la coulisse, les jours de Francis Graille sont comptés. Incapable avec Alain Cayzac de réunir d'éventuels investisseurs autour d'un vrai projet de reprise, il ne peut se maintenir à la tête du PSG. Canal+ le sait. Le groupe en profite pour le démissionner au début du mois de mai 2005. Deux ans après son arrivée à la place de Laurent Perpère, celui qui a relancé le club part donc

à son tour. Il s'est fâché avec Vahid et il le regrette. Même s'il a réduit la masse salariale d'un tiers et divisé la dette par deux, Canal veut une nouvelle tête et comme à chaque fois, il coupe la sienne sans ménagement. Pierre Blayau est choisi. Ce sera l'un des pires présidents que nous ayons connus.

2005-2006 : il est temps de dire stop

Malgré les changements au sein du club et une fin d'année mitigée, Laurent Fournier est reconduit pour la saison 2005-2006, tandis que Canal+ s'empare de la totalité du capital du PSG.
L'ancien milieu défensif profite de plusieurs renforts de taille : Bonaventure Kalou, Vikash Dhorasoo, Franck Dja-Djédjé, Boukhary Dramé, Cristian Rodriguez venu du Peñarol et David Rozehnal en provenance du FC Bruges. Après la qualification en Coupe de France face à Toulouse le 21 décembre, le PSG est 6e à un point de la 2e place. La saison n'est pas parfaite mais Paris conserve toutes ses chances. Pourtant, à notre grand étonnement, Laurent Fournier est licencié par son président. Guy Lacombe lui succède ! Il n'attendait plus que le coup de fil de Pierre Blayau. L'équipe a fière allure mais comme elle est perturbée et mal dirigée, elle ne gagne plus. Contre toute attente, Paris finit une nouvelle fois 9e en championnat ! La saison fut pour le moins agitée, le changement d'entraîneur fut une erreur. Mais ce n'est pas ce qu'on retiendra.
Le 29 avril 2006, Paris se qualifie pour la finale de la Coupe de France et y retrouve l'OM pour un *clasico* inédit. Le match joué par les minots olympiens le 5 mars 2006 a laissé des traces. Paris n'a pas aimé se faire ridiculiser au Parc par le centre de formation de l'OM (0-0) et veut se venger. Il n'est pas question de faire de la communication, il y a un trophée à aller chercher. Cette soirée va s'avérer fantastique.

Pour beaucoup, cette finale reste le seul match intéressant de cette saison. Le onze phocéen aligne plusieurs anciens Parisiens : Habib Beye et Lorik Cana, formés au PSG, mais aussi Frédéric Déhu, notre ancien capitaine. Dans les tribunes, ils sont copieusement sifflés, comme attendu. La folie règne et les ultras parisiens ont de l'humour. Ils déploient une banderole où ils détournent le slogan du club marseillais : « Droit au but » devient « Droit au bus ». Un assez bon résumé de la soirée. Paris domine et tient son match. Franck Ribéry est l'une des rares menaces marseillaises mais notre milieu l'étouffe et règne sur l'entre-jeu dès les premières minutes. L'OM subit. C'est le moment que choisit Bonaventure Kalou pour frapper un grand coup et ouvrir le score d'une frappe tendue dès la 6e minute. Barthez est battu, la moitié du stade peut exulter.

Mais le moment le plus marquant du match demeure ce but improbable signé Vikash Dhorasoo. À la 49e minute, juste au retour des vestiaires, ce dernier a pris la balle et s'est avancé. Il arme. Personne n'attend cela de lui. En face, il y a Fabien Barthez. Et pourtant, l'ancien Milanais décoche une frappe fantastique. Devant 79 601 spectateurs et des millions de téléspectateurs, son tir est inarrêtable. La balle trompe le gardien des Bleus. Le stade explose et Vikash part dans une course effrénée pour célébrer le seul but de sa carrière au PSG. Fabrice Pancrate le raconte avec humour pour PlanetePSG : *« On ne s'attendait même pas à ce qu'il fasse ça. Il n'a jamais tiré de toute sa vie de 30 mètres. Le ballon déborde de ses petits pieds. Quand on l'a vu partir et enchaîner par cette frappe, en plus face à Barthez, on n'y a pas cru. Quand il a marqué, c'était la liesse, on a couru partout ! »*

Le lendemain, la presse parisienne met en avant la victoire du PSG avec des titres explicites : « *Paris est magique* » pour *Le Parisien*, « *Paris au septième ciel* » pour *L'Équipe*. *La Provence* souligne un « *Pari perdu* » pour l'OM.

Ce match est le dernier de l'ère Canal+ au PSG. L'aventure sous le pavillon de la chaîne cryptée s'achève par un trophée. Comme un clin d'œil, c'est une Coupe de France et elle a été remportée face au rival marseillais.

Annoncée le 11 avril 2006 et actée en juin, la vente du PSG à un trio d'investisseurs est désormais effective : le fonds d'investissement américain Colony Capital, son homologue français Butler Capital Partners et la banque Morgan Stanley sont maintenant les nouveaux propriétaires et actionnaires du club.

Les « 7 piteuses » s'achèvent. Merci Canal. On n'oubliera rien. Le meilleur comme le pire. Maintenant, messieurs, il faut partir.

6. LE TEMPS DES HUMILIATIONS. JUVENTUS, LA COROGNE, CLERMONT : LES PIRES DÉFAITES DE NOTRE HISTOIRE ?

Fluctuat nec mergitur. « Il est battu par les flots mais ne sombre pas. » Telle est la devise de Paris. Avec le PSG, on comprend mieux son sens. Le PSG des années Borelli avait une excuse : le club était jeune, il découvrait l'Europe et ses moyens n'étaient pas ceux de Canal. Le PSG est désormais un club couronné de succès, doté d'un standing, et chaque humiliation est synonyme de souffrance. En cette fin d'ère Canal, nous allons découvrir que tout peut vite devenir très difficile, *a fortiori* lorsque l'on porte les couleurs du PSG.

Supercoupe : la Juventus congèle le Parc des Princes

Quelques mois seulement ont passé depuis le triomphe de Bruxelles, celui qui nous a vus rapporter la Coupe d'Europe à Paris une nuit de mai 1996. Huit mois exactement. Paris est ancré dans une Europe du football qui n'attend que de voir le club de la capitale défier l'ogre turinois, vainqueur de la Ligue des Champions contre l'Ajax de van Gaal deux semaines après le jour de gloire du PSG. Paris dispute sa première Supercoupe d'Europe, la seule et l'unique de l'histoire du football français puisque Marseille, en raison du scandale VA-OM, a été privé

de la traditionnelle confrontation entre vainqueurs de Coupes d'Europe en 1993. Une Supercoupe dont se seraient bien passés le Parc des Princes et les près de 30 000 supporters présents en tribunes le 15 janvier 1997.
Ricardo, fraîchement nommé coach du PSG en remplacement de Luis Fernandez, va faire l'amère expérience qu'à Paris, rien n'est inenvisageable. Face à la Juventus de Didier Deschamps et Zinédine Zidane, pas les plus parisiens des joueurs de l'équipe de France, Paris s'écroule. « *C'est mon pire souvenir. Là, on en a pris une bonne dans la tronche. Humiliation énorme à domicile, en plein hiver, il faisait froid, c'était horrible* », raconte Xavier Coulant, alors abonné en virage Auteuil. En ce début d'année 1997, Paris n'était tout simplement pas prêt à affronter la Vieille Dame. Les partenaires de Le Guen subissent la foudre turinoise et accumulent les erreurs grotesques qui permettent aux Italiens de mener 4-0… à la pause. Zidane fait du Zidane, lui qui fera vibrer le Stade de France un an plus tard. Le Parc est furieux, bien que frigorifié par le froid de canard présent porte de Saint-Cloud. Les jambes des Parisiens semblent quant à elles glacées, le tout sur une pelouse gelée. La bronca qui les accompagne à la pause ne va pas réchauffer leurs muscles et Paris s'incline 6-1, une première dans l'histoire de la compétition pour une équipe à domicile. Encore une fois, Paris écrit l'histoire. Le PSG est ridiculisé aux yeux du monde entier. C'est le PSG que l'on aime. « *C'était difficile à vivre. Il y avait une grosse différence de niveau entre les deux formations. C'était un non-match de notre part. En plus, Laurent [Fournier] se fait expulser à l'heure de jeu. On n'avait pas joué du tout. Nous étions partis juste avant huit jours à La Réunion et à l'île Maurice où il faisait super chaud. Là, on arrive à Paris et il faisait extrêmement froid. C'était compliqué* », atteste Didier Domi, titulaire en défense ce soir-là. L'humiliation, les supporters du PSG ne l'oublieront jamais. Le froid n'est pas gage de pardon. Les abonnés depuis plusieurs

années n'avaient jamais connu une telle désillusion. À la sortie du stade, les têtes sont basses et les articulations ne répondent plus. La soirée est cauchemardesque et la tour Eiffel cesse de briller. Paris vient de subir la plus grosse débâcle de son histoire au Parc des Princes. Au retour, impossible pour Paris d'inverser la tendance. Ne gagne pas 6-1 qui veut…

En deux rencontres, la Juventus Turin rappelle au PSG les exigences du haut niveau et aux fans rouge et bleu que le chemin sera long, très long. Ce revers marque un tournant dans l'histoire du club et malgré une deuxième finale de Coupe des Coupes consécutive quelques mois plus tard, rares seront les exploits européens réalisés par le PSG par la suite. Paris est capable de tout, et surtout du pire.

La Corogne : une *remontada* avant l'heure

Le PSG n'aime pas le nord de l'Espagne. Cette vaste zone qui s'étend de l'Atlantique à la Méditerranée, de La Corogne à l'ouest à Barcelone à l'est. Déjà, en 1997, le Barça de Ronaldo nous privait d'une deuxième Coupe des Coupes consécutive, avant de nous infliger la tristement célèbre *remontada* vingt ans plus tard. En Galice, Paris va écrire une nouvelle page de son histoire en ce 7 mars 2001, mais pas celle que nous souhaitions. Alors que les supporters rouge et bleu, frustrés par des dernières saisons décevantes, attendent de revivre une épopée similaire à celles qui les ont fait rêver au milieu des années 90, ce début de XXIe siècle ne se passe pas tout à fait comme prévu. À peine de retour sur le banc parisien, Luis Fernandez va connaître l'une des plus grandes humiliations de l'histoire du PSG, dans son pays natal.

Ce soir-là, Paris avait tout pour se rapprocher de la phase finale de la Ligue des Champions et entrevoir à nouveau un quart de finale historique au Parc des Princes. Au lieu de cela, il a initié la terrible malédiction des désillusions du début du mois de mars.

7 mars 2001, donc. Les partenaires de Frédéric Déhu se déplacent au Riazor pour affronter le champion d'Espagne en titre. Les Gavroches de « Giscard », l'homme aux multiples tatouages du PSG sur le corps, et leur bannière rouge et bleu ont fait le déplacement. Pas question de lâcher son équipe sur la scène européenne. Paris démarre fort et mène 2-0 à la mi-temps, puis 3-0 au retour des vestiaires après le doublé de Laurent Leroy, l'homme qui délivrait le Parc quelques mois plus tôt face au Bayern Munich. *Y'a d'la joie,* comme le chantait Charles Trenet, décédé quelques semaines avant la rencontre. Mais Paris, à l'image de ses heures les plus sombres, se met à reculer, à subir. On encaisse deux buts à l'heure de jeu, puis deux autres en toute fin de match en craquant complètement. La faiblesse de la défense parisienne et l'impuissance de Letizi, déjà couché avant chacune des têtes de Pandiani, héros du soir, sont le symbole de la soirée cauchemardesque que subit la famille PSG. Il y a désormais beaucoup de peine. « *Mener 3-0 puis prendre des buts à la con et perdre 4-3, c'est lamentable. J'y étais en plus, c'est l'une de mes plus grosses colères. Ils n'avaient pas le droit de faire ça. Tu as tous les mecs qui viennent te chambrer. Et les joueurs qui viennent te voir à la fin du match, tu n'as même pas envie de les voir, les mecs* », raconte Éric Bidault, présent en tribune visiteurs. Le retard semblait insurmontable pour les Espagnols, mais ils l'ont fait, face au PSG. « *C'est très dur à encaisser. On avait le match en main et La Corogne a réussi à retourner la situation en sa faveur. Il faut l'accepter, qu'est-ce que l'on peut faire d'autre ? Je n'arrive pas à analyser le pourquoi de ce renversement [...] Je suis vraiment trop énervé d'avoir perdu ce match avec le PSG* », déclare Mikel Arteta après la rencontre. L'énervement est partagé. Le Deportivo La Corogne marche sur le PSG et le club de la capitale est la risée de l'Europe. Après l'affront contre Turin en 1997, puis la déconvenue majeure en Israël contre le Maccabi Haïfa un an et demi plus tard, jamais deux sans trois pour le PSG. « *Mon pire souvenir*

est sans doute ce match à La Corogne. Les jours suivants, j'ai dû raser les murs au lycée. Mener 3-0 et perdre 4-3, c'est la honte absolue», confie Aurélie Gascon, enseignante et supportrice du PSG depuis son enfance. Paris est éliminé de la Ligue des Champions. Luis Fernandez manque son retour et comprend dès à présent que cette décennie s'annonce compliquée pour notre club. Les supporters sont eux aussi excédés par cette incapacité qu'a le PSG à remonter la pente, retrouver les sommets européens, et doivent faire face à une fin d'ère Canal où s'enchaînent déceptions et désillusions. En ce mois de mars 2001, le second mandat de Fernandez sur le banc parisien semble déjà terminé. Il ne parviendra jamais véritablement à s'en remettre.

Auxerre et Gueugnon, la campagne à Paris

En ce début des années 2000, les performances mitigées du PSG en championnat génèrent une immense frustration chez les amoureux du club qui ont connu la grande époque. Celle qui voit George Weah, Raí et David Ginola faire des trois lettres qui nous unissent un monument, déjà, alors qu'il a à peine trente ans. Ses deux titres de champion de France et ses multiples coupes, dont une Coupe d'Europe, font de lui une place forte du football français. Vacillant et irrégulier en championnat, Paris n'en demeure pas moins une équipe de coupe, une étiquette qu'il conserve aujourd'hui. Alors que les Français n'ont pas encore adopté leur nouvelle monnaie, le PSG paraît injouable dès lors qu'il atteint une finale de coupe nationale. Sous l'ère Canal+, Paris a disputé cinq finales de coupe pour cinq victoires au compteur. Mais ça, c'était avant l'année 2000, avant la venue de Gueugnon, petite ville d'à peine 8000 habitants, au Stade de France. Paris est une équipe de coupe mais avec lui, rien n'est jamais acquis. On ne cessera jamais de le répéter.

Le nouveau siècle ne pouvait pas plus mal commencer. À Saint-Denis, le PSG n'est pas tout à fait chez lui, trop loin du seizième arrondissement, trop loin de son antre dans lequel se disputaient les finales avant l'avènement du Stade de France (une décision qui ne fera jamais l'unanimité). La petite ville de Saône-et-Loire se déplace à Paris et représente le temps d'un soir l'autre France, la province, la campagne, ceux *« qui triment »* comme le dira quelques années plus tard Thierry Laurey, coach de Strasbourg en 2019 face au PSG de Neymar. C'est le 22 avril 2000 que les Forgerons, tout de jaune vêtus, rappellent en finale de Coupe de la Ligue que pendant 90 minutes, il n'y a pas d'équipe de Ligue 1, il n'y a pas d'équipe de Ligue 2, il y a seulement deux adversaires se disputant la gagne. La pression est sur Paris, Gueugnon n'a rien à perdre et pour l'ensemble des observateurs, l'affaire est déjà pliée. Même l'ambiance n'est pas à couper le souffle côté PSG, que ce soit en tribunes et encore plus au sein du groupe, perturbé par la polémique des primes qui éclate juste avant la rencontre. Les joueurs oublient que seuls les vainqueurs écrivent l'histoire, les vaincus, eux, la racontent. Philippe Bergeroo, le coach parisien, l'avait affirmé la veille du match : *« L'important, c'est le trophée, le palmarès. On ne garde que le nom du vainqueur, on oublie celui du finaliste. »*

Les supporters parisiens mettront pourtant du temps à oublier et à décolérer, puisque le PSG s'incline 2-0 contre les hommes d'Alex Dupont. Incroyable ! La seule finale de Coupe de la Ligue perdue par le club de la capitale dans son histoire. Une histoire qu'écrivent les Gueugnonnais. *« Il me faudra trois jours, et le retour à Gueugnon, pour me rendre compte qu'on l'avait fait »*, racontera Éric Boniface, défenseur du FCG, à *So Foot*. Paris est baladé, Igor Yanovski en grande difficulté sur son côté et les supporters du PSG amorphes, comme sonnés par l'anormalité de l'événement. Limogé de son poste d'entraîneur quelques mois plus tard, Bergeroo confiera plus tard au site PsgMag avoir piqué une colère noire à la mi-temps contre ses joueurs et les avoir traités de «*petits connards*». Paris finira la saison sans trophée et avec un gros coup derrière la nuque, avant de déchanter à nouveau trois ans plus tard, cette fois-ci en finale de Coupe de France.

Il est temps pour les «*paysans*», comme le Parc aime les chambrer, de prendre leur revanche et de dominer et punir les urbains que nous sommes. Après Gueugnon en 2000, l'AJ Auxerre de Guy Roux, l'homme qui surveillait ses joueurs en boîte de nuit, débarque dans la capitale le 31 mai 2003 pour jouer un mauvais tour aux partenaires de Ronaldinho. Ce début de siècle a tout d'une grosse galère pour le PSG.

Luis Fernandez contre Guy Roux, les Rouge et bleu contre les Bleu et blanc. Comme trois ans plus tôt contre Gueugnon, et bien que mal classé en championnat, Paris fait office de cador avant cette finale, face à des Bourguignons ayant tout de même remporté deux fois cette Coupe de France, contre cinq pour le Paris SG. La pression est donc sur Paris, il faut sauver cette mauvaise saison, consoler un public déçu, offrir un dernier trophée à Luis qui s'apprête à nous quitter. L'ambiance est belle, les Boys craquent les fumigènes en virage et rappellent à Ronaldinho que Paris est la Ville Lumière.

Le début de rencontre tonitruant du PSG et l'ouverture du score d'Hugo Leal nous font penser que Mauricio Pochettino, l'homme qui n'a jamais cessé d'aimer le Paris Saint-Germain, devrait soulever la sixième Coupe de France parisienne. Pour sa dernière, Ronnie est en jambes, comme souvent, mais ne peut empêcher le *bis repetita*, les deux buts encaissés en fin de rencontre, ceux qui nous avaient déjà rendus rouges de colère trois ans plus tôt. Djibril Cissé, futur Marseillais, puis l'improbable Jean-Alain Boumsong viennent sonner le glas du second mandat décevant de Luis Fernandez.

« *Cette finale est à l'image de notre saison* », dira-t-il à l'issue de la rencontre. Cette saison-là, le PSG termine à une laborieuse 11e place en championnat. En cabine commentateur, Thierry Roland ne trouve pas les mots, lui qui était un vrai Parisien. La fin est cruelle pour Luis et Ronaldinho. Une nouvelle page se tourne au PSG.

7. LES LARMES D'UN CAPITAINE : LE DÉPART DE RAÍ, UN MOMENT FORT DE NOTRE HISTOIRE

Allez Raí, allez Raí,
Où tu es, nous sommes là,
Tu ne seras jamais seul,
Car nous deux, c'est pour la vie

Ad vitam æternam. Le virage Auteuil aux couleurs du Brésil. Une légende effondrée, inconsolable, à genoux devant le virage, devant la peur de quitter le Parc des Princes, le PSG, cette histoire, son histoire. Une Coupe d'Europe, un championnat, des coupes nationales, le Brésilien a marqué de son empreinte le seul club européen dans lequel il a joué. « *C'est l'un des moments les plus émouvants de ma vie personnelle et à coup sûr le plus émouvant de ma carrière professionnelle. Je me sens Parisien pour toujours* », confiera-t-il quelques années plus tard.

Pourtant, il avait promis qu'il ne craquerait pas en ce samedi 25 avril 1998. La France n'est pas encore championne du monde mais déjà Paris respire le Brésil. « *Probablement ne vais-je rien montrer de ce que je ressens. Ce doit être plein de bonheur. Il ne sera pas fait de larmes. À l'intérieur, oui, au fond de moi, certaines couleront, mais j'ai vraiment envie de danser une dernière fois, de rire, de jouer et de séduire ce Parc que j'ai tant aimé...* », lâche-t-il dans les colonnes de *L'Équipe* le matin du match. Comme beaucoup, il n'a pas pu faire autrement. Paris s'incline 2-1 contre Monaco mais personne ne se souviendra du score. À l'issue de la rencontre, Raí Souza Vieira de Oliveira, tremblotant, court en direction du virage Auteuil pour un dernier au revoir, avant d'être très vite submergé par l'émotion. « *Ses adieux sont une apothéose. Ce qu'il a fait ressentir à tout le monde est incroyable. Quand il arrive en bas d'Auteuil, je lui donne le micro et là, d'un seul coup, il a fondu en larmes. Pour moi, ça reste le joueur emblématique du PSG* », confesse Michel Montana, speaker du Parc des Princes.

Le Parc régale une dernière fois son artiste. L'antre bourdonne, le chant « *Allez Raí* » résonne encore dans les travées du stade vingt ans plus tard, symbole de cette alchimie entre le Brésil et le Paris SG. Les supporters pleurent eux aussi leur légende, la communion est frissonnante. « *Au début, on doutait de moi. Quand je ratais un dribble ou une passe, lorsque j'essayais de jouer mon football et qu'il ne passait pas, ce n'est pas le public que je défiais. Mais ce stade. Cette arène. Je ne voyais que lui et j'étais enfermé, peut-être même perdu. Je me suis dit : "Il faut que tu lui plaises. Il faut que je le séduise." Oui, c'est un drôle de rapport qui s'est tout de suite installé avec le Parc...* » raconte la star *auriverde* à propos du stade où il organisera son jubilé en 2001.

Humilité, talent, persévérance, « Captain Raí » laisse une image romantique et idyllique aux supporters du PSG et plus généralement au football français. « *Ses adieux, c'était exceptionnel, très émouvant. La finale de la Coupe de France 98 tombait le jour de mon anniversaire. Raí me dit le soir même : "C'est ton anniversaire, tu vas aller soulever la coupe." C'était son dernier match au PSG et il laisse un jeune de vingt ans soulever le trophée. Cela m'a énormément ému. C'est un homme très loyal* », se souvient avec un immense respect Didier Domi, l'ancien défenseur du PSG.

Plus jamais, après lui, un numéro 10 ne marquera autant de son empreinte le club de la capitale. « *C'est le plus bel hommage que le Parc ait rendu à un joueur. Le Brésilien représentait quelque chose à*

Paris. C'était la fin d'une ère », affirme dans *So Foot* Pierre Ducrocq, ancien défenseur rouge et bleu. Raí s'en va, après un quinquennat ponctué par 215 rencontres disputées sous le maillot parisien. Il s'en va en même temps que Michel Denisot, marquant inéluctablement la fin d'une époque. Aux abords du Parc des Princes, l'ancien capitaine a désormais sa fresque, pour faire perdurer la tradition, pour ne jamais oublier qui il est.

Pour une grande majorité d'entre nous, il est le plus grand meneur de jeu de l'histoire du club aux côtés de Safet Susic. Deux artistes, deux magiciens, deux princes qui ont fait du Parc leur chose, du PSG leur histoire. Nous ne les oublierons jamais.

PARTIE III

Les années Colony Capital : la déchéance d'un géant

(2006-2011)

1. LA GRANDE DÉPRESSION, UNE DÉCEPTION CAPITALE

Zéro moyens, petite équipe, grosses ambiances : les supporters sont toujours là

« 5 % de plaisir, 95 % d'emmerdes. »[94] La formule d'Alain Cayzac est une synthèse appropriée. À son arrivée à la présidence du club, en 2006, cet amoureux du PSG ne le sait pas encore, mais son mandat sera certainement le plus douloureux qu'un président, ou plutôt un président-supporter, ait connu à la tête du club de la capitale.

Lorsque nous allons à sa rencontre, plus de dix ans après son départ du club, la passion est toujours intacte, dans sa voix, quand il s'agit d'aborder le PSG, ses supporters, le Parc des Princes. Ce n'est pas l'ancien président qui nous parle, mais le passionné. Alain Cayzac, c'est l'histoire d'un amoureux du PSG arrivé à la tête du PSG au mauvais moment d'une mauvaise histoire.

2006, là où les cœurs et les esprits s'embrasent, avant de s'obscurcir. La victoire contre l'OM en finale de Coupe de France est un bonheur inestimable. Le Stade de France nous rappelle qu'ici, c'est Paris. Au Mondial, les Bleus de Zidane nous font rêver jusqu'à Berlin, avant de nous peiner à l'infini. Comme un message annonciateur des maux à venir.

Alors que la France, avec à sa tête le plus fervent supporter du PSG, Nicolas Sarkozy, s'apprête à basculer dans l'une des plus graves crises économiques de son histoire, la plus importante

94 *Passion impossible*, éditions du Moment.

depuis 1929, le club de la capitale va suivre le rythme tragique de la « Grande Récession », au grand dam de ses supporters qui vont s'avérer plus fidèles que jamais, malgré un contexte auquel jamais le club n'avait été confronté par le passé.
Finie l'ère Canal, l'ère qui a tout fait basculer. Le titre de 1994, le coup de casque d'Antoine Kombouaré, Raí, Ronaldinho, David Ginola et George Weah au Parc des Princes. La Coupe des Coupes en 1996, Luis Fernandez, Bruno Ngotty. Les souvenirs abondent, avec plus ou moins de nostalgie. À l'instar de son antre, le PSG est désormais un monument. Il faut le préserver.
Les nouveaux propriétaires, le fonds d'investissement américain Colony Capital dirigé par Sébastien Bazin, la société Butler Capital Partners et la banque Morgan Stanley, nomment à la présidence Alain Cayzac, l'amoureux du club, l'homme qui emmena sa femme au Parc des Princes le jour de son mariage, un soir de novembre 1976, celui qui a failli racheter le club par passion quelques mois plus tôt. Le voici à bord du bateau PSG, lui le symbole de la fidélité à toute épreuve, du trop-plein de passion, notre meilleur représentant.
Les adeptes du Tour de France se vouent d'admiration pour le panache du tout nouveau crack, Alberto Contador. Le *pistolero* semble voler sur son vélo, en danseuse, alors que nous nous apprêtons à chuter continûment, jusqu'à un stade encore inconnu, mais qui n'entrave jamais la passion et la fidélité du public rouge et bleu. Une quasi inconvenance dans le milieu du sport. Ces années sont un condensé de mascarade sportive, de joies éphémères et de passion irrationnelle. Le PSG de Colony Capital est synonyme de souffrance et de désillusion, mais cela n'entrave jamais pour autant le dévouement du Parc envers notre équipe en difficulté.
Tu ne seras jamais seul…
« On jouait le maintien et le stade était plein car les associations ont créé des liens, c'était comme une famille. On ne voulait absolument pas descendre en Ligue 2, c'était inenvisageable. On arrivait chaque week-end au

stade avec la boule au ventre. On regardait en permanence le calendrier. Personnellement, j'en avais un dans ma voiture. Je comptais les points qu'on allait prendre. C'était une période compliquée», nous confie Éric Bidault, l'un des responsables des Gavroches du Kop de Boulogne. Notre club se porte mal. Les défaites s'enchaînent et la seconde partie du classement devient notre terrain de bataille, un abîme duquel il faut absolument s'extraire, en vain. En effet, le PSG termine quinzième en 2007, seizième en 2008 et treizième en 2010. Loin de nos espérances et surtout très loin du standing du club. Mais pas question de déserter le Parc, jamais.

Le PSG n'impressionne plus, mais le Parc des Princes, si. Les adversaires déjà, avec une caisse de résonance unique et une ambiance menée par le Kop de Boulogne et le virage Auteuil, la plus spectaculaire du championnat. N'en déplaise à ceux qui ne l'ont jamais accepté et reconnu. «*Le Parc, c'est un peu le lien qui m'unit au club. C'est toujours un moment particulier que d'y pénétrer, le cœur qui s'accélère au moment de monter les dernières marches menant aux tribunes. Et puis le Parc, c'est aussi une acoustique exceptionnelle, qui sublime les chants des Kops*», témoigne avec émotion Vincent Duchaussoy, grand supporter du PSG.

Le PSG est cette famille dont la maison, le Parc des Princes, reste notre symbole le plus brillant, le plus bruyant. Les associations de supporters y assurent les chants pendant 90 minutes dans une ambiance épatante. «*Quand je pense aux supporters du PSG, je pense surtout aux tifos, aux drapeaux, à l'union sacrée, au soutien qu'ils nous ont apporté, aux réunions avec eux dans mon bureau*», évoque avec nostalgie Alain Cayzac, président du club entre juin 2006 et avril 2008, lui qui les a tant aimés.

Le terrain offre peu de spectacle, de nombreuses déroutes, et malgré quelques chants et banderoles de mécontentement à l'attention des joueurs ou dirigeants, Auteuil et Boulogne dynamisent le Parc au rythme du traditionnel échange «*Allez Paris! Paris est magique!*»

Les encouragements persistent, se succèdent l'hymne « *Ô Ville Lumière* » et le chant « *Debout sur la tribune...* », intercalés par des revendications liées à la déception sportive, du type « *Mouillez le maillot* ». Le Parc, à la fois volcanique et hostile. « *Un résumé de vie* », comme nous le décrit Michel Montana, speaker depuis 1998. « *C'est l'un des points positifs du club. Depuis pas mal de temps, il y a cette base de 30 - 35 000 personnes présentes systématiquement, dans la victoire comme dans la défaite. Ils ne sont pas tous très bruyants, très engagés, mais on n'a pas de stade vide comme dans d'autres grands clubs français...* » souligne Éric Krissi, abonné à Auteuil entre 1985 et 2010. Un Parc toujours plein et des tifos uniques comme celui face à Bordeaux le 18 novembre 2006 à l'occasion des 15 ans des Supras Auteuil, ou encore le splendide Kop de Boulogne lors du classico PSG-OM la même année, avec en message « *Ici bat le cœur du Paris SG* ». Un bonheur pour les yeux. Le Parc est ce qu'il se fait de plus beau, par sa lumière, ses animations, ses couleurs, jamais altérées par l'aléa des résultats.
« *Tu te bats pour éviter la relégation, mais l'ambiance est toujours là. C'est la meilleure ambiance de France, incontestablement. Même dans la galère, le Parc résonne, chante, scande et applaudit. C'est beau et ça fait du bien de voir ce spectacle* », se remémore Émilien Legras, jeune supporter du club de la capitale.
Une équipe qui se meurt mais un Parc qui vit plus que jamais. Paradoxe d'un amour qui se manifeste toujours plus dans la souffrance que dans l'aisance. C'est l'apprentissage de la défaite et le renforcement d'un attachement. L'amour du PSG.

Fidèles dans l'adversité : l'apprentissage de la défaite et de l'échec

La finale de Coupe de France en 2006 était donc un leurre. L'arbre qui cache la forêt. Notre club va mal et les résultats régressent.

Fidèles, nous nous contentons de peu aussi en termes de jeu proposé. Dirigeants, entraîneurs et joueurs ne parviennent pas à sortir Paris de la spirale dépressive. La période Kombouaré (2009-2011) est globalement meilleure, mais loin d'être brillante. Les fidèles du Parc, mécontents de la situation, s'accommodent moyennement des résultats décevants, mais n'ont d'autre choix que de s'y habituer. Un souvenir douloureux pour le premier d'entre eux.
« *C'était très dur. Pendant ma présidence, je ne prenais pas de plaisir. Je me moquais de la manière dont on jouait. Il fallait juste la victoire. C'était une souffrance, j'étais très malheureux quand on perdait* », se souvient avec émotion Alain Cayzac. Malheureux, il l'a été de nombreuses fois, tout comme nous d'ailleurs, lui qui a vécu en tant que président les heures les plus sombres de l'histoire du club sur le plan sportif. La défaite, pas moins de soixante-quatre en championnat sous Colony Capital, devient le pain quotidien pour des supporters qui ne comprennent pas comment leur club, si brillant par le passé, a pu descendre aussi bas. Alors que la crise des subprimes fait faire des cauchemars aux dirigeants économiques et financiers du pays, c'est une tout autre angoisse qui fait irruption dans l'univers PSG, celle de l'échec permanent.
Pour l'un des successeurs d'Alain Cayzac, lui aussi supporter historique du club, Robin Leproux, il faut faire face, malgré des désillusions pas toujours évidentes à gérer. « *On a eu des moments pas brillants. Le jour où on perd 3-0 contre Lorient au Parc (6 février 2010), Kévin Gameiro fait faire la visite du terrain un peu à tout le monde. Il y avait le président de la République, Nicolas Sarkozy, à côté de moi, un vrai supporter du PSG. C'était pas glorieux. On ne jouait pas Barcelone, on jouait les Merlus à domicile...* », se souvient le président du PSG entre 2009 et 2011.
Pour autant, pas question de déserter le Parc, chose impossible. Le PSG ne peut être seul, il ne le sera jamais, même dans les pires périodes. « *Ça peut paraître bête, mais plus ils étaient dans la*

souffrance, et plus j'avais envie d'être là et de les soutenir, par fierté», reconnaît Xavier Coulant, abonné en tribune Boulogne entre 2007 et 2010. Durant ces années, le Parc fait très fréquemment le plein, avec une affluence moyenne supérieure à 35 000 supporters entre 2006 et 2010. Confrontés aux déroutes hebdomadaires, les supporters parisiens ne vacillent jamais dans leur soutien au club, un phénomène quasiment unique en France. «*J'étais très attaché au PSG des années 2000. On les aimait, nos chèvres. Notre équipe qui ne gagnait qu'en coupe nationale. Footballistiquement parlant, le PSG ne produisait pas grand-chose, c'est l'irrationalité de la passion qui fait que, qu'importe la situation, on sera toujours derrière notre club*», confie Milan Crolot, supporter et aujourd'hui journaliste. Les matchs du PSG, au stade ou devant la télévision, deviennent un rituel dont l'issue est d'ores et déjà connue, la plupart du temps. S'enchaînent l'espérance, fermentée depuis le week-end précédent et caractéristique de tout supporter, l'excitation d'avant coup d'envoi et la déception de la défaite. De quoi, parfois, susciter de l'irrationalité dans les actes, comme le révèle cette anecdote de Robin Leproux, dernier président du PSG durant la période Colony Capital: «*Deux ans à la tête du PSG, c'est fatiguant. Vous passez même par des moments surréalistes ou mystiques. Je me revois, arrivant au Parc tout seul, en mettant du sel dans les buts. Personne ne me voyait. Je ne sais pas ce qu'il me passait par la tête. Je me suis dit "Allez, il faut que l'on ait un peu de chance", et j'en avais mis sur la ligne de but. Il y a des moments complètement irrationnels car le foot, c'est aussi irrationnel*», confie-t-il. Le PSG est bouleversant. Au Parc, face à la hantise de voir le PSG chuter encore et encore, les supporters ne sont pas en reste de superstitions et d'attitudes singulières mais symboliques de la situation du club. «*Mon angoisse était telle que je changeais de place à chaque fois à la mi-temps, quand on perdait. Je passais de la partie bleue de la tribune à la rouge ou inversement, par superstition. C'était absolument bête, mais bon...*»

admet avec une once d'ironie Xavier Coulant. Il l'assume, le PSG est toute sa vie.
Prêts à tout pour éviter une défaite dans bien des cas inéluctable, Xavier Coulant et le reste du Parc se consolent en s'octroyant quelques coupes nationales. Vainqueur contre l'OM en finale de la Coupe de France 2006, Paris récidive deux ans plus tard en Coupe de la Ligue contre Lens (2008, 2-1), avant de s'adjuger sa huitième Coupe de France pour les quarante ans du club en 2010 (1-0 contre Monaco). Finaliste malheureux de cette même Coupe de France en 2008 (défaite 1-0 contre Lyon) et en 2011 (défaite 1-0 contre Lille), le PSG réaffirme son statut d'équipe de coupe, permettant de nous faire vivre quelques épopées, et nous faire partiellement oublier le marasme quotidien. « *On a vécu des saisons frustrantes, voire écœurantes. Perdre au quotidien, ce n'était pas évident. Heureusement que l'on sauvait nos saisons avec les coupes nationales* », atteste Yacine Hamened, abonné en virage Auteuil dans les années 1990 et 2000.

Entre compassion et mépris, nos adversaires nous ignorent : le temps des amateurs

Paris voit alors ressurgir ses démons du passé, le mépris et la déconsidération qu'il a connus lorsqu'il n'était qu'un enfant au sein de la famille du football français. À l'époque, lors des premières années d'existence du club de la capitale, le pays vivait au rythme des épopées nantaises et stéphanoises. Coluche faisait rire les Français et soutenir le PSG paraissait ringard, inutile, voire stupide. Le contexte est désormais tout autre. Paris est un club populaire, suivi, avec un palmarès, mais un club qui va mal.
Le PSG est moqué. Si Paris reste toujours Paris et le PSG un club historique du championnat, le club n'est plus que l'ombre de lui-même sur le plan sportif. Longtemps l'une des locomotives

du championnat de France, Paris ne suscite plus que mépris, quand il ne nous fait pas honte. Englué dans la seconde moitié de tableau et plus proche de la zone rouge que de la qualification en coupe d'Europe, le club vit des heures difficiles. Nos heures les plus anxieuses.
Avant-derniers à dix journées de la fin en 2007 et plus que jamais en difficulté en 2008 avec Paul Le Guen sur le banc de touche, nous voici désormais déconsidérés et rabaissés à un niveau que nous n'avions jamais atteint en près de quarante ans d'histoire. Les moqueries fusent et les scénarios grotesques mettent le club dans une situation intenable. Le mépris et la compassion sont symbolisés sur les lèvres de Paul Le Guen par son célèbre et insupportable « *C'est pas possible* » observé très, trop souvent sur le bord de touche. Si, Paul, c'est possible. Sombrer à Paris n'a pas la même gravité qu'ailleurs, et voir le PSG échouer n'a pas la même saveur pour les autres supporters. « *Soutenir le PSG depuis l'arrivée des Qataris, c'est tendance. Mais sous Colony Capital, ce n'était pas facile à vivre. Tout le monde se moquait de nous. On était la risée pour les autres. Et puis en face, s'ils pouvaient envoyer Paris en Ligue 2, ils n'allaient pas se gêner* », soutient Xavier Coulant.
Face à un PSG faible, ses adversaires en profitent pour l'affaiblir encore davantage. Voir Paris en difficulté génère forcément une forme de jouissance auprès du reste de la France. Une réalité selon Guy Lacombe, entraîneur du PSG entre 2005 et 2007 : « *Tous les clubs français veulent faire la peau du PSG, car c'est le club de Paris. Pour avoir été de l'autre côté du banc, je le sais parfaitement. C'est une réalité.* » À tous les niveaux, le PSG est donc chahuté. Déjà difficile à envisager, l'acceptation de l'échec le devient encore davantage lorsque arrivent, le lendemain de défaite, les remarques déplaisantes des collègues et amis.
« *Quand on perdait, je ne parlais à personne ou presque pendant deux jours. J'avais du mal à l'accepter. Au travail, il ne fallait pas me*

chambrer, ça partait au quart de tour. Je souffrais beaucoup à cette époque. Tout le monde se moquait de toi. Les autres supporters jubilaient, certains me disaient "Vous n'aurez jamais une grande équipe à Paris, vous ne gagnerez jamais rien"», s'agace Éric Bidault, alias « Giscard », le fondateur des Gavroches.

Pour les plus jeunes d'entre nous, pas facile non plus d'assumer le statut de supporter du PSG quand la barque tangue. «*Lorsque Paris perdait, j'avais le sentiment d'avoir échoué dans quelque chose. Cette sensation était stupide, mais impossible d'y échapper le lundi matin et j'en ai connu des lundis difficiles. Quand tu retournes au collège, ou au lycée, et que tu dois subir les moqueries de tes "amis" marseillais…* » se souvient Émilien Legras, devenu aujourd'hui journaliste. L'angoisse est permanente.

La Seine a de la chance elle, elle n'a pas de souci. Elle se la coule douce, comme le chantait Jacques Prévert. De chaque côté de ses rives, l'humeur est maussade, les maillots du PSG sont rangés dans les placards. Seuls ceux d'un homme paraissent dignes d'être portés. Un aigle tant aimé, porté par le vent, au milieu des mystères, des misères de Paris.

Pauleta, l'aigle qui nous réchauffe et veille sur nos soirées

Face à un tel désarroi collectif et notre marasme quotidien, un homme parvient étrangement à sortir du lot. Symbole de l'affection que le public parisien contient en lui, mais qui peine à s'exprimer en ces temps difficiles. Un attachement réciproque se fonde, se renforce et survit à un échec sportif cuisant. Une relation très singulière entre un capitaine, Pedro Miguel Pauleta, et le Parc des Princes. Parce qu'il porte en lui tout ce dont nous avons toujours aimé. Le talent, la sincérité et l'amour du maillot.

En finissant meilleur buteur du championnat avec quinze buts au compteur en 2007, puis en devenant le meilleur buteur de l'histoire du club devant Dominique Rocheteau la même année, Pauleta est une belle consolation pour un Parc des Princes sevré de plaisir. Un aigle qui ne fuit jamais la tempête. Passer devant Rocheteau, Dahleb, Susic, signifie beaucoup pour le public du Parc. «*J'ai beaucoup aimé Pauleta. Sportivement mais aussi humainement. Sa personnalité, très humble, proche des supporters... Il était là pendant les années galères et il a quand même porté le club*», résume Xavier Coulant.

En football, tout est affaire de contexte. Celui d'un club, d'un stade, d'une époque. Le contexte qui le voit lutter pour la survie du PSG dans l'élite n'empêche pas l'aigle des Açores de jouir d'un amour de ses supporters totalement irrationnel au vu de la tristesse des prestations parisiennes. «*Pedro... le personnage. C'était un mirage. Les grands joueurs, ce sont aussi de grandes personnalités. Sur le terrain et avec les supporters, c'était un être à part. Il était dans une période difficile. Il n'avait peur de rien, il tentait tout. Tu l'imagines aujourd'hui ? Il serait à 50 buts facilement*», explique Éric Krissi, empreint d'émotion lorsqu'il évoque notre ancien capitaine.

Discret, valeureux, touchant et buteur dans les grands rendez-vous, comme le 25 avril 2004 d'un lob somptueux face au Marseille de Barthez, le Portugais est surtout parvenu à rester lui-même durant ses cinq saisons au club (2003-2008), en ces temps de crises internes et sportives, et malgré les velléités de ses entraîneurs de le placer sur le banc de touche. « *C'était le seul joueur qui nous sortait de notre situation affreuse. À ses côtés, c'était très limité sur le terrain* », affirme Yacine Hamened, habitué lui aussi du virage Auteuil dont il était le chouchou.

Bras grands ouverts après chaque but pour ne jamais oublier d'où il vient[95], Pauleta est notre joueur préféré et notre relation est

95 Le symbole des Açores est un aigle.

idyllique. «*Marquer dans ce stade, c'est une sensation extraordinaire. À chaque fois que je suis rentré sur cette pelouse, j'ai ressenti comme une obligation de bien faire, de tout donner. Tous les joueurs du PSG devraient ressentir la même chose. Ce public du Parc mérite la victoire. Sa fidélité, sa présence méritent d'être récompensées. Je crois qu'il faut beaucoup de caractère pour jouer au PSG, pour jouer au Parc. Tu dois mériter le Parc. Incontestablement, le Parc est le plus beau stade de France, on ne peut pas dire le contraire, en toute objectivité*», confiait-il à Daniel Riolo dans un livre consacré à sa carrière.[96]

Une personnalité que confirme son ancien partenaire Jérôme Alonzo, gardien parisien de 2001 à 2008. Ayant évolué de nombreuses saisons avec lui, il voue un respect immense au buteur portugais : «*Il est le plus grand bonhomme que j'ai connu. Sans aucun doute et très loin devant tout le monde. C'est quelqu'un d'une qualité et d'une gentillesse extrêmes, professionnel et empathique.*»[97]

Un buteur hors pair, un capitaine exemplaire et un homme attachant, Pedro Miguel Pauleta faisait résonner la voix d'un Thierry Gilardi qui nous quittait l'année où le Portugais s'en allait du PSG, avec des souvenirs plein la tête.

L'angoisse des mercatos, la promesse de l'ombre : rien n'arrive jamais sauf la désillusion

Avant de connaître la joie, voire l'euphorie des mercatos égayés par les arrivées de Neymar et Mbappé, les plus de 47 000 supporters des travées du Parc endurent d'abord la déconvenue annuelle, celle des mercatos frustrants et malheureux sous Colony Capital. Celle qui avait le don de nous rappeler où nous en étions vraiment.

Alors que Yannick Noah, le sauveur du PSG dix ans plus tôt en Coupe d'Europe, fait danser les Français au rythme de «*Donne-moi une*

96 *Pauleta*, Daniel Riolo, Hugo & Cie.
97 Interview accordée à ParisUnited.fr.

vie » et « *J'y crois encore* », ses titres ne semblent pas vraiment convenir à la situation du moment porte de Saint-Cloud. L'espoir, de mise dans ses couplets et ses sourires, ne nous fait plus vraiment chanter. « *J'ai mal vécu la période Colony Capital car on avait l'impression d'avoir un actionnaire qui avait des moyens mais qui se trompait tout le temps dans le recrutement. On y croyait toujours, car on se disait que l'actionnaire n'était pas venu pour rien, qu'il avait un capital important. On pensait qu'il allait bien finir par recruter, car même dans ces années-là, il y a toujours eu des noms qui venaient animer le mercato. Finalement, on était souvent déçus. C'était dur* », confirme Yacine Hamened, encore rancunier.

Les sauvetages *in extremis* de fin de saison, les colères et les déceptions laissent rapidement place, sous le ciel d'été parisien, à un espoir presque naturel, empreint d'une naïveté de supporter, d'amoureux. Celui de périodes estivales qui se doivent d'être prometteuses pour ne pas revivre une saison semblable à celle qui vient de s'achever, c'est-à-dire douloureuse. Il n'en est pas question. Paris doit recruter pour avancer, mais pas n'importe comment. « *Quand Colony Capital est arrivé, j'ai entendu que le budget allait baisser. Il y a eu une erreur de stratégie, il fallait changer cet effectif et ça n'a pas été fait* », se souvient l'entraîneur du PSG en 2006, Guy Lacombe.

Entre 2006 et 2008, le PSG fait signer, entre autres, Mickaël Landreau, Grégory Bourillon, Didier Digard, Everton, Souza ou encore Pierre-Alain Frau. « *Chaque été, on attendait avec impatience le mercato. Ils nous faisaient à chaque fois espérer. Au final, ils faisaient signer des "seconds couteaux". Sans argent, c'était compliqué* », regrette Éric Bidault. Des seconds couteaux qui n'ont jamais su prendre la mesure du PSG, faire face au Parc des Princes et faire honneur au blason parisien.

Sébastien Bazin, actionnaire principal du club, visait la Ligue des Champions. Un souhait qui va rapidement devenir irréaliste. Avec une enveloppe moyenne annuelle inférieure à dix millions d'euros,

Paris ne peut rivaliser avec Lyon, Bordeaux ou encore Marseille. Les actionnaires injectent de l'argent, mais dans une masse salariale conséquente, dans l'effacement des déficits et de la dette du club, et dans des choix sportifs contestables. Notre chagrin est immense et le dépit omniprésent. Les rivaux triomphent, l'heure est à la joie dans le sud de la France, à la peine dans la capitale. Les maillots blancs dominent même certaines rues de la capitale, les rouge et bleu eux se font plus rares.

Face à cela, Robin Leproux, président du PSG entre 2009 et 2011, se souvient avoir tout tenté pour défendre les intérêts sportifs du club. «*Je comprenais mon actionnaire qui me disait: "On n'a plus d'argent. Il faut faire remonter de l'argent, il faut vendre la boutique des Champs, il faut vendre Mamadou Sakho, il faut vendre Stéphane Sessegnon qui a une offre à Sunderland..." Je lui répondais: "Écoute, moi j'ai eu des choses compliquées à faire au PSG, je me suis engagé pour le PSG et j'ai une vision de la défense du PSG. Tu me renvoies quand tu veux, mais sauf à ce que ce soit moi qui joue en défense centrale, on ne va pas vendre Mamadou Sakho". Moi président, je ne signe pas ces papiers-là.*»
Satisfaire son actionnaire ET ses supporters, la tâche n'est pas aisée. «*Je me souviens de cette phrase dont j'ai beaucoup appris. Un jour, Sébastien Bazin me dit: "Il n'y a pas d'alignement entre l'intérêt social et l'intérêt de l'actionnaire*», se remémore Robin Leproux. Une phrase qui résume parfaitement la déception capitale liée à l'échec sportif de la fin des années 2000. L'heure n'est donc plus au social, dans un pays qui ne cesse d'en réclamer.
Si l'arrivée du fonds de pension américain à la tête du PSG suscite dans un premier temps la curiosité, les supporters parisiens comprennent rapidement qu'il ne faut pas s'attendre à des mercatos flamboyants. Les mauvaises performances sportives au fil des saisons n'incitent pas les joueurs cotés à rejoindre la capitale,

instaurant un cercle vicieux, néfaste à notre équipe. « *Qui voulait venir jouer au PSG à cette période-là ? Aucun joueur majeur. C'était la désillusion permanente* », conclut Éric Krissi, pourtant resté fidèle à la tribune Auteuil jusqu'en 2010. Fragiles et orphelins d'une grande équipe, seuls les souvenirs glorieux d'antan et l'espoir d'un avenir meilleur nous maintiennent dans l'illusion que Paris peut encore redevenir magique.

Le club devient une nouvelle maison de retraite et se cherche

L'été 2008 marque un tournant au PSG. Peu après la saison noire qui vient de s'écouler et qui nous a vus nous maintenir *in extremis* en Ligue 1, c'est au tour de l'équipe de France de Raymond Domenech de chuter sévèrement lors du championnat d'Europe. La sélection nationale est à l'image du club de sa capitale, souffrante, malade, en quête de changement radical. Finalistes de la Coupe du monde deux ans plus tôt , les Bleus sont au plus bas, leurs supporters pleins d'amertume. Il semble déjà loin le but de Thierry Henry face au Brésil en 2006. S'il faudra patienter avant de voir la fédération française opérer un changement de cap, le PSG, lui, ne peut se permettre d'attendre. Le club décide de changer drastiquement sa politique sportive. Exit la « *politique des jeunes* », le PSG a besoin d'expérience pour maintenir le navire à flots.
Alain Cayzac n'est plus là. Il a fait de son mieux à la tête de son club, peut-être avec trop de passion. Unanimes, l'ensemble des supporters ne souhaitent pas revivre les deux saisons cauchemardesques qui viennent de s'écouler. Un grand chambardement s'impose. « *C'était absolument nécessaire. Il fallait arrêter les erreurs de mercato avec des joueurs incapables de passer le cap à Paris en raison de la pression. On parlait d'âge, mais pendant des années, en Italie, les joueurs ont joué jusqu'à un âge élevé* », rappelle Yacine Hamened.

Car qui dit expérience dit forcément âge avancé. Le nouveau président de l'époque et ancien journaliste à TF1, Charles Villeneuve, en accord avec l'entraîneur Paul Le Guen, décide de faire appel aux plus anciens. « *Paris est la capitale mondiale la plus prestigieuse du monde. Paris qui n'a pas un grand club, ce n'est pas possible. Ma cible, dès le départ, c'est Claude Makélélé, un véritable essuie-glace. Mais Claude est un silencieux, un homme qui ne parle pas trop. Et puis il y a Ludovic Giuly, un boute-en-train formidable, toujours de bonne humeur, jamais animé par la jalousie ou la revanche. Chaque matin, il arrivait et disait "On va gagner ce soir, président", on n'avait pas de match mais ce n'est pas grave (rires). C'était Giuly...* » nous confie Charles Villeneuve, président du PSG entre mai 2008 et février 2009.[98]

Les très expérimentés Claude Makélélé (35 ans) et Ludovic Giuly (32 ans) signent au PSG en 2008, avant que l'ancien gardien de l'équipe de France, Grégory Coupet (36 ans) ne les rejoigne un an plus tard. L'effectif prend un coup de vieux, mais nous sommes aux anges. Ces figures nous parlent, nous rassurent et nous ont fait rêver à la télé par le passé.

Le PSG tient sa maison de retraite, selon beaucoup d'observateurs. Nous nous en fichons. Cette maison de retraite semble indispensable pour remettre le club de la capitale sur de bons rails. Alors que le film *LOL* de Lisa Azuelos fait un carton au box-office, l'heure n'est plus à la rigolade. « *On sent que le club va un peu mieux. Quand tu recrutes un joueur comme Makélélé, tu sais que tu ramènes du poids au milieu. Il avait la niaque. Il y avait de l'espoir car le club remontait* », se souvient Éric Krissi, soulagé.

Emmené par ses joueurs d'expérience et ses nouvelles recrues (Guillaume Hoarau, Stéphane Sessegnon), le PSG convainc rapidement, pour le plus grand plaisir d'un public qui peut enfin

98 Interview accordée à ParisUnited.fr.

respirer. «*L'arrivée de Charles Villeneuve au poste de président apporte un nouveau souffle. Un recrutement ciblé, des résultats en hausse et on se reprend à rêver d'exploit européen. J'ai un souvenir tellement heureux de cette période*», se remémore Émilien Legras.
Les résultats s'améliorent, plus vite qu'escompté. Peut-être un peu trop vite même. C'est le moment où les mâchoires se crispent de nouveau, où les regards voilés viennent surpasser les sourires. Si l'engouement ressenti est bien réel, l'ascension fulgurante du PSG, le menant à la deuxième place du championnat avant le *clasico* contre Marseille le 15 mars 2009, laisse vite place à une déception majeure, une de plus.
«*Mon pire souvenir sportif, c'est la saison 2008-2009. On reçoit l'OM au mois de mars et si on les bat, on passe en tête du classement. Dans l'après-midi, Lyon perdait contre Auxerre à domicile (0-2), donc si on gagnait on était premiers, sachant qu'on les avait battus à l'aller (2-4). On se dit que ça y est, c'est bon, c'est notre année. Et on perd 3-1… À partir de ce moment-là, on dégringole et on termine 6e, même pas qualifiés pour la Coupe d'Europe*», retrace Mathieu Zagrodzki, abonné de nombreuses années au sein du Kop de Boulogne.
Rien n'y fait, Paris n'y arrive pas. Le titre nous passe sous le nez. Le top 5 aussi. L'ascenseur émotionnel est immense, encore. Alors qu'il envisageait, plus que jamais depuis l'arrivée de Colony Capital, le titre de champion de France, ou du moins le podium, le PSG voit sa belle dynamique complètement anéantie par le rival marseillais. Le destin des supporters parisiens semble être lié à une déception permanente, dans laquelle le moindre espoir est inévitablement contrarié. Dans ce contexte, le succès et le bonheur ne peuvent être qu'une parenthèse, incapable de faire oublier les maux qui frappent le club depuis bien trop d'années. La désillusion reprend toujours le pas, ne laissant l'illusion perdurer que de manière temporaire. Il faut alors sauver la face et survivre, face à la peur de tout perdre.

2. LA PEUR DE TOUT PERDRE, L'ENFER DE NOS DIMANCHES

Le « syndrome du Parc », quand la défiance s'installe face à des joueurs trop petits pour le club

L'arène éternelle ne pardonne rien. Rien n'a jamais été facile pour le PSG, rien ne lui a été épargné depuis sa création. Notre club est voué à être chahuté, tourmenté. C'est son histoire. Alors, quand ses joueurs semblent trop fragiles, ils sont rattrapés par ce contexte et cet environnement impitoyables. Évoluer aux côtés du PSG demeure une aventure exigeante, pour les joueurs, pour les supporters... pour tout le monde.

En ce sens, il faut le reconnaître, le Parc des Princes est un antre intraitable. Faire face au Parc, son ambiance électrique mais parfois pesante, n'est guère aisé. Sa ferveur incroyable, et son hostilité qui peut l'être tout autant quand les choses tournent mal. Pour sa première saison sous l'ère Colony Capital, le PSG se classe dix-huitième équipe à domicile, comme paralysé par le fait de jouer à la maison. C'est l'avènement du « syndrome du Parc », dont l'apogée interviendra fin 2007.

« *Le poids du maillot du PSG, avec la pression du public, cela peut rendre des joueurs mauvais alors qu'ils sont bons partout ailleurs. Ce phénomène est amplifié quand en plus tu joues le maintien* », analyse Xavier Coulant, abonné en tribune Boulogne durant les années sombres du club. Le maintien, il en est question en 2007 et 2008. Alors qu'il se sauve en fin de championnat en 2006-2007, le PSG débute la saison qui suit de manière hideuse, en raison notamment d'une incapacité invraisemblable à engranger la moindre victoire à domicile durant toute une moitié de saison.

Faute de résultats positifs, les joueurs parisiens, notamment les plus jeunes à qui l'entraîneur Paul Le Guen accorde un grand crédit, sont en perte totale de confiance. Un cercle vicieux accentué par l'intransigeance de notre public. « *Il y a une pression différente à Paris. C'est l'un des points communs avec Marseille. Il y a une atmosphère différente vis-à-vis des médias et des supporters. Quand Paris perd un match, ce n'est pas comme quand Lyon perd un match. Les joueurs présents n'ont pas réussi à se sortir de la pression négative qu'il y avait sur eux. On avait un public énervé et agacé. On était dans une spirale de défaite, avec une équipe qui ne fonctionnait pas. On a d'ailleurs senti quelques tensions en tribune Auteuil, moins de fraternité. Le public parisien a du mal à gérer la défaite* », note Éric Krissi.

Une analogie avec le rival marseillais qu'observe également Éric Bidault : « *C'est un peu comme à Marseille, quand ça va mal, une mauvaise dynamique s'installe. Les joueurs étaient tétanisés à l'idée de descendre en Ligue 2, ils ne voulaient pas en être responsables. Au final, cela les rendait fébriles sur le terrain.* »

Les joueurs ressentent ce poids et enchaînent les déconvenues à la maison. Du Parc, on les observe incertains, inquiets, hésitant dans leurs gestes. On culpabilise même. Le Parc est au summum de son agacement quand intervient, en guise de triste symbole, la grossière erreur de la nouvelle recrue Marcos Ceara, le 1er décembre 2007, offrant la victoire aux Caennais (1-0) en fin de rencontre au Parc des Princes. Son contrôle raté, sans raison, respire la crainte, la peur que lui inspire le Parc.

Lors de ce match, les supporters des virages avaient qui plus est boycotté le premier quart d'heure de jeu en signe de mécontentement. Face à la défiance, au boycott et aux chants contestataires à leur égard, du type « *Une équipe de merde, une équipe de merde, on a, on a, une équipe de merde* », les joueurs rouge et bleu sont pris dans un engrenage duquel ils ne parviennent pas à sortir.

Les raisons de cette situation dramatique sont nombreuses. Pour Guy Lacombe, coach du PSG entre 2005 et 2007, il y en a une essentielle. Il s'agit des joueurs qui composent cet effectif. « *C'est un club qui demande beaucoup d'exigences, il faut être très fort pour jouer à Paris. Un joueur moyen, il a du mal au PSG, car c'est très contraignant sur le plan psychologique. Il faut assumer sur le terrain le maillot que vous portez. C'est difficile de porter le maillot du PSG quand ça tangue. On avait des bons joueurs, mais pas des joueurs adaptés au PSG. Regardez Paul [Le Guen] ensuite, tant qu'il n'a pas changé le groupe, il a continué à jouer le maintien. C'est la troisième année, quand il a changé le groupe, qu'ils sont revenus à la sixième place* », rappelle-t-il, lui qui a subi de plein fouet l'atmosphère tumultueuse du Parc des Princes.

Une situation invivable pour l'ensemble des acteurs du club. La position sportive du PSG se détériore au fil des semaines, sous nos yeux impuissants, stupéfaits, et chacun voit le club de la capitale se diriger tout droit vers la Ligue 2. L'influence du Parc est incommensurable. La descente aux enfers semble inéluctable et la hantise prend le pas sur tout autre sentiment. Paris est tout proche de quitter pour la première fois de son histoire la Ligue 1. Il ne reste plus qu'à espérer un miracle...

La peur de descendre : Sochaux, mai 2008, les supporters face à l'abîme et au vide existentiel

Entre-temps, il nous faut dire adieu à un grand homme, peut-être le plus important de notre histoire. Les plus anciens et les plus nostalgiques le pleurent encore à l'aube des 50 ans du club. Francis Borelli nous quitte le 2 octobre 2007. « *C'est mon amour, c'est ma passion. Tout ce qui vient du Paris Saint-Germain m'enchante. J'ai presque envie de vous dire que je suis souvent triste. J'ai connu des moments merveilleux, extraordinaires, mais c'est vrai que là je me sens un peu mal à l'aise parce que je sais que plus jamais je ne pourrai travailler, m'amuser, vivre avec le PSG.»* Ces mots résonneront à tout jamais en nous, ceux de cet homme frappé par le syndrome de l'amour du Parc, l'homme de nos premières gloires.

Revenons à cette saison dramatique. Avril 2008. Le poisson est cette fois-ci bien réel. Après une défaite 3-0 à Caen (34ᵉ journée), Paris est 18ᵉ, à trois points de Toulouse et Lens, 16ᵉ et 17ᵉ. C'est la débâcle de trop. La Ligue 2 fait plus que nous pendre au nez. Elle semble nous attendre. Certains supporters craquent et, la nuit qui suit le match, vont dégrader les voitures des joueurs au Camp des Loges et inscrire sur les murs ce tag terrible: «*Si on descend, on vous descend*».
L'ambiance est irrespirable autour du club. «*C'était horrible. C'est plus difficile de vivre ça que de jouer la première place jusqu'à la dernière seconde du dernier match. Moi je ne dormais plus la semaine, je ne pensais qu'à ça tous les jours. Je ne regardais plus les émissions foot, les journaux... J'évitais les potes qui n'étaient pas pour Paris. T'as perdu donc t'es pressé d'être le week-end d'après pour te rattraper et le week-end suivant tu perds à nouveau...*», raconte Éric Bidault.
Relégable à deux journées de la fin, Paris reçoit Saint-Étienne lors de la 37ᵉ journée. L'ambiance d'avant-match est pesante et l'heure n'est plus au plaisir de se rendre au Parc, mais au devoir. L'atmosphère est grave dans les coursives du stade. La ferveur, quant à elle, attendra l'improbable but égalisateur du pied droit de... Jérémy Clément. Les miracles existent. «*Très honnêtement, l'explosion dans le Parc, j'ai cru que le stade allait s'effondrer. Moi-même j'ai hurlé tellement fort que je me suis auto-assourdi. J'avais les oreilles qui sifflaient pendant 15 minutes ensuite. C'était une telle jubilation collective que c'est probablement le moment le plus fou que j'ai vécu au Parc*», se remémore avec émotion Mathieu Zagrodzki.
Rarement le Parc des Princes, plein à craquer, a fait autant de

bruit, preuve de l'immense soulagement que représente ce but qui évacue, au moins pour un instant, l'angoisse présente dans le cœur des 45 353 spectateurs. « *Je me voyais en Ligue 2, honnêtement. L'avant-dernier match contre Saint-Étienne au Parc était incroyable. Quand Jérémy Clément égalise, il y a eu un bruit dans le stade, c'était hallucinant. Tu sentais le Parc qui explosait. On voyait bien que le club jouait sa survie* », relate Xavier Coulant, présent lui aussi en tribune Boulogne ce soir-là.
Paris arrache le match nul et sort de la zone rouge. Le capitaine Pauleta fait ses adieux au Parc et fond en larmes au micro de Michel Montana, speaker du club. Celui-ci s'en souvient parfaitement : « *Pauleta m'en avait parlé, c'était terrible pour lui. À la fin, c'était une délivrance. Après Raí, lui aussi a versé sa larme quand je lui ai donné le micro* », nous dit-il. Le Portugais prend le soin d'embrasser une dernière fois la pelouse, « *cette terre bénie du Parc* » comme l'appelait le regretté Francis Borelli, avant une dernière mission, celle de sauver le PSG au stade Auguste-Bonal, à Sochaux.

« *Depuis que je suis journaliste, je n'ai jamais autant été supporter du PSG que l'année où ils ont failli tomber en Ligue 2 avec ce match à Sochaux. Je ne pouvais pas imaginer la Ligue 1 sans mon PSG* », confie le consultant Pierre Ménès. C'est inconcevable. Le club de la capitale, qui a son destin en main avant la dernière journée, ne peut pas chuter et quitter la première division. Les jours qui précèdent le match sont horribles pour nous tous. Jamais nous n'avons autant aimé le PSG. « *La semaine précédente était très dure. Le match en lui-même est horrible à vivre, car tu es aussi dépendant du résultat des autres. Quand Sochaux égalise, tu te dis que c'est à l'image de ce qu'il se passe au PSG depuis quelques saisons. Tu vois le scénario catastrophe arriver. Pour nous, le PSG ne pouvait pas aller en Ligue 2, le club aurait disparu. Amara Diané a un vrai rôle dans l'histoire du PSG.* » Habitué du virage Auteuil, Yacine Hamened ne s'y trompe pas.

Dans une tension palpable, Amara Diané prend les choses en main et ouvre le score en première mi-temps. Sochaux égalise à un quart d'heure du terme et le PSG est dans une situation critique, on ne peut plus proche de la Ligue 2. « *C'est irréel. On se demande d'où on revient. Le poids qui pesait sur ce match-là était dingue. Au Parc aujourd'hui, tout le monde te parle de Diané, même ceux qui ne l'ont pas connu. Si on était descendus, il aurait fallu tout reconstruire et reconstruire Paris, ça aurait été compliqué. On aurait beaucoup souffert* », assure Éric Krissi.
Le climat est irrespirable. Alain Cayzac, qui n'est plus président depuis quatre rencontres, est dans un état de stress tel qu'il ne peut suivre le match seul, chez lui. « *J'ai regardé le match avec mon ami Christophe Chenut dans sa maison de campagne. Je n'en pouvais tellement plus à la fin, avec la sonnerie du multiplex de Canal, que je suis sorti, avec mon téléphone à la main. La passion m'a empêché de voir la fin. Au milieu des ânes, je passais des coups de fil à mes enfants pour savoir ce qu'il se passait et si on allait descendre en Ligue 2 ou non.* »
La Ligue 2, Paris ne la connaîtra pas. À sept minutes de la fin, l'attaquant ivoirien double la mise d'un but atypique, où la balle, de façon absolument interminable, finit par franchir la ligne du but de Teddy Richert. Paris s'impose 2-1 à Sochaux. Le miracle a eu lieu, le PSG reste en Ligue 1. « *C'est mon plus beau souvenir. J'ai authentiquement pleuré de joie. J'en ai encore des frissons plus de dix ans après* », témoigne Aurélie Gascon, enseignante et supportrice historique du PSG.
Après le match, les joueurs filent fêter le maintien, tel un titre, avec le parcage des supporters parisiens. La joie et le soulagement sont immenses, à tel point que Pedro Miguel Pauleta s'effondre en larmes dans le vestiaire. Nous aussi. Le cœur a pris le pas sur la raison. Nous ne savons plus vraiment où nous sommes, excepté en Ligue 1. Le capitaine prend sa retraite. Il peut quitter le club en paix.

La peur de disparaître : un mort de trop

Il est des choses que l'on refuse d'admettre, qui dépassent la sphère du football, celle qui nous emmène un week-end sur deux dans le 16e arrondissement de la capitale, qui nous fait bavarder en terrasse des cafés, qui nous fait écrire ces lignes et ce récit. Le PSG est maintenu et le pire semble avoir été vécu. Une illusion, comme souvent porte d'Auteuil.

Alors que le Ranelagh propose les meilleures adaptations de l'ouest parisien, le Parc des Princes semble être le théâtre d'une mauvaise pièce. Le PSG doit faire face à un autre souci majeur. Celui qui gangrène ses deux virages, Auteuil et Boulogne, depuis bien trop d'années désormais ; celui qui déchire la famille PSG pourtant essentielle à nos yeux, alors que la France, elle, est en proie aux terribles émeutes des banlieues.

En conflit ouvert depuis le début des années 2000, en raison notamment d'idéologies divergentes et d'éléments radicaux émanant des deux tribunes, celles-ci voient certains de leurs membres en venir aux mains fréquemment, s'affronter lors de rixes insupportables, en déplacement ou aux abords du Parc des Princes. Nos couleurs sont entachées et la capitale voit rouge.

À ce sujet, relater un seul point de vue, qui plus est en toute objectivité, paraît impossible. Les avis et témoignages recueillis divergent en fonction de la tribune, des expériences, des fonctions et du statut de chacun. De nos expériences personnelles aussi. Il n'y a pas une seule vérité, ni une seule manière de la raconter. Seuls les deux décès qui ont frappé notre club demeurent malheureusement de strictes vérités. Ils font partie d'une histoire que nous devons affronter, et accepter.

C'est donc l'histoire de deux tribunes devenues antagonistes au fil du temps. Les raisons sont tout sauf liées au football. C'est bien ça le pire. D'un côté l'historique Boulogne, celle qui restera

comme la première « tribune phare » du Parc, celle que l'on a aimé aimer durant des années. Influencée par la culture britannique du supportérisme, elle comporte en son sein des éléments radicaux, tels que les skinheads, qui vont progressivement altérer le Kop de Boulogne en une tribune réputée nationaliste. En face, le virage Auteuil, ayant émergé dans les années 90 sous l'ère Canal+, dont l'ambiance est rapidement devenue l'égale de celle de Boulogne grâce à des tifos et chants impressionnants. Se revendiquant cosmopolites et frontalement opposés à l'idéologie d'en face, les « black-blanc-beur » d'Auteuil subissent aussi les violences de certains de leurs membres, qu'ils soient indépendants (non-membres d'une association de supporters) ou hooligans. On ne cessera de le répéter, rien n'est jamais facile au PSG.
« *Les Tigris Mystic*[99] *avaient mis "L'avenir est à nous" en banderole à l'occasion de leurs dix ans, en mars 2003. Nous, on s'en moquait. Le problème, c'est qu'ils avaient dit aux Lutèce Falco et aux Supras Auteuil*[100] *: "De toute façon on va virer Boulogne, on va tous les défoncer". Mais ils ne savaient pas qu'on était en contact avec les Lutèce Falco et les Supras Auteuil, car nous avions de bons rapports par le passé. Du coup, dès qu'il y avait des déplacements avec les Tigris Mystic, cela finissait toujours mal* », relate Éric Bidault, fondateur des Gavroches.
Entre la volonté d'imposer ses idées, et celle tristement naturelle d'être le plus fort, la tribune hégémonique du Parc, la cohabitation devient vite impossible et l'atmosphère volcanique. Provocations verbales, affrontements physiques, le milieu des années 2000 voit les deux camps se livrer une guerre sans merci. Sous nos yeux impuissants. Parler de « camps » est d'ailleurs d'une tristesse, s'agissant de notre PSG...
En déplacement, au Parc ou même en pleine semaine à l'occasion de divers rassemblements, les franges radicales des deux tribunes

99 Groupe de supporters du virage Auteuil, créé en 1993.
100 Autres associations de supporters du virage Auteuil.

s'affrontent, aboutissant à une violence récurrente et une situation toujours plus incontrôlable. Du côté d'Auteuil, on dénonce les propos racistes de Boulogne. Dans le camp inverse, ce sont les «*racailles d'Auteuil*» qui sont accusées de provocation. L'apaisement semble impossible. L'issue n'existe pas.
«*Cela a été un grand virage dans ma vie. Ça m'a fait super mal. J'ai toujours considéré que le PSG était une famille, peu importe les opinions politiques, les couleurs, etc. La rivalité Auteuil-Boulogne, je l'ai très mal vécue. Je ne voulais plus aller au Parc, j'étais fâché avec la famille. J'ai trouvé ça abominable. Je pense même que j'aurais pu décrocher à ce moment-là. Je pensais que le club était sur le point de mourir*», confie Daniel Riolo.
Et ce qui aurait dû ne jamais arriver, mais qui semblait pourtant de plus en plus inéluctable, arriva. La conséquence sanglante d'un conflit fratricide entre supporters parisiens, entre individus aimant le même blason.

Le 23 novembre 2006, le PSG reçoit l'Hapoël Tel-Aviv en Coupe de l'UEFA. À l'issue de la rencontre, Yaniv Hazout, supporter des deux équipes, est insulté et pourchassé par plusieurs individus. Il trouve secours auprès d'un policier, mais ce dernier est violemment chahuté et tire une balle qui tue Julien Quemener (25 ans), habitué de la tribune Boulogne. Abonné dans la même tribune cette année-là, Pascal Jeanne se souvient de l'atmosphère qui régnait au sein du virage: «*Il y avait une ambiance étrange et malsaine ce soir-là. C'est un très mauvais souvenir*», se remémore-t-il tristement.
«*Je suis bouleversé parce que c'est la première fois dans l'histoire du club qu'il y a un mort. C'est la période la plus dramatique et la plus triste de ma carrière de dirigeant*», déplore Alain Cayzac.
Le Parc, notre jardin préféré et ses tribunes habituellement festives et colorées, deviennent d'un seul coup ternes et sans saveur. Son ambiance est morose et rien ne semble fonctionner correctement.

Un premier drame et une première alerte – c'est un euphémisme – pour le PSG et ses supporters. Malgré cela, les affrontements se poursuivent entre « supporters » parisiens qui ne parviennent décidément pas à cohabiter, jusqu'au point de non-retour atteint le 28 février 2010, qui vient sonner le glas des deux virages du Parc des Princes.

Ce soir-là, Paris reçoit Marseille dans une atmosphère insupportable. En raison des incidents survenus lors du match aller, les supporters olympiens ne peuvent effectuer le déplacement dans la capitale. Sans rival commun, des supporters d'Auteuil et de Boulogne décident de s'affronter entre eux et d'en découdre, donnant aux alentours du Parc des Princes une allure de terre d'affrontement, puis de no man's land. Nos camarades de la tribune Paris ne peuvent accéder à leur siège tranquillement, tant la tension est palpable dans cette zone. Les forces de l'ordre leur déconseillent l'accès au stade et nous voici plongés au cœur de la tragédie. Les émeutiers font davantage entendre leur haine que l'on entend les chants du PSG. C'est le soir de la honte. Les plus jeunes d'entre nous ne comprennent pas ce qui est en train de se dérouler sous leurs yeux.
Au milieu de ces échauffourées, Yann Lorence, 37 ans et membre de la Casual Firm, l'une des franges les plus radicales de la tribune Boulogne. Ce soir-là, aux abords du virage Auteuil, il est grièvement blessé et plongé dans un coma artificiel. Éric Bidault, alias « Giscard », était présent lors de ce PSG-OM. Assis avant la rencontre en terrasse du café Les Trois Obus, porte de Saint-Cloud, il se souvient avoir été alerté des violents incidents se déroulant près du Parc des Princes : *« Je sortais des Trois Obus et le président des Gavroches me dit "il y a une bagarre vers Auteuil avec des mecs de Boulogne. Il y a Yann, je crois qu'il n'est pas bien, il est dans le coma." Yann je le connais bien, je me demande ce qu'il a été faire à Auteuil.*

Certains disent que les mecs d'Auteuil l'ont reconnu et se sont jetés à 15-20 dessus. C'est un concours de circonstances aussi. Si les Marseillais avaient pu faire le déplacement, les autorités auraient bloqué l'accès entre Boulogne et Auteuil. »

Yann Lorence succombe à ses blessures quelques semaines plus tard. C'est un deuxième mort de trop pour le PSG. Après Julien Quemener en 2006, une deuxième personne est tuée aux alentours du Parc des Princes. Le PSG s'incline 3-0 face à l'OM, mais qu'importe. Le football est dérisoire. Notre terre bénie devient, le temps d'une soirée et des semaines qui suivent, une terre réprouvée par tous.

« *C'est mon pire souvenir dans mon histoire avec le football. On a le malheur de voir ce mort. En tant qu'entraîneur, et cela fait partie de mon rôle, j'ai dû affronter et rencontrer le deuil des parents, de la famille. C'est atroce pour sa famille, ce n'est pas l'image que l'on se fait du football. Être entraîneur du club dont je suis amoureux, et savoir que l'un de mes supporters perd la vie, c'est horrible. J'ai assisté à cela, vécu les rencontres avec les supporters, les forces de police, les familles, je suis allé à l'hôpital… Les gens pensent qu'en tant qu'entraîneur, on n'est pas concerné, mais c'est complètement faux. Je l'ai encore en tête et cela restera gravé à jamais. Vous jouez un match et vous voyez vos supporters s'en prendre les uns aux autres. Ce n'est pas possible… Voir ça tous les week-ends, c'était insupportable* », témoigne, encore affecté, l'entraîneur du PSG de l'époque, Antoine Kombouaré.

L'irréparable est commis. Le club ne peut continuer à vivre de la sorte, sinon il disparaîtra.

L'angoisse d'un stade vidé de nos ultras : le plan Leproux, une réponse difficile à accepter mais nécessaire

« *Souvenez-vous des discours des politiques, de certains journalistes qui disaient : "Il faut dissoudre le PSG". C'est vers cela que l'on se dirigeait.*

Il ne faut pas oublier que des supporters se sont entretués et que notre club allait disparaître », rappelle avec gravité Robin Leproux, président du PSG entre 2009 et 2011. Nous, supporters, vivons dès lors au rythme de la presse papier, des journaux télévisés et ce bien avant l'avènement des chaînes d'information, afin de savoir ce qu'il allait advenir de notre Parc, voire de notre club.

Plus rien ne compte, excepté l'avenir du PSG. L'heure est on ne peut plus grave. Moins de deux ans après avoir frôlé la descente en Ligue 2, le PSG est à nouveau confronté au pire. La capitale titube sous les yeux d'une France stupéfaite. La mort de Yann Lorence est un choc pour tout le monde, nous les premiers.

Les pouvoirs publics décident en conséquence de frapper fort et de dissoudre les associations d'ultras présentes dans les virages du Parc. C'est radical, diront certains. Une décision lourde de conséquences, au grand désespoir des historiques des virages. « *L'idéal aurait été d'identifier les 200, 300 violents et les interdire de stade pendant des années. À cause de ces personnes, il y a deux virages qui ont souffert et ont été sanctionnés* », se désole Éric Bidault. Un amalgame et une sanction collective qu'a toujours regrettés Alain Cayzac : « *Je n'admets pas l'amalgame réalisé entre les deux ou trois cents individus qui se sont comportés de façon intolérable, indéfendable, inadmissible [...] et les 99 % de supporters du PSG, de bons supporters, corrects, enthousiastes et joyeux. Ça m'insupporte de lire ou d'entendre que le hooliganisme, c'est à Paris et nulle part ailleurs* », affirmait-il[101] après le drame de PSG-Hapoël Tel-Aviv en 2006.

De son côté, le président du club Robin Leproux instaure le tristement célèbre plan qui portera son nom, caractérisé par le placement aléatoire en virage et la suppression temporaire des abonnements à Auteuil et Boulogne. L'objectif est clair :

101 *Passion impossible*, Alain Cayzac, éditions du Moment.

promouvoir la mixité en tribune et éviter les rassemblements massifs et dangereux en virage. *«Il faut l'assumer, ne pas se défiler. Je dois régulièrement m'en justifier et c'est normal. Quand j'ai décidé ce plan, j'avais réuni les groupes de supporters avec des médiateurs. Je leur avais dit: "Proposez-moi quelque chose, des solutions, car de toute façon moi je vais en prendre, des décisions." Et il y avait zéro idée. Ils auraient continué à s'entretuer. Je me suis dit qu'on n'allait s'en sortir que si on se mélangeait au Parc. C'était ça l'idée. Il fallait dissoudre l'implantation géographique funeste. Les derniers matchs, ils s'insultaient entre eux et s'ils avaient pu à nouveau s'approcher, ça aurait recommencé. Moi, le seul truc que je pouvais faire, c'était organiser les places au Parc des Princes. Donc je mélange tout le monde avec le fameux "aléatoire"»*, nous explique Robin Leproux, d'un air fataliste, lui qui fréquente le Parc des Princes depuis les débuts du PSG et se dit très attaché au club de sa ville.

Une réponse nécessaire face à la gravité de la situation, mais pour autant difficile à accepter pour les fidèles du Parc. Le plan Leproux, depuis sa mise en œuvre, résonne comme un cauchemar pour beaucoup d'habitués des virages de l'antre rouge et bleu. Se sentir sous la tutelle d'un système mettant fin à des années de fraternité en virage est inenvisageable pour eux. *« Sur le moment, nous étions en colère. On n'était pas des voyous. On a tous pris pour une minorité. J'étais furieux, on était tous traités comme des délinquants. Il fallait certainement un électrochoc, mais quand tu étais en tribune à ce moment-là, tu ne le comprenais pas »*, déclare Éric Krissi, abonné en tribune Auteuil jusqu'en 2010.

Abonné de l'autre côté, au Kop de Boulogne, entre 2007 et 2010, Xavier Coulant a pu côtoyer de nombreux membres d'associations de supporters. Pour lui, ces mesures ont complètement bouleversé les « historiques » de ces associations. *« Quand on a appris le plan Leproux, on était sidérés. On savait que le Parc ne serait plus jamais pareil. Pour certains, qui ont passé une partie de leur vie au Parc et en déplacement, c'était comme une dépression. C'est une partie de leur vie qui s'arrêtait»*, assène-t-il, concédant toutefois aujourd'hui une part de légitimité à ces mesures. Désespérés, certains supporters essaient même de convaincre le staff et les joueurs de prendre parti pour les désormais anciens abonnés. Alors coach du club, Antoine Kombouaré s'en souvient très bien. «*Pendant le plan Leproux, nos supporters nous mettaient la pression pour qu'on influence les décisions, mais nous on se contentait de jouer des matchs de football.*»

Le placement aléatoire, c'est aussi pour les supporters la fin des rassemblements, des chants, des grosses ambiances qui faisaient la magie du Parc. Un plan qui tourne la page du Parc d'antan. Un triste symbole, l'année des 40 ans du PSG.

Pourtant, pour voir survivre puis grandir le club, la décision semble inéluctable. «*J'ai trouvé cette idée-là dans un premier temps. Quand on commandait les places, on pouvait aller jusqu'à sept ensemble la première fois, puis dix. Alors oui, il y avait peut-être des mecs d'Auteuil ou de Boulogne à côté de vous. Oui mais les gars, soit votre club disparaît, soit à un moment donné vous acceptez temporairement cela, le temps que l'on parvienne à sortir le club de cette situation. Au moins, on est arrivés à un résultat. Le club n'aurait jamais pu être vendu aux Qataris si on était restés dans une tension comme celle-ci. Je pense franchement qu'il aurait disparu*», insiste Robin Leproux, qui dit respecter profondément la culture ultra et leur place dans l'histoire du club, «*tant qu'ils ne sont pas ultra-violents*».

Prendre des mesures, aussi contestables qu'elles aient pu apparaître à l'époque, était finalement non seulement nécessaire, mais même indispensable. Le prix à payer est rude: parallèlement à ses membres les plus violents, le Parc des Princes voit disparaître les Supras Auteuil, les Authentiks, les Gavroches et toutes les autres associations qui rendaient son ambiance singulière et magique depuis des années. Ceux que l'on aimait tant regarder et admirer étant petit. Une chose que *« n'aurait pas pu, n'aurait pas voulu et n'aurait pas su faire »* Alain Cayzac.

La fin des grands soirs, le temps de la colère

15 mai 2010. Paris reçoit Montpellier lors de la 38e et dernière journée de championnat. L'heure pour les abonnés des virages de dire adieu au Parc des Princes, un stade que certains d'entre eux côtoient depuis des années, des décennies. L'ambiance est pesante, la peur de voir à nouveau tout déraper se fait sentir durant la rencontre.
L'adieu est déchirant. Aucun incident n'est à signaler, hormis l'allumage de nombreux fumigènes en fin de rencontre au sein du virage Auteuil, contraignant l'arbitre à interrompre le match. Il faut quitter la maison dans la lumière, alors les feux de Bengale s'enchaînent et les chants en l'hommage du virage, du PSG, et hostiles au reste se multiplient.
À l'issue de la rencontre, des supporters d'Auteuil, de Boulogne et des quarts de virage ne quittent pas le stade et décident de rester à leur place jusque tard dans la nuit. Une manière pour eux de protester contre les nouvelles mesures prises à leur encontre et de défendre les abonnements en virage au Parc des Princes ; en vain.

La saison suivante voit les près de 10 000 abonnés d'Auteuil et Boulogne écartés de leur virage. Beaucoup sont nos camarades, nos frères, nos amis, de simples supporters passionnés, privés de leur seconde maison après tant d'années à s'y être rendus chaque week-end, après une fidélité à toute épreuve. Le Parc semble abattu. Il s'en relèvera, comme toujours au PSG.
La plupart des anciens abonnés évincés refusent de continuer à aller au Parc sous les nouvelles conditions d'attribution de places. Une erreur stratégique pour l'avenir des groupes de supporters

selon Éric Bidault, président des Gavroches, association dissoute du Kop de Boulogne : « *Il ne fallait pas abandonner. J'avais dit à tout le monde de continuer, même si le placement est aléatoire. Des mecs de Boulogne auraient été à Auteuil, et inversement, et ça n'aurait pas fonctionné. Ils ne se seraient pas entendus. Le club se serait dit "on revient en arrière, on ne fait pas ça". Contre Dortmund en Coupe d'Europe, je me suis dit "ce n'est pas possible, on est à Dortmund là"* », témoigne-t-il, attristé par cette évolution.
Le Parc des Princes change de visage, de manière drastique. L'affluence baisse, tout d'abord. En 2010-2011, le PSG n'accueille en moyenne que 29 317 spectateurs, soit le pire total depuis la saison 1993-1994. Déserté de tous ses anciens ultras ou presque, qui, écœurés, ne se reconnaissent plus dans le Parc qu'ils ont tant côtoyé et aimé. « *L'année après le plan Leproux, le stade était assez vide, il n'y avait plus d'ambiance. Je ne suis pas retourné au Parc depuis. Je n'ai pas aimé les décisions prises car ça a complètement supprimé l'ambiance. C'est ce qui me plaisait au Parc, ce qui a bercé ma jeunesse. J'étais très triste* », affirme Xavier Coulant, abonné à Auteuil entre 1995 et 2000, puis à Boulogne entre 2007 et 2010. La maison a changé, Paris n'est plus la fête d'Hemingway.
Alors, quand contre Dortmund en Coupe de l'UEFA (4 novembre 2010), les supporters allemands viennent à plus de 6000 envahir la tribune Paris et faire résonner leurs chants pendant 90 minutes, la pilule est dure à avaler pour les fidèles du Parc. Les quelques irréductibles restés à Auteuil ou Boulogne essaient tant bien que mal de maintenir un semblant d'ambiance, en invectivant parfois leurs voisins à travers des « *Si tu ne chantes pas, tu rentres chez toi* », mais l'heure n'est plus à la fête porte de Saint-Cloud. « *Quand les supporters adverses venaient, même s'ils étaient quelques centaines, on n'entendait qu'eux et en plus ils nous chambraient* », déplore Éric Bidault. Rien de pire que le complexe d'infériorité, surtout chez soi. Le temps est à la colère, sous toutes ses formes. Le rappeur Jazzy

Bazz réalise un morceau en soutien aux ultras parisiens évincés de leur stade. Les paroles sont limpides.
«*Mais qui sont les dignes héritiers du club ?*
On a vu défiler joueurs et dirigeants, le stade on l'a toujours fait vibrer
J'suis un ultra parisien
Rendez-nous le Parc»

Enfants et familles assistent dorénavant aux rencontres en tribune latérale et derrière les buts. Les désormais anciens abonnés et ultras parisiens poursuivent quant à eux leur boycott du Parc et leurs mouvements contestataires, comme le 11 septembre 2011, à l'occasion de PSG-Brest, où les ultras se réunissent dans le secteur H de la tribune Paris afin d'exprimer leurs revendications, avec le célèbre «*Rendez-nous nos abonnements !*» en direction des dirigeants parisiens.
Les soirs de Coupe d'Europe et de grandes affiches de Ligue 1 ne se traduisent donc plus par l'ambiance unique d'un Parc malheureusement pollué et fracturé par quelques centaines d'individus violents durant les années 2000. Un immense gâchis que nous ne sommes pas parvenus à éviter. La colère a remplacé la ferveur et les actions se multiplient à travers des associations telles que «Liberté pour les abonnés». Mais impossible de revenir en arrière, les ultras parisiens traînent derrière eux cette étiquette indélébile de supporters «infréquentables».

«Infréquentables»: la bannière anti-ch'ti et le vent du scandale face à une certaine culture ultra

Rien ne sera jamais pardonné à Paris. Que ce soit la ville, ses habitants, son club de foot ou encore ses supporters. C'est une donnée à enregistrer, dans un pays où la capitale, admirée dans les mêmes proportions qu'elle est jalousée, se doit d'être exemplaire pour éviter toute faille dans laquelle ses détracteurs pourraient s'infiltrer.

Des failles, le club de la capitale et ses supporters en ont bien trop laissé ces dernières années. La capacité, presque bluffante, que nous avons à nous faire haïr lorsque nous nous déplaçons est quelque chose d'assez fort, il faut le reconnaître. Les chants qui nous ont toujours caractérisés, à la fois inventifs et provocateurs, ne vont pas dans le sens d'une union entre la province et Paris.

Déjà étiquetés comme violents et dangereux, les supporters parisiens deviennent également indésirables à compter de 2008 et l'affaire de la « banderole anti-ch'ti ».

En parallèle de la lutte pour le maintien, Paris affronte Lens en finale de la Coupe de la Ligue au Stade de France. Si le PSG s'impose sur le fil grâce à un pénalty de Bernard Mendy dans les arrêts de jeu, le match est marqué par la banderole anti-ch'tis « *Pédophiles, chômeurs, consanguins : bienvenue chez les ch'tis* » émanant du virage parisien, plus précisément de la partie de tribune réservée aux Boulogne Boys, groupe historique de la tribune Boulogne.

« *Je suis dix rangées au-dessus, je n'ai aucune idée de ce qui est affiché,* se souvient Mathieu Zagrodzki, abonné en tribune Boulogne et présent au Stade de France lors de cette finale. *Mais ce dont on ne parle pas du tout, c'est que l'ambiance dans les coursives avant le match est irrespirable. Il y a des bagarres en raison des tensions entre Auteuil et Boulogne. Il y a même des tensions internes. Ce match-là reste un mauvais souvenir.* » Le mot est faible.

Si les tensions entre supporters parisiens ne sont malheureusement plus une surprise, la banderole, elle, fait scandale. Elle suscite même l'indignation au sein de la tribune présidentielle où sont réunis dirigeants du football français, politiques, et le chef de l'État, Nicolas Sarkozy. Les deux clubs finalistes, le PSG et Lens, annoncent vouloir s'associer à la plainte de la LFP et de la FFF pour « incitation à la haine ou à la violence ». Le club de la capitale est au plus bas dans l'opinion, et ses supporters vus comme des délinquants.

L'affaire fait couler beaucoup d'encre dans les médias. Le PSG fait pendant plusieurs jours l'ouverture des journaux télévisés. Les plaintes se multiplient de la part des différentes associations et soutenir le PSG durant cette période n'est plus très loin d'être considéré comme un délit. Plus que jamais, nous sommes détestés. Le maire de Lens, Guy Delcourt, réclame que l'on rejoue cette finale. L'entraîneur sang et or Jean-Pierre Papin prône quant à lui de sévères sanctions à l'encontre du club de la capitale. Nous ne savons que faire, penser, ni même envisager.
Dans l'expectative, les supporters parisiens avancent dans la crainte, celle de l'incertitude qui attend leur club à tous les niveaux, ainsi que la considération qui leur est réservée un peu partout dans l'Hexagone. Décidément. L'expression « pas d'amalgame » n'est alors pas à la mode en France, du moins en ce qui concerne nos supporters. Stigmatisés, dénoncés, jugés, l'excessivité prend le pas, de loin, sur la mesure.
Agacé, Alain Cayzac, alors président du PSG, se lâche[102] : « *Mon club se trouve dans la tourmente. Début avril, le sort nous invite à affronter les amateurs de Carquefou en quart de finale de la Coupe de France. C'est un bon moyen d'alimenter la déferlante anti-PSG. Voilà les sales riches du PSG qui s'attaquent aux pauvres gentils amateurs. Le comble du populisme. Quand je lis la une de* L'Équipe *"Soyez Carquefou", je traduis : "Allez Carquefou". Cette prise de position me paraît inadmissible. Si cette équipe a atteint ce stade de la compétition, c'est parce qu'elle a éliminé Nancy et Marseille lors des tours précédents. Et lors de ces oppositions, je n'ai pas vu les mêmes titres dans la presse. À mon arrivée au stade de la Beaujoire, j'ai le sentiment qu'on n'a même*

102 *Passion impossible*, éditions du Moment.

*pas le droit d'être là, que tout le monde attend notre mise à mort. À la fin du match remporté par Paris (1-0), je regagne ma voiture sous les yeux de supporters adverses débitant des insultes comme un boucher des morceaux de viande : "Cayzac enc***, PSG en L2..."»*

Face au scandale, les pouvoirs publics décident de procéder à la dissolution des Boulogne Boys, dont certains membres affiliés sont suspectés d'être à l'origine de la banderole anti-ch'tis. C'est la fin du premier groupe de supporters de l'histoire du club, fondé en 1985. La nostalgie reprend le dessus et les souvenirs abondent. Le PSG dérange. Une décision vide de sens pour certains supporters habitués du Kop de Boulogne, comme Xavier Coulant : *« Ils ont pensé que la dissolution des Boys, ça allait arranger la situation, alors que c'est le contraire. Il y a de nouveaux groupes qui se forment, plus difficiles à contenir que dans une association où les gens sont connus, encartés. »*

Devenus infréquentables aux yeux du football français, les ultras parisiens paient le prix fort suite aux actes malheureux d'une partie d'entre eux. Président du club un an plus tard, Robin Leproux dresse le même constat que son prédécesseur, le PSG est indésirable : *« On ne pouvait pas jouer à l'extérieur sans que les villes ne soient en état de siège. Il ne faut pas être amnésique. Ce sont des strictes vérités. Pour les matchs amicaux de pré-saison, aucune ville ne voulait nous accueillir. »*

À défaut de tout perdre, le PSG y a laissé beaucoup de plumes. La disparition évitée, ces années noires ne peuvent laisser place qu'à la reconstruction. Une étape indispensable en vue d'un renouveau plus glorieux…

3. L'ESPOIR KOMBOUARÉ, LE TEMPS DU RENOUVEAU

Les années Christophe Jallet-Saka Tiéné : y croire encore et toujours, malgré la défiance

Après les années noires et les désillusions, seul l'espoir perpétuel, qui définit tout vrai supporter, permet de continuer à y croire. Le PSG s'apprête à fêter ses 40 ans sans ses deux virages historiques. Sportivement, le temps n'est plus à la fête depuis bien trop longtemps, mais face à la défiance, il faut continuer d'avancer, remplir les travées du Parc et répondre présent. Poursuivre l'engagement sans fin qui caractérise notre club depuis quatre décennies. *« On venait au stade pour soutenir notre équipe, mais on n'avait pas de véritable espoir. La foi n'était plus vraiment présente côté supporters »*, rappelle Éric Krissi. La période Colony Capital semble déjà toucher à sa fin. C'est du moins ce que chacun souhaite. Le second souffle, porteur d'espoir et de succès, n'est jamais véritablement arrivé porte de Saint-Cloud.

Et pour cause : bien que la direction poursuive son recrutement axé sur la Ligue 1, les moyens sont on ne peut plus limités au fil des années Colony, comme le précise Robin Leproux, président du club entre 2009 et 2011. *« En 2010, j'ai eu le plus petit budget de recrutement du PSG, avec 8 millions d'euros. On recrute Nenê pour 5 millions, Mathieu Bodmer pour 2,5 millions et Siaka Tiéné pour 500 000 euros. [...] On était assez fragiles, honnêtement. On n'avait pas du tout de banc. Je pense qu'on a eu ce que l'on méritait. Pour 8 millions d'euros, vous ne pouvez pas avoir mieux. »* Une perpétuelle frustration entre 2006 et 2011 pour les supporters qui, malgré les arrivées successives de Mevlüt Erdinç, Christophe Jallet et Grégory Coupet en 2009, puis Nenê, Mathieu Bodmer et Siaka Tiéné en 2010, voient leur club buter sur un plafond de verre permanent en championnat. Nos têtes oscillent entre le bon et le moins bon. Les idées se bousculent, l'avenir interroge.

Restée dans les mémoires pour les incidents entre supporters parisiens, la saison 2009-2010 est aussi marquée par une anodine treizième place finale au classement. Une déception en tout point pour le peuple rouge et bleu, une de plus, accentuée par le titre de champion de France du rival marseillais. Même eux y arrivent, dix-huit ans après leur dernier sacre national. L'ambiance est maussade.

Seule éclaircie dans cette pénible saison, le succès en Coupe de France face à Monaco. S'il peut paraître anecdotique, au vu des 20 coupes nationales remportées par le club dans son histoire, il n'en est rien. Le but de Guillaume Hoarau à la 105e minute de la finale constitue une libération absolue pour l'ensemble du virage nord du Stade de France rempli par nos écharpes rouge et bleu. Un but sans lequel la saison aurait assurément été l'une des plus tragiques de l'histoire du club. « *On était épuisé par la saison. C'était extraordinaire. Quand vous gagnez ce match, vous êtes tellement heureux pour le peuple PSG, tellement fier du travail accompli. On est complètement vidé de l'intérieur. C'était très fort* », se remémore avec émotion Robin Leproux, président du PSG cette année-là. Un triomphe en Coupe en guise de cache-misère pour les supporters du PSG, afin de calmer leur gronde et leur procurer des joies éphémères. Une joie qui n'intervient que par à-coups, en Coupe ou lors de *clasicos* victorieux contre l'OM, mais qui disparaît aussitôt pour laisser place à une amertume qui se réitère, encore et toujours. La saison suivante nous montre que l'issue est encore lointaine, très lointaine...

Après la dégringolade de 2009 et la privation de Coupe d'Europe, le PSG finissant 6e alors qu'il visait encore le titre au mois de mars, l'année 2011 voit le scénario se répéter, ou presque. À la lutte avec Lyon toute la saison pour la troisième place, synonyme de qualification pour une Ligue des Champions que le PSG n'a plus disputée depuis 2004, Paris se fait coiffer sur le fil par les hommes de Claude Puel, à cause notamment d'erreurs individuelles qui semblent *a posteriori* inhérentes à notre club. Le mauvais dégagement d'Apoula Edel à Lyon en novembre 2010, en toute fin de rencontre, en est somme toute l'illustration parfaite. Pourquoi a-t-il fait ça ? Encore aujourd'hui, on s'interroge. Toujours est-il que même quand une once d'espoir vient nous effleurer, elle est balayée sur-le-champ de manière cruelle.
Au pied du podium, en milieu de tableau ou au bord de la zone rouge, la déception finit toujours par prendre le dessus, immanquablement. Malgré tout, le PSG va mieux. Il affiche un meilleur visage et se rapproche progressivement de son but.
Un homme, entre autres, en est la clef. Anderson Luiz de Carvalho… Nenê !

Nenê, une nouvelle star *auriverde* taillée pour le PSG de l'époque

Il ne faut pas s'y tromper. L'arrivée de Nenê en juillet 2010, en provenance de Monaco, marque un tournant au PSG. Si l'on connaît le penchant de notre club pour les Brésiliens, la dernière star *auriverde* à avoir foulé la pelouse du Parc des Princes se nommait Ronaldinho… en 2003. Depuis, les Brésiliens qui ont revêtu la tunique rouge et bleu s'appellent Paulo Cesar, Souza, Everton ou encore Marcos Ceara. Autant dire qu'ils n'ont pas forcément marqué nos esprits. Alors, quand le gaucher débarque porte d'Auteuil, avec son fameux écarteur de narines, les supporters se mettent de nouveau à rêver,

ou du moins à espérer. Non pas que le nom et le CV de Nenê soient grandiloquents, mais ses performances mettent tout le monde d'accord dès son arrivée.
«*Avec lui, on retrouvait un meneur de jeu, un vrai, avec un très gros talent. Tu commences à respirer. Nenê, c'est le symbole du PSG qui se relance*», juge ainsi Éric Krissi. Nenê est cette éclaircie qui manquait à l'animation offensive parisienne, capable à tout moment d'enrouler pied gauche une frappe qui se loge dans la lucarne du portier adverse. Des inspirations propres à la tradition des numéro 10 qui ont porté notre maillot.
Coup franc, frappe de loin, pichenette et ouverture, l'exhaustivité de son jeu donne au PSG l'opportunité de jouer les premiers rôles en championnat et au Parc de vibrer à nouveau, comme ce 18 décembre 2010 où, sur une pelouse enneigée, le Brésilien permet au PSG d'arracher le match nul (2-2) contre Monaco, d'un doublé somptueux. «*Il a tenu le PSG pendant plusieurs mois et a inscrit beaucoup de buts au Parc,* se souvient Xavier Coulant. *Il aurait pu être encore meilleur selon moi dans une ambiance plus chaude, ça l'aurait stimulé*», ajoute-t-il, regrettant toujours de ne pas avoir vu de tels joueurs évoluer dans le Parc d'antan.
L'ambiance, Nenê la réchauffe lui-même. Le Parc des Princes a toujours été friand de magiciens, de joueurs habiles avec le ballon. Des hommes capables de réveiller un public parfois lassé, amorphe. Son inspiration géniale lors du *clasico* face à Marseille (7 novembre 2010, 2-1), pour servir Guillaume Hoarau d'un lob somptueux, permet à tout un stade de s'enflammer, jusqu'à la cabine des commentateurs occupée par Grégoire Margotton et Christophe Dugarry.
Dans un contexte où l'animation offensive est parfois atone, où la magie recherchée par nos yeux d'enfants ne se trouve ni dans les tribunes, ni vraiment sur le terrain, il est ce joueur scruté dès l'échauffement par l'ensemble d'un public qui attend seulement

de voir le ballon arriver dans ses pieds pour créer des différences. Un meneur de jeu plein de panache, et défendu envers et contre tout par son public face aux fautes à répétition dont il est l'objet. La fascination qu'inspire notre nouveau numéro 10 et les rêves qu'il suscite, en particulier chez les plus jeunes, sont légitimés par les 48 buts et les 45 passes décisives qu'il délivre sous le maillot parisien, faisant de lui un atout indispensable et l'un des quinze meilleurs buteurs de l'histoire du PSG.
Au-delà de ses performances, son attachement indubitable à notre public et notre club font de lui le nouveau chouchou d'un stade dans lequel il brille durant deux saisons complètes. Une patte gauche qu'il manquait à Paris depuis le départ de Jérôme Rothen, et parfaitement mise en valeur par son entraîneur, Antoine Kombouaré. L'homme d'un club…

Kombouaré, l'opium du peuple supporter, le garant de la culture club

Il y a des hommes qui, par leur nom, seulement leur nom, marquent une époque. En faisant résonner la voix de Thierry Gilardi et jaillir les quelques dizaines de milliers d'entre nous présents au Parc un soir de mars 1993, Antoine Kombouaré est depuis ce jour-là de ceux qui bénéficient d'un blanc-seing, ou presque, aux yeux des supporters du PSG. Et ils sont peu nombreux.
Arrivé avant la reprise du club par Canal+ en 1991, Antoine Kombouaré est resté célèbre pour son fameux coup de casque, en 1993, contre le Real Madrid, offrant la qualification au PSG en demi-finale de Coupe de l'UEFA, au terme d'un scénario dantesque. Ce but lui vaudra son surnom de « Casque d'or » et le respect à vie de la part des supporters rouge et bleu.
Fort de son expérience réussie sur le banc de Valenciennes, mais surtout de son passage en tant que joueur au PSG, entre 1990

et 1995, le Kanak occupe une place importante dans le cœur des supporters parisiens, et par là même dans l'histoire du club. De retour au début des années 2000 à la tête de la réserve du PSG, Antoine Kombouaré se sait être l'homme d'un club, notre club, et l'un de ses meilleurs représentants.
Alors, quand il revient, quatorze ans après son départ en tant que joueur, entraîner l'équipe A du PSG, le natif de Nouméa se sait attendu, après la pénible période Paul Le Guen qui a vu le club enchaîner les échecs. Il se sait aussi apprécié, aimé et comme à la maison. Un avantage de taille dans un club comme le PSG. «*Je sens de la joie de la part des supporters, de l'empathie. Ils sont très heureux à mon arrivée. Ils avaient une bonne image de moi*», nous confie-t-il. Pas du genre à se laisser marcher dessus, le nouvel entraîneur du PSG interpelle rapidement par son caractère bien trempé et sa poigne sur le groupe, faisant de lui une sorte de garant de la culture club. «*Tout le monde aime Antoine Kombouaré au Parc. Au-delà du match contre le Real, il y a l'homme, le battant, le tempérament. Il a laissé une trace au club en tant qu'entraîneur par sa sincérité, son honnêteté et son engagement pour le club. Antoine, c'est la classe*», approuve Éric Krissi. Autour du Parc des Princes, les supporters l'appellent tous «Antoine». Antoine, c'est un membre de la famille, une référence pour tous les amoureux du club. Sa simplicité, autant que son professionnalisme et son passé glorieux, font de lui un être qui nous est familier. Sa place au PSG apparaît en ce sens indiscutable. En deux ans et demi sous le costume parisien, Antoine Kombouaré a connu le bon et le moins bon, mais toujours dans le souci de proposer du beau jeu et du spectacle, augmentant encore un peu plus sa cote aux yeux des fans rouge et bleu. «*Kombouaré est un historique du PSG. Il a connu toutes les époques du club, Borelli, Canal+, Colony Capital et QSI. En plus, sa mentalité plaisait aux gens. Il était honnête, franc, avec une volonté de faire jouer l'équipe*», confirme avec nostalgie Yacine Hamened, supporter du PSG depuis les années 1980.

Contrairement à l'ensemble de ses prédécesseurs et même la majorité de ses successeurs, mais aussi à ses joueurs et son président Robin Leproux, Antoine Kombouaré essuie peu de critiques durant son passage sur le banc parisien. Nous n'en avions d'ailleurs aucunement envie. Si son attachement au club, sa sincérité et son côté joueur y ont très certainement contribué, sa légitimité auprès des supporters et amoureux du PSG est un élément clef pour comprendre la réussite du Kanak sur le banc de touche du PSG.

La suite de l'histoire, avec son départ prématuré du club en décembre 2011, alors qu'il était en tête du championnat devant Montpellier, donne raison au crédit que lui ont accordé les fans du PSG. Au travers des multiples entretiens et interviews qu'il accorde depuis son éviction, il n'a jamais fait preuve de rancune, de remarques désobligeantes à l'endroit du club ou de ses dirigeants. «*Être sur le banc du PSG, c'était magnifique. Je ne remercierai jamais assez les dirigeants du PSG de m'avoir fait confiance pour diriger ce grand club, ce club que j'aime. J'ai passé douze ans au PSG en faisant trois postes. Le PSG pour moi, c'est une histoire d'amour, de passion. Je suis marqué au fer rouge, à vie par ce club*», ajoute avec émotion le héros de 1993.
«Casque d'or» le sait mieux que quiconque, le club, l'institution PSG passe avant toute chose. Joueurs, entraîneurs et dirigeants sont au service du club. Ils ne sont que de passage. «*Ça ne me posait aucun problème, je suis attaché au PSG, pas au poste d'entraîneur du PSG. J'avais conscience que je ne serais pas éternellement ici*», précise-t-il. Au grand dam des supporters parisiens, il quitte le club quelques mois seulement après l'arrivée des nouveaux dirigeants qataris. Ces derniers veulent rêver plus grand et atteindre les sommets rapidement. Paris change d'entraîneur, mais aussi de dimension. Le public parisien se met à voir grand et rêver. Paris est à nouveau magique.

PARTIE IV

Les années QSI : un peu plus près des étoiles

(2012 à aujourd'hui)

1. ALLER PLUS HAUT : LE QATAR À PARIS

Le PSG version QSI, un autre club ?

Nous sommes en janvier 2019. Nicolas Sarkozy fête ses 64 ans et le PSG lui offre un maillot dédicacé de la part de tous les joueurs, floqué « Nicolas ». Un gage d'affection pour l'ancien chef de l'État, incontestablement membre de la famille PSG et fan inconditionnel du club de la capitale. Un gage de remerciement aussi pour l'homme, le président de la République, qui a joué le rôle d'entremetteur dans le rachat du club et donc dans sa métamorphose. Pour cela, il convient de se replonger huit ans auparavant.
Printemps 2011. La France et Nicolas Sarkozy accueillent ce qui est encore le G8, en terre normande, à Deauville, à seulement quelques heures de route de la capitale. Nous l'ignorons encore, mais le PSG s'apprête peut-être à opérer l'un des virages les plus importants de son histoire. Paris était devenu gris, l'atmosphère pesante et les fins de saison toujours décevantes. Les parcours, qu'ils soient catastrophiques ou encourageants, nous laissaient toujours un goût amer en raison d'une insatisfaction chronique.

Colony Capital et ses associés ne sont jamais parvenus à qualifier le PSG en Ligue des Champions, leur objectif, notre rêve ultime. Pire, entre 2006 et 2011, Paris a frôlé la Ligue 2 et vu certains de ses supporters s'affronter, aboutissant à la fin d'un Parc que nous avons tant admiré. Il fallait tourner la page, le plus vite possible. Nicolas Sarkozy le savait bien, il ne pouvait pas laisser « son club » stagner de la sorte. « *Il emmenait ses trois fils au Parc des Princes, eux aussi des aficionados endurcis. Pierre et Jean, les aînés, ont toujours été proches de moi dans les pires moments de galères et de doutes [...] Je ne suis pas un intime, ni un conseiller, encore moins un sympathisant UMP. Juste un amoureux du PSG, comme lui»*, affirmait à son sujet Alain Cayzac[103], président du club entre 2006 et 2008. Les liens de Nicolas Sarkozy avec les dirigeants qataris et son amour du club de la capitale ont permis de faire aboutir le deal et le rachat du club. Comme un cadeau avant de quitter l'Élysée. Un tournant historique pour le PSG.

Le rachat par le fonds souverain qatari, Qatar Sports Investments (QSI), est une aubaine dont nous nous souviendrons à tout jamais. «*J'ai encore le souvenir d'avoir sauté de joie en sortant d'un TD de droit constitutionnel, en recevant l'alerte* L'Équipe *actant la vente du PSG à QSI. Nouvelle ère, nouveau projet et surtout une ambition: faire du PSG un club qui compte en Europe. Quel supporter cracherait sur l'arrivée de ce type d'investisseurs ? Aucun, j'en suis sûr. Un recrutement all-star, un savant mélange entre expérience (Motta, Maxwell, Ibrahimovic) et jeunesse (Verratti, Marquinhos). En l'espace de deux ans, le PSG joue les premiers rôles en Ligue des Champions. Quel bonheur!*» se remémore Émilien Legras, jeune supporter de l'époque. Les supporters, dans leur grande majorité, font preuve d'un réel enthousiasme à l'annonce du rachat du club par QSI. En termes de moyens comme d'ambitions, le contraste avec la période précédente est abyssal. «*Je me suis tout de suite dit: "On va en entendre parler pendant 107 ans, l'argent du Qatar..." Encore aujourd'hui, on ne parle que de ça. Je vais au Parc depuis 1975, j'attendais de voir ce que ça allait donner. On a vu assez rapidement ce qu'ils voulaient faire, en ramenant de grands joueurs. Beaucoup de clubs sont financés par des puissances étrangères, le Qatar avait besoin de l'image de Paris, c'est donnant-donnant*», constate Éric Krissi, ancien abonné du virage Auteuil.

103 *Passion impossible*, éditions du Moment.

« *Rêvons plus grand* » est notre nouveau slogan. De ce point de vue-là, le PSG est méconnaissable, ou plutôt reconnaissable. Le film *Intouchables* fait un carton et le temps d'une histoire, Omar Sy et François Cluzet nous rappellent que tout est possible. L'histoire du PSG, elle, s'apprête à basculer et *intouchables* nous nous sentons face aux moyens injectés dans notre club. Le changement est brutal mais jouissif. « *Les nouveaux dirigeants font tout pour que le club réussisse. Leur seul but, c'est la victoire. Tout comme Francis Borelli pour des raisons différentes, car il était passionné. Quoi qu'on dise du Qatar, ils sont investis à fond dans la réussite du PSG* », reconnaît Mathieu Zagrodzki, supporter de longue date.

Encore inconnu du grand public, Nasser Al-Khelaïfi devient notre nouveau président. Le nouveau directeur sportif n'est quant à lui pas un inconnu pour le Parc des Princes : il s'agit de Leonardo, ancien milieu de terrain du club durant les années 90. Antoine Kombouaré est maintenu en poste six mois sur le banc parisien, avant d'être remplacé par un nouvel entraîneur au palmarès plus en adéquation avec les nouvelles ambitions du PSG : Carlo Ancelotti. « *J'ai eu la chance de vivre les époques Borelli, Canal+, Colony Capital et QSI. Quand les Qataris arrivent, ils mettent des hommes à eux à tous les postes, président, directeur général, etc. J'étais persuadé qu'ils allaient changer d'entraîneur. Cela ne me posait même aucun problème. C'est la règle. À ma grande surprise, j'ai rencontré l'Émir au Qatar et il m'a dit : "C'est vous qui allez continuer, qui gardez l'équipe en main." Je l'ai dirigée six mois, j'ai vu les changements, les arrivées de Javier Pastore, Mohamed Sissoko, Diego Lugano... J'ai eu la chance de vivre cela pendant six mois. Ma seule déception est d'avoir été démis de mes fonctions en étant premier avec trois points d'avance. Mais je n'ai aucune amertume, ça fait partie du job. J'habite encore dans la région. Je suis amoureux de ce club, mais surtout infiniment reconnaissant* », témoigne Antoine Kombouaré, fier d'avoir pu entraîner le PSG.

Le PSG est un nouveau monstre à trois têtes : Nasser Al-Khelaïfi,

Leonardo et Carlo Ancelotti. Les noms sont ronflants et les moyens considérables. Le projet est lancé et le club va enfin de l'avant. Paris a tout pour redevenir magique, après avoir frôlé la tragédie. Au Parc, les insupportables boules au ventre laissent place à l'excitation d'un tout autre enjeu, la suprématie nationale. Encore dans l'incertitude de ce que va représenter notre nouveau PSG, l'arrivée de QSI rend le ciel de Paris plus bleu. L'espoir fleurit… au ciel de Paris.

Leonardo, taille patron pour l'ancien joueur

Chemise légèrement ouverte, veste de costard, sourire aux lèvres et tchatche à l'italienne caractéristique de l'homme qu'il est. Plus aucun doute, le voici, le vrai boss du nouveau PSG. L'ancien numéro 7 rouge et bleu, l'homme qui était des onze héros du 27 août 1997 lorsque le PSG renversait le Steaua Bucarest 5-0 au terme d'un scénario à couper le souffle, est des nôtres. Ses intonations à l'accent brésilien et sa malice italienne font de son discours une arme de séduction redoutable. L'ancien, prêt à organiser le renouveau, devient aux yeux de la famille PSG l'homme de référence, le guide. La gueule d'ange des années 90 n'est plus. Place au patron, au taulier. L'homme qui navigue entre Milan et Paris est désormais à bord du projet le plus ambitieux d'Europe, prêt à défendre corps et âme le club qu'il porte dans son cœur, le PSG.
Armé de moyens considérables et d'une direction sportive emmenée par celui qui signe ses messages « Leo », le PSG a décidé de peser de tout son poids après s'être écrasé dans les bas-fonds de son histoire il y a de cela quelques années seulement. Pour cela, Leonardo décide de *leonardiser* le PSG en activant ses propres réseaux et en recrutant ses propres joueurs, la plupart en provenance d'Italie, autre pays d'adoption du natif de Niterói, au Brésil. L'ancien Milanais fait venir à Paris des joueurs qui dépassent toutes les espérances, parvenant à les convaincre de rejoindre un

club au bord du gouffre trois ans plus tôt. Une véritable prouesse. Le PSG est irrationnel et avec Leo, tout semble permis.
Leonardo incarne la défense du PSG, par le PSG, pour le PSG. Le club avant toute chose. Rien ni personne n'est plus important que l'institution qui nous rassemble, la passion qui nous unit. Malmené, parfois attaqué depuis sa reprise par QSI en 2011, Paris voit en Leonardo son meilleur défenseur, lui l'homme de l'entrejeu. Médias, arbitres, institutions, personne ne s'en prend au PSG sans avoir Leonardo sur le dos. Qu'importent les conséquences individuelles qui doivent en résulter, comme ce 5 mai 2013 où le directeur sportif parisien, n'ayant pas digéré l'expulsion injuste de Thiago Silva par Alexandre Castro lors de PSG-Valenciennes (1-1), tente de s'expliquer avec ce dernier de manière véhémente. Son geste malencontreux lui vaudra une lourde suspension et lui coûtera, en grande partie, son poste de directeur sportif du PSG avant son retour en 2019. Les passionnés du PSG ne lui en tiendront pas rigueur, Leo a Paris dans la peau. Sa passion le dépasse. « *Quand il est arrivé, il avait des idées, un savoir-faire certain et un réseau fantastique. C'était un jeune dirigeant, il a appris et aussi commis des erreurs. Aujourd'hui, il a une grande expérience. Il sait ce qu'il faut faire, les erreurs à ne pas reproduire. Son travail est de faire en sorte que l'institution soit au-dessus de tout le monde* », approuve Antoine Kombouaré, qui a travaillé avec Leonardo durant six mois avant son éviction du club en décembre 2011. Moins de six ans après son départ, Leonardo fait son retour au poste de directeur sportif durant l'été 2019, à une période charnière pour le club. Les supporters réclament une plus grande institution au PSG alors que la gouvernance du club est contestée et critiquée depuis plusieurs mois. En un été, Leo rappelle à chacun qu'il est l'homme fort de ce projet en gérant de main de maître le mercato, le cas Neymar, les interventions médiatiques, au nom d'un PSG fort et ambitieux. Sur les réseaux sociaux, l'ancien milieu de terrain est la nouvelle

idole des supporters, rappelant que le PSG est une famille que l'on finit toujours par retrouver, d'une manière ou d'une autre. Leo, c'est Paris.

Où tu es nous sommes là, et le Parc se réveilla : le CUP et le retour des ultras

Joueurs, entraîneurs, dirigeants, propriétaires se succèdent, laissant une empreinte plus ou moins importante dans l'histoire du club, dans l'histoire du Parc des Princes. Seul ce dernier est inamovible. Les plus grands artistes s'y sont produits, mais aucun concert ne vaut un match du PSG. Il est le symbole numéro un du club de la capitale. Celui sans qui l'histoire serait différente, aurait moins de saveur. « *Car nous deux, c'est pour la vie...* »
À l'aube d'une période faste pour Paris sur la scène nationale, notre antre est quelque peu orphelin de ce qui a fait les plus belles ambiances du pays, la ferveur populaire. Les incidents de la fin des années 2000 aux abords du Parc des Princes, et les décès qui s'en sont suivis, ont poussé les différentes instances et autorités à évincer du Parc des Princes l'ensemble des associations de supporters et des groupes ultras. L'atmosphère du Parc tant appréciée par les Parisiens et redoutée par leurs adversaires n'est plus. L'arrivée de QSI n'y change rien et la politique vis-à-vis des supporters des virages n'est, dans un premier temps, pas modifiée. Alors, quand arrivent les premières stars et les premiers trophées à partir de 2012, le Parc semble sonner bien creux eu égard à ce qu'a été notre stade, à l'ambition du club et aux rêves qui paraissent désormais de moins en moins utopiques. Une réalité que tient à nuancer l'éditorialiste Daniel Riolo : « *Quand certains supporters disaient "Il n'y a plus d'ambiance au Parc, etc.", ils ont vu leur stade avant de parler ? Il ne faut pas dire de bêtises. À Lyon, il n'y a qu'une seule tribune, à Marseille, ce n'est bien que quand les résultats suivent.*

Il faut arrêter avec les donneurs de leçons. Vous croyez qu'en Angleterre ou en Espagne, les grandes équipes jouent devant de superbes ambiances ? Au Parc, même quand on disait qu'il n'y avait plus d'ambiance, je suis désolé mais les deux PSG-Chelsea et les matchs de Coupe d'Europe, il fallait être au Parc pour voir que ce n'était pas si calme que ce que les gens racontent », rectifie-t-il.
Le Parc résonne les soirs de Coupe d'Europe grâce à l'émulation d'un public qui ne demandait qu'à retrouver ces soirées, mais sans pouvoir compter sur des groupes de supporters pour mener les chants et réaliser des tifos. En championnat, l'ambiance est triste, maussade, Paris devient une « solitude peuplée » comme l'affirmait François Mauriac, parti l'année où tout a commencé[104]. Les supporters visiteurs distillent leurs chants et donnent de la voix. Une absence dont les conséquences ne doivent pas être négligées pour de nombreux anciens abonnés, comme Yacine Hamened, carté au virage Auteuil au début des années 2000. « *J'ai souvent dit que s'il y avait eu une vraie ambiance au début des années Qatar, je pense que certains matchs auraient basculé dans l'autre sens* », déplore-t-il.

Face à la pression populaire et malgré les réticences des pouvoirs publics, le PSG, à travers son président Nasser Al-Khelaïfi et son directeur général Jean-Claude Blanc, décide en 2016 de procéder à la réintégration progressive des ultras au Parc des Princes. « *Après tant d'années, de galères et de combats* »[105]. « *Il a fallu du temps car il y a un vrai passif. On sait ce qu'il s'est passé au Parc des Princes. La crainte était réelle de voir surgir de nouveaux problèmes. Il y a donc eu une période test, durant laquelle cela s'est bien passé. Nasser Al-Khelaïfi a pris la décision de nous faire revenir, en coopération avec la préfecture de Paris. Aujourd'hui, il n'y a plus de problème de sécurité au Parc. On a réussi*

104 Romancier français, 1885-1970.
105 Extrait de *Tous ensemble on chantera.*

à montrer qu'il n'y a pas d'incidents sur le long terme», nous explique Romain Mabille, président du Collectif Ultras Paris (CUP).[106]
Faire du Paris Saint-Germain un club planétaire, une référence en termes de football, tout en gardant cette passion et cette ambiance qui rendent le PSG encore plus beau. Tel est le pari, pour l'heure réussi, de la direction parisienne et du CUP qui, depuis 2016, anime avec brio le virage Auteuil et les parcages visiteurs lors des déplacements du PSG. Une joie pour l'ensemble du public du Parc et pour de nombreux supporters privés durant des années du stade de leur vie. «*Les matchs sans ambiance, j'en ai mangé. Mon premier abonnement, je l'ai pris en tribune Boulogne, lors de l'arrivée d'Unai Emery au PSG. Avec des amis, nous nous sommes dit que le meilleur moyen d'avoir de l'ambiance, c'était d'être à côté du parcage visiteurs pour se chauffer gentiment. Cette année-là, j'ai vu les ultras revenir au Parc et l'ambiance "renaître". Dès l'année suivante, direction Auteuil. Je ne conçois pas de vivre un match sans chanter, sans danser et sans supporter mon équipe*», témoigne Émilien Legras, désormais fidèle de la tribune Auteuil.
Si Auteuil ne brille pas encore tout à fait comme durant sa grande époque, et que Boulogne reste pour le moment une tribune «grand public», le bonheur d'entendre à nouveau le Parc résonner, le rouge et le bleu briller et les chants nouveaux et historiques se succéder n'a pas de prix. «*Ils ont intégré le CUP car ils ont compris qu'ils avaient besoin des supporters qui les encouragent, derrière eux. C'est le poumon d'un stade*», nous dit Xavier Coulant, ancien abonné au Kop de Boulogne. La symbiose avec les joueurs prend progressivement forme et le PSG est à nouveau placé sur la carte de l'Europe… des tribunes. «*Auteuil s'est restructuré, il y a de belles ambiances. J'aurais bien aimé que cela revienne aussi à Boulogne. Il y a des nouveaux chants qui n'existaient pas à l'époque. Ma chanson*

106 Interview accordée à ParisUnited.fr.

préférée est "Paris SG, tous ensemble on chantera..." alors que je ne l'ai pas connue en tant que supporter. Le club devrait en faire sa chanson, l'enregistrer. Les paroles sont bien et elle devrait devenir l'hymne du club, comme c'est le cas au Barça, à la Juventus, avec les paroles sur grand écran afin que tout le monde la chante au stade. C'est la chanson des supporters», ajoute Daniel Riolo.

Des années de lutte, de contestation et un projet sérieux ont finalement permis à la tribune Auteuil de renaître de ses cendres et au Collectif Ultras Paris de refaire du Parc des Princes une terre de grands rendez-vous, une «terre bénie» comme la qualifiait Francis Borelli. Ses travées respirent la passion et cette dernière est le fondement du quotidien des nouveaux vacataires du virage. «*À Paris, on met un point d'honneur à être authentique, que tous les tifos soient faits à la main. On a des principes. On pourrait, comme d'autres groupes, lâcher un billet et commander une voile. Nous on fait tout à la main, dans des locaux. On achète nous-mêmes la peinture, les tissus. À chaque fois, entre 100 et 200 personnes viennent les week-ends, de 8 heures à minuit, pour faire les tifos. Ce sont des vrais passionnés*», nous explique Romain Mabille, président d'un CUP tout aussi fidèle et présent pour supporter l'équipe féminine du PSG ou le PSG handball. «*Où tu es nous sommes là*».

2. UN RÊVE FOU, INESPÉRÉ : LE TEMPS DES STARS, DE JAVIER À NEYMAR

Cinq étoiles, champagne, caviar : finie l'époque des Pancrate, Bourillon et Vikash

« *Sous le pont Mirabeau coule la Seine… La joie venait toujours après la peine.* » Guillaume Apollinaire connaissait bien Paris, ses secrets, ses facettes. Il y puisait son imagination comme nous puisons notre passion porte d'Auteuil. Mais il ne pouvait pas savoir que ce qui serait le club de sa ville épouserait parfaitement ses mots, ceux de l'amour, de la nostalgie, mais aussi du progrès et de l'admiration. L'admiration, le PSG, à l'image de Paris, souhaite désormais la susciter, en tribunes et sur le terrain. Le changement de dimension et l'ascension du club passent, *de facto*, par des performances sportives de haut niveau, point noir de la période Colony Capital qui nous a vu relégués à un niveau encore jamais atteint.

Longtemps, trop longtemps, le PSG a eu dans son effectif une poignée de joueurs de qualité, attachés au blason parisien, entremêlés à bien trop d'éléments qui n'avaient pas leur place au club, par manque de niveau ou insuffisance de caractère, absolument nécessaire lorsque l'on joue au PSG. Cette synergie ne fonctionnait pas.

« *Une équipe à Paris, une équipe à Paris* », réclamions-nous durant les années 2000. Voici notre vœu exaucé. Face à la dimension et au potentiel que constitue Paris à leurs yeux, les dirigeants qataris décident enfin de conférer une dimension capitale au club de la capitale.

Pour le plus grand bonheur des abonnés inlassablement déçus et frustrés ces dernières années, et au regard de son ambition, il n'est pas question pour la nouvelle direction de se contenter d'une équipe ne serait-ce que moyenne. Notre public ne l'aurait cette fois-ci pas toléré. Place aux étoiles, au spectacle et au rêve, d'entrée de jeu ! Le slogan est clair : « *Rêvons plus grand* ».

Pour les quatre tribunes du Parc et les plus de 45 000 supporters qui les remplissent, le bouleversement est brutal, mais réjouissant. Ce que l'on désirait depuis des années est enfin là, sous nos yeux. Les artistes ne sont plus seulement le monopole des touristes arpentant les rues de la capitale, le Parc des Princes a désormais les siens. « *Le PSG a toujours été un club de paillettes. Quand on sait qui a fondé le club, les premières recrues... On est à Paris, c'est la capitale... Il y a toujours eu besoin d'avoir des stars à Paris, des joueurs spectaculaires* », analyse Yacine Hamened.

Des stars... La France, le PSG et ses supporters vont en avoir. Nous allons être servis. Le directeur sportif Leonardo, bien aidé par un portefeuille illimité ou presque, ne tarde pas à faire rêver ceux qu'il a lui-même fait rêver en tant que joueur dans les années 90. Blaise Matuidi, Jérémy Menez ou Salvatore Sirigu rejoignent d'emblée le nouveau projet. Mais c'est un autre transfert, celui d'*El Flaco*, Javier Pastore, qui marque les esprits. En recrutant pour un montant record de 42 millions d'euros ce jeune argentin peu connu du grand public, Paris se permet, sans attendre, de rêver. Loin toutefois d'imaginer l'histoire d'amour à venir entre Javier Pastore et le Paris Saint-Germain.

Javier, prince du Parc

Cela ne pouvait que bien se passer. Comme si c'était écrit d'avance. D'un côté, un public en quête de beau jeu, d'élégance, de joueurs qui sortent du lot. Un stade orphelin d'artistes, de l'assouvissement de désirs enfouis depuis une époque où l'euro n'était encore qu'une idée. De l'autre, Javier Pastore, meneur de jeu frêle à la gueule d'ange et à l'intelligence de jeu hors du commun. Aussi habile avec un ballon dans les pieds qu'Astor Piazzolla avec un bandonéon dans les mains en plein cœur du Paris des années 50. Javier Pastore à Paris était une évidence, qu'importe le montant, qu'importent les réticences.

Dès ses débuts, se sachant particulièrement attendu, il brille de par son allure et son adresse singulières, qui permettent au PSG d'engranger les points et à nous de rêver de nouveau plus grand. Les danseurs de tango du Marais voient leur meilleur ambassadeur débarquer dans l'ouest parisien. Javier est le plus beau des danseurs. Son compatriote et ancien joueur du PSG, Omar da Fonseca, connaît bien le Parc des Princes, pour y avoir évolué. Lorsqu'on lui parle de Javier Pastore, il se veut le porte-parole des supporters parisiens face à l'exception que constitue ce joueur. « *Quand on est au stade, c'est le joueur dont on souhaite qu'il touche le ballon tout le temps. Son imagination est différente de celle des autres. Il a une manière de courir, de faire des passes, de toucher la balle qui lui appartient. Je suis un fan du jeu de Javier Pastore* », nous dit-il[107] avec le romantisme qui caractérise chacun de ses mots.

Il ne s'y trompe pas. Le Parc s'éprend immédiatement de son nouveau prince. Nous sommes tous faibles face à tant d'invention et de génie. «*L'être qui ne vient pas souvent à Paris ne sera jamais complètement élégant*», affirmait Balzac. Les chansons et lettres d'affections se multiplient sur les réseaux sociaux, au sein d'une Ligue 1 tombée sous le charme d'un joueur absolument unique. «*J'ai des amis à Bordeaux, quand Paris jouait là-bas, ils me disaient "quel joueur!"* raconte Éric Krissi, avant d'ajouter : *Javier, c'est une vraie histoire d'amour avec le public, qui comprend ses joies,*

---

107 Interview accordée à ParisUnited.fr.

ses déceptions, ses séparations, ses retours et ses ruptures. Mais quel joueur et quelle chance de le voir jouer au Parc. Voir son toucher de balle, ses actions... On ne peut que regretter ses pépins physiques. »

En effet, le septennat de l'Argentin au PSG n'aura pas été un long fleuve tranquille, pour deux raisons principales. La première réside dans l'irrégularité de ses prestations. À l'instar de la légende parisienne des années 80, Safet Susic, Javier Pastore est certes surprenant et imprévisible, mais il choisit ses matchs, faisant de lui un joueur clivant dans les travées du Parc des Princes. Porte de Saint-Cloud, en terrasse des Trois Obus ou dans les coursives du stade, les pros et les anti-Pastore se disputent durant des conversations interminables, sans jamais parvenir à un juste milieu à son sujet. En tribune Paris, la scène est marquante. Le deuxième rang voit un père, à l'accent russe, et son fils s'accrocher systématiquement à son sujet. Le premier siffle chacune des entrées et sorties de l'Argentin, tandis que le second se lève et l'ovationne. Tout est dit.

En bon prince du Parc qu'il est, l'Argentin brille dans les grands rendez-vous, comme contre l'OM, à Barcelone en avril 2013, ou encore lors de ce fameux match contre Chelsea un an plus tard, durant lequel il inscrit dans le temps additionnel un but resté dans la légende. « *Son but contre Chelsea, mais comment il le sort ? J'aurais rêvé de descendre sur la pelouse pour lui embrasser les pieds. C'est un artiste, capable à tout moment de réaliser de la magie* », admire Éric Krissi. Crochets, dribbles, vista, finition, tout est dans ce but. Javier Pastore est un joueur d'instant, d'instinct, un joueur d'émotion.

La seconde raison du clivage qu'il suscite est la plus problématique : elle concerne ses blessures à répétition, de plus en plus fréquentes au fil des années à Paris, nous rendant orphelin de celui qui nous rend plus fort et inventif. Durant ses trois dernières saisons au PSG, ses apparitions se font plus rares, faisant progressivement basculer l'admiration du public parisien en une forme d'agacement et de frustration. « *Pastore, quel gâchis ! C'était un bon joueur, mais il*

s'est beaucoup trop blessé», constate Éric Bidault, alias «Giscard». Des blessures qui auront raison de lui, malgré un Parc des Princes qui ne l'a finalement jamais lâché. Chacune de ses entrées en jeu est accompagnée d'une clameur émanant du Parc et, alors qu'il est annoncé sur le départ en décembre 2017, l'ensemble du virage Auteuil, emmené par le Collectif Ultras Paris, scande à l'unisson «*Pastore à Paris, Pastore à Paris!*» Sa place est ici, porte d'Auteuil, là où les artistes, les princes du Parc se sont succédé. À l'issue du match contre Caen, le 20 décembre, il semble nous dire adieu, les larmes aux yeux, une main en l'air, l'autre sur le cœur.
Le prince quitte finalement son antre six mois plus tard, avec le plus grand respect et un réel attachement des supporters qu'il a su conquérir par son élégance et son talent uniques.

«Petit Hibou», les promesses d'un joueur majeur aux yeux des supporters

On ne soulignera jamais assez l'importance de Leonardo dans l'émergence du projet QSI à Paris. L'homme capable de dénicher des pépites inattendues, jusqu'au littoral des Abruzzes, en plein cœur de Pescara, là où naquit Jarno Trulli, qui brilla à Monte-Carlo en 2004. Là aussi où le petit Marco Verratti, plus petit que Lionel Messi, a fait ses premiers crochets, a pris ses premiers cartons.
Le voici débarqué, du haut de son mètre 65, à l'été 2012, dans un anonymat qui serait total si sa présentation n'avait pas eu lieu le même jour que celle de Zlatan Ibrahimovic. Totalement méconnu lors de son arrivée en provenance de division 2 italienne, Marco Verratti est un éclat de soleil dans le ciel gris parisien. Un petit hibou venu égayer nos week-ends, nos périples au Parc, notre quotidien.
L'Italien est le prototype parfait du joueur que n'importe quel spectateur de n'importe quel stade aime voir jouer. Nous sommes

veinards. Dès ses débuts à Paris, Marco Verratti marque nos esprits par son panache, son insouciance et sa technique hors du commun qui font tout de suite de lui l'un des chouchous du Parc des Princes, malgré son jeune âge (19 ans lors de sa signature). « *Verratti est selon moi la plus grande trouvaille. Ce qu'il sait faire sur un terrain, sa façon de jouer, j'adore. Il n'a pas toujours été exemplaire mais je le trouve exceptionnel* », clame Yacine Hamened. Rarement la mer Adriatique ne nous avait offert un tel trésor. Avec le Parc des Princes rapidement dans sa poche, la pépite de l'effectif, et sa plus grande promesse, s'octroie même le droit d'avoir un chant en son honneur : « *Italien et Parisien, le talent d'un magicien, Marco Verratti...* » Après Javier Pastore, Marco Verratti. Le Parc est aux anges.

Outre sa technicité hors du commun qui lui décerne d'entrée un rôle prépondérant dans l'entrejeu rouge et bleu, c'est son côté à la fois valeureux et enfantin qui le rend attachant et lui confère une place importante dans l'estime du public. Si son toucher de balle est contemplé par le Parc, ses efforts à répétition et son caractère bien trempé à l'égard des arbitres font de lui une sorte de mascotte que l'on souhaite protéger, envers et contre tout.

Un sentiment renforcé par l'agacement de l'ensemble des autres acteurs du football français à son égard. Instances, journalistes, consultants, adversaires, Marco Verratti ne s'est pas fait beaucoup d'amis. S'il renvoie parfois l'image d'une forme de condescendance, de fierté, notre public est avant tout très protecteur à l'égard des siens. Les provocations adverses ainsi que l'intransigeance, parfois poussée à l'extrême, du corps arbitral à son endroit, nous rendent encore plus dévoués à son égard, et nous le rendent encore plus familier.

« *C'est un joueur qui a vite percé, il était tout de suite exceptionnel. Mais un peu à l'image du club, on a l'impression qu'il ne progresse plus, bien au contraire. C'est un très bon joueur, mais je trouve qu'il s'est un peu perdu ces dernières saisons»*, tempère Xavier Coulant. Comme celui de Pastore, le bilan de Verratti, pour l'heure, n'est pas tout rose. Vous savez, cet enfant pétri de talent au plus jeune âge, mais qui ne se donne pas tous les moyens de devenir le plus fort… C'est un peu ça, Marco Verratti. Le gamin insouciant, chéri par l'ensemble de ses supporters et promis à mener le PSG vers les sommets européens, a vu sa cote baisser ces dernières années auprès du public parisien, ou plutôt cesser de grimper. Si sa progression sportive s'est indiscutablement essoufflée au fil du temps, ses blessures répétées et ses velléités de départ à l'été 2017 ont refroidi l'attachement du Parc des Princes à son égard. L'enfant est devenu un homme. La clémence s'estompe naturellement au fil de ses absences dans les moments importants. Face à son incapacité à tenir une barque si souvent vacillante en Coupe d'Europe, les critiques fusent. *«C'est un mec excellent sur le terrain, une pépite incroyable. Mais je pense qu'il manque d'hygiène de vie. Le problème du PSG, c'est qu'on leur laisse tout faire»*, ajoute Éric Bidault; un sentiment partagé par de nombreux supporters, et dont Marco Verratti est le symbole.

S'il jouit toujours d'une affection particulière de son public, en raison de son talent hors normes et de son innocence fascinante, celui qui était promis à devenir le meilleur milieu de terrain du monde reste pour l'heure avant tout une promesse, davantage qu'un taulier. Un statut qu'il va devoir acquérir pour franchir un cap supplémentaire au PSG.

Ibra, Dieu est parmi nous et il est ingrat

«Je ne connais pas bien la Ligue 1, mais la Ligue 1 sait qui je suis.» Ça y est, la récréation est terminée. Au moment où le pays élit un «président normal», le PSG change de dimension et ne se veut plus normal. Avant lui, avant QSI, le club n'existait pas. Ainsi va Ibra.

Le même jour que Marco Verratti, le 18 juillet 2012, le PSG présente sa nouvelle star, en grande pompe, aux pieds de la tour Eiffel. Tel Zlatan Ibrahimovic, le PSG devient grand. Nous aussi, dans nos têtes. Paris ne rime plus avec exil, mais avec attrait. Jamais le club et ses supporters n'avaient connu un tel engouement pour une signature. C'est le premier tournant dans ce « nouveau » PSG. Les supporters présents n'en croient pas leurs yeux. Seul le service de sécurité sépare la légende suédoise des regards admiratifs, presque interloqués des fans parisiens. Ils ne sont pas au bout de leurs surprises.
« *Quand il est arrivé, je me suis demandé pourquoi on était allé le chercher. Je pensais que c'était un chèque de fin de carrière pour lui. Mais on a eu affaire à un professionnel hors normes. Il a propulsé le club et l'histoire du PSG sous QSI. Ce mec faisait peur à tout le monde en face. Il était capable de tout* », note fièrement Éric Krissi, fan du PSG de la première heure. Le tableau qu'il dresse est à la fois juste et idyllique. À l'image de son personnage, qui se veut clivant, l'opinion des supporters à l'endroit de Zlatan est « ibracadabrantesque ». S'il fascine les plus jeunes, les amateurs de « show » et les spectateurs venus admirer l'hégémonie parisienne, il agace considérablement les historiques et les amoureux du club. Les buts ne suffisent pas. Les mathématiciens évoqueraient une courbe décroissante pour décrire le regard de beaucoup d'abonnés du Parc envers « Ibra ». Règnent d'abord l'admiration et la fascination face à son rôle prépondérant dans l'évolution, la transformation du club depuis 2012. Première grande figure à rejoindre le PSG depuis son rachat par QSI en 2011, Zlatan Ibrahimovic a fait grimper à la fois son professionnalisme et son niveau d'exigence, et a été le propulseur du succès du club sur la scène nationale durant les années 2010.
« *Il a eu un rôle majeur dans la progression du club. Malgré ses lacunes dans les grands matchs, on a atteint les quarts de finale de Ligue des Champions chaque année avec lui* », ajoute Yacine Hamened qui, comme nous tous, est si fier de compter un tel joueur dans nos rangs.

Avec Zlatan en leader d'attaque, Paris devient fort, puissant, et inspire la crainte chez ses adversaires. À son image, les supporters se vantent, se sentent intouchables et enfin à la hauteur qu'ils espéraient atteindre. Le temps de quelques mois, les Parisiens se veulent Français, fiers comme des coqs. Les maillots floqués Ibrahimovic dominent les alentours du Parc. Paris est (enfin) taillé pour rêver plus grand.

Ses 156 buts inscrits sous les couleurs parisiennes et sa place, certes éphémère, de meilleur buteur de l'histoire du club lui confèrent un respect indéniable de la part du public rouge et bleu. Cependant, l'adhésion n'a jamais été totale ni l'attachement profond. Question d'attitude, de personnalité. Sans oublier que le supporter n'oublie rien, justement.

La première explication, et non des moindres, est son arrogance qui, si elle fait son charme, se traduit aussi par une estime de soi supérieure à celle de son club, et s'accompagne ainsi bien souvent d'un irrespect de l'histoire du PSG. Une caractéristique peu supportable pour les amoureux du club de la capitale qui, comme le veut la phrase propre aux supporters, *« étaient déjà là avant et seront encore là après son passage »*. En affirmant que *« le PSG est né le jour où le Qatar est arrivé »*, le Suédois renie plus de 40 ans d'histoire, et notamment des demi-finales et finales de Coupe d'Europe, un stade qu'il n'a jamais atteint avec Paris. *« C'est un grand joueur mais pas une légende selon moi, contrairement à Raí, Valdo ou encore Pedro Miguel Pauleta. Ibra a joué ici, mais ce n'était pas un amoureux du PSG »*, assène Éric Bidault. Un sentiment partagé par une grande partie du public parisien, sans pour autant ignorer son apport indiscutable sur le rectangle vert.

Zlatan est donc ingrat. De surcroît, celui qui assure être *« arrivé comme un roi et reparti comme une légende »* n'a pas permis au PSG de monter sur le trône européen. C'était la crainte des observateurs et elle s'est réalisée. Est-ce une raison pour lui en tenir rigueur ?

Certainement, lorsque l'on passe ses journées à clamer haut et fort que l'on est le meilleur. Si la puissance qu'il dégage sur le terrain provoque l'admiration, voire le respect à l'échelle nationale, l'amertume et la déception en Ligue des Champions sont à la hauteur des émotions qu'il suscite en Ligue 1. Zlatan Ibrahimovic, durant les grandes échéances européennes, est discret, parfois invisible. Le taulier s'efface alors. Ne reste que l'impuissance.
Et c'est finalement un fossé qui se sera creusé entre le rayonnement de son personnage, son impact médiatique, son influence dans le vestiaire, son omniprésence dans le jeu parisien, son rôle majeur dans le projet QSI, et la place qu'il laisse dans nos cœurs.

Silva-Motta, les vrais patrons du club, « favorisés par Dieu »

Un clivage auquel n'ont pas été confrontés Thiago Motta et Thiago Silva depuis leur arrivée au club en 2012. Humbles, travailleurs, expérimentés et surtout dotés d'un talent hors normes, les deux Thiago ont rapidement su nous conquérir et faire l'unanimité auprès du public du Parc des Princes. Dignes héritiers de Claude Makélélé pour l'un, de Ricardo pour l'autre, les deux hommes incarnent la puissance et l'élégance de Paris, celles qui nous rendent fiers d'appartenir à cette famille. Et puis, après avoir traversé tant d'enfers, nous méritons bien d'être à notre tour « favorisés par Dieu », le sens du prénom Thiago…

« Il n'y a pas de meilleure réponse que de jouer, jouer et jouer encore. » En ce mois de novembre 2015 funeste pour notre ville, la réponse est limpide. Elle est signée de l'un de nos symboles les plus prestigieux : l'Opéra de Paris, ou plus exactement son directeur, Stéphane Lissner. En plein cœur du neuvième arrondissement de la capitale, l'Opéra resplendit, à quelques encablures seulement de la chapelle

Sainte-Rita, patronne des causes désespérées. Paris est magnifique et Thiago Motta aussi. Pas de meilleure réponse que le jeu, pas de meilleur ambassadeur du jeu que Thiago Motta. L'Italo-Brésilien est ce joueur que l'on préfère tous avoir avec soi plutôt que contre soi. «*Il a été extrêmement important. Marco Verratti n'a jamais été aussi bon que quand Motta était à côté de lui. Thiago Motta incarnait la classe sur le terrain*», l'encense Xavier Coulant. Malin, rassurant, doté du vice nécessaire à un milieu du PSG, Thiago Motta rend le PSG plus beau qu'il ne l'est déjà, pour le plus grand bonheur de nos yeux ébahis qui n'attendaient que du spectacle dans cette si belle arène. «*C'est un métronome, le Javier Pastore du milieu défensif. Il avait la classe dans tous ses gestes. Ses passes étaient dosées au millimètre. Son départ (en 2018) a fait du mal et on cherche encore son remplaçant aujourd'hui*», assure Éric Krissi, qui emmène régulièrement son fils au Parc des Princes.
Immédiatement adoubé par le Parc, l'ancien Milanais n'a eu de cesse, durant ses sept saisons à Paris, d'incarner la défense du club et de l'institution si chère aux supporters. Son expérience, sa fidélité et son incarnation du Paris Saint-Germain font de lui l'un des plus grands patrons que le club ait connus en milieu de terrain. L'un des chefs d'orchestre dont l'Opéra serait fier, afin de «*jouer, jouer et jouer encore*».

Une ode qui s'applique tout autant à l'autre Thiago, Thiago Silva, au poste de défenseur central. C'est peu dire qu'«*Ô Monstro*» s'est vite rendu indispensable à l'équipe et fait aimer du public parisien. «*C'est l'un des plus grands défenseurs que j'ai vus dans ma vie. Il a tout: la rapidité, la solidité, la qualité de relance… Sur 200 matchs, il est bon 195 fois*», affirme Yacine Hamened, aujourd'hui éducateur sportif. Capitaine et défenseur exemplaire, le Brésilien entretient une relation particulière avec un club qu'il a très tôt su aimer. Un club qui est devenu le sien.

En bon leader de défense, Thiago Silva a rapidement été cajolé par des supporters qui lui vouent une affection spécifique, bien rendue par des prestations rarement vues pour un défenseur du PSG et une proximité toujours plus importante avec notre public, en particulier le Collectif Ultras Paris qu'il est naturellement l'un des premiers à aller saluer après chaque rencontre. « *C'est un défenseur exceptionnel, il a rarement été mauvais. Il a failli quelques fois en Coupe d'Europe, mais on oublie aussi qu'il a sauvé le club à de nombreuses reprises. Son brassard de capitaine est largement justifié* », ajoute Éric Krissi, qui se rend désormais régulièrement au Parc avec son jeune fils, admiratif comme lui du capitaine parisien.
Oui mais voilà, s'il fait l'unanimité auprès de nous par son talent, c'est bien moins le cas au niveau du caractère et du leadership. Le talent n'est pas la seule clef du succès au plus haut niveau. Paris doit aussi être fort, costaud, solide. Les désillusions connues par le PSG ces dernières années en Ligue des Champions le rendent d'office responsable à nos yeux, en tant que capitaine, des défaillances psychologiques de son équipe et, par conséquent, de nos malheurs. À l'issue de la débâcle contre Manchester United en huitième de finale retour de Ligue des Champions en mars 2019 (1-3), Julien Cazarre, chroniqueur et supporter du PSG, dresse un constat sans concession sur l'influence, selon lui négative, du capitaine parisien d'un point de vue mental. « *Au retour des vestiaires, juste après la mi-temps, on voit Thiago Silva qui dit "On attend derrière et on joue en contre". On est à domicile… Ça, c'est tout l'état d'esprit qu'a créé Thiago Silva dans cette équipe. La flippe, la flippe, la flippe. Sur le pénalty contre Manchester, il ne va pas voir l'arbitre pour le convaincre, il se tient la tête* », critique-t-il.[108]
Comme toute peine au quotidien, une humiliation footballistique nécessite que l'on trouve le ou les responsables afin de soulager,

---

108 Interview accordée à ParisUnited.fr.

inconsciemment certes, notre colère et notre déception. Dans la tristesse, la détresse, nous en voulons forcément à quelqu'un. Le malheur doit avoir un visage, sur qui tomber, renvoyer la faute. Thiago Silva est une cible toute trouvée et qui peut légitimement s'entendre, au vu des scénarios terribles vécus par le PSG en Ligue des Champions. «*Les jours où il a craqué, c'est tellement marquant que ça laisse un goût d'inachevé. À un moment donné, je me suis même demandé si entre David Luiz et Thiago Silva, il ne valait pas mieux garder David Luiz pour son caractère, même s'il est moins fort*», va même jusqu'à penser Yacine Hamened, malgré son immense respect pour le défenseur brésilien.
Un point de vue qui se répand au fil des années, mais qui n'entame paradoxalement pas l'affection du public parisien à l'égard du récent vainqueur de la Copa America. Peut-être parce que celle-ci ne dépend pas seulement des résultats en tant que tels. Edinson Cavani nous le rappelle à chaque instant.

Edinson met tout le monde d'accord : le meilleur buteur de notre histoire

Il suffit de se rendre, au moins une fois, au Parc des Princes pour comprendre ce que représente Edinson Cavani au PSG. Le buteur uruguayen est au club de la capitale son contraste, son meilleur buteur, son soldat, et surtout son représentant. Notre représentant. Il est l'irrationalité d'un amour entre un homme fasciné par la nature, la chasse, la pêche, et une capitale urbaine toujours plus bondée de monde, de bruit, de richesse. Il est le symbole de l'authenticité du PSG, sa folie et sa passion. Une union qui ne pouvait qu'être parfaite entre la ville de l'amour et cet homme né le jour de la Saint-Valentin.
Tout est beau dans l'histoire qui lie Edinson Cavani et Paris. L'amour des différences, déjà. Celui d'un public multiculturel,

à la fois aisé et banlieusard, envers un buteur dont les origines provinciales sud-américaines signent sa spécificité, presque sa marginalité face à un projet « bling bling » comme celui du PSG, qu'il a intégré en 2013. L'attachement réciproque du buteur pour un public qu'il a su conquérir au fil des années par sa pugnacité, sa combativité et son respect des valeurs du club. « *Depuis qu'il est à Paris, il me fait rêver. Il mouille le maillot comme un fou. Certes, il croque des ballons, mais il faut voir tous les efforts qu'il fait aussi. Ce mec, on ne l'entend jamais, il ne bronche pas. C'est un guerrier* », ajoute Éric Bidault. Véritable démon pour les défenses adverses, l'ancien Napolitain l'est aussi dans la chanson qui lui est consacrée au Parc des Princes, au rythme des « *démons de minuit* ». Le démon de Paris. Pourtant, rien n'était gagné au début. Avant d'être aimé et adulé, il a d'abord été sifflé, ignoré dans l'ombre de Zlatan Ibrahimovic, et ce sans raison valable. D'une fidélité à toute épreuve, la famille PSG sait aussi être ingrate, « Edi » en a souvent fait les frais.

Pas de quoi faire abandonner le « matador ». Toujours fidèle à ses principes et au blason rouge et bleu, Edinson Cavani est rapidement monté dans notre estime grâce à ses efforts à répétition, ses buts aussi nombreux qu'importants et la gentillesse qui contribue tant à sa splendeur. Après la débâcle à Barcelone en Ligue des Champions (défaite 6-1 en 2017), il inscrivait avec des morceaux de strap le mot « HUMILITÉ » sur les murs du Camp des Loges. Il n'en fallait pas plus, pas moins. « *Je l'ai toujours adoré. C'est un joueur irréprochable au niveau de l'état d'esprit et un grand attaquant. Il dégage une belle image par rapport aux supporters. Si je devais choisir entre Edinson Cavani, Neymar et Kylian Mbappé, c'est Cavani que je garderais* », reconnaît Xavier Coulant.

Logiquement, et pour le plus grand bonheur de beaucoup d'entre nous, il est devenu le meilleur buteur de l'histoire du club en 2018, faisant de lui une légende encore plus grande du Paris Saint-Germain, mais n'altérant en rien sa simplicité et sa gentillesse, comme le révèle cette anecdote de Michel Montana : « *J'ai animé un après-midi consacré aux enfants, au Parc des Princes. À la fin, il est resté je ne sais pas combien de temps pour signer des autographes. Des personnes de la sécurité ont été obligées d'aller le chercher. Il aime Paris, il sait qu'il est apprécié des supporters et on sent qu'il a envie de leur rendre* », relate-t-il. Pas étonnant de la part de cet homme authentique qui expliquait, en 2018[109] : « *Quand je suis face à un enfant qui veut une photo ou un autographe, je ne peux pas me dérober. Moi aussi, j'ai été cet enfant.* »

Nous sommes des enfants face à Edinson Cavani, rêvant en secret d'être comme lui. Pour les vétérans, il rappelle Dominique Rocheteau. Les plus jeunes l'identifient davantage à Raí ou à Pauleta, par sa simplicité et son attachement profond au club. Quoi qu'il en soit, il est aujourd'hui leur digne héritier, le premier garant de la passion PSG.

Neymar et Kylian réveillent le Parc et ses espoirs

Été 2017. À l'heure où la France et les Français vivent au rythme du tout nouveau et jeune président de la République, Emmanuel Macron, le monde du football connaît lui aussi sa révolution. Encore une fois, c'est à Paris que celle-ci se déroule.

Agacé par les échecs à répétition en Coupe d'Europe, frustré de lire année après année la déception dans les yeux d'un public pourtant comblé sur la scène nationale, le PSG se veut enfin à l'image de sa ville : la plus belle et la plus brillante.

L'humiliation subie quelques mois plus tôt à Barcelone, en huitième de finale de Ligue des Champions (défaite 6-1), est un traumatisme pour nous tous. Seule une réaction immédiate peut redonner vie à un Parc des Princes déprimé.

---

109 Interview accordée à *Paris Match*.

Après Zlatan Ibrahimovic, Edinson Cavani ou encore Thiago Silva, la direction parisienne s'attaque à du lourd, du très lourd. Celui qui était encore détesté quelques mois plus tôt, le bourreau du PSG à Barcelone, le responsable du malheur parisien, Neymar, est annoncé avec insistance. L'été des supporters parisiens n'a jamais été aussi fou. Chacun vit au rythme des notifications, des informations parfois, des rumeurs souvent. Sur les quais, à Bastille ou Austerlitz, les gens ne parlent que de ça. La bière coule à flots et accentue les fantasmes de chacun, les rêves de nous tous.
Le «*se queda*», synonyme de «*il reste*», posté par le défenseur catalan Gerard Piqué, fin juillet, sonne comme un coup derrière la nuque. Nous a-t-on fait rêver en vain ? Il n'en est rien. Neymar signe au PSG, une joie immense pour l'ensemble de Paris, voire du pays, qui jamais ne pensait voir un jour une telle star venir jouer dans le championnat de France. Dans la capitale, le maillot jaune remporté par Christopher Froome quelques jours plus tôt laisse vite place aux maillots de la même couleur, floqués Neymar. Ces derniers se vendent comme des petits pains. C'est Noël en août pour le peuple rouge et bleu.
«*Cela m'a marqué. On sentait que l'on basculait dans une autre dimension. Je ne savais même pas que j'allais le présenter sur le podium avec le président, Nasser Al-Khelaïfi. J'étais déjà ravi d'approcher le joueur que j'admirais. Après la cérémonie, on me dit d'accompagner Neymar dans son tour de stade. J'ai vu des visages de gosses chez tous les adultes. En plus, je reçois des messages d'une copine qui habite à Miami, je me demandais ce qu'il se passait. Elle me dit "Michel, on te voit sur toutes les télés !" Là, j'ai pris conscience que c'était planétaire*», raconte avec émotion Michel Montana, speaker du Parc des Princes.
Les supporters prennent rapidement conscience de la chance qui leur est offerte et lui réservent un accueil digne de ce nom, avec pour sa première une chanson spécifique sur l'air de «*Brazil*». «*La la la la la la la, Neymar, Neymar, Neymar*» résonne au Parc

des Princes. Un miracle, presque, car comme toujours, rien n'est jamais simple avec le PSG…

Comblés par l'arrivée de Neymar, les supporters parisiens se remettent à espérer, y croire, encore et toujours. Le Paris Saint-Germain veut désormais rêver, après avoir tant souffert et fait souffrir les siens. La pépite française, celle que tout le monde s'arrache, signe alors au PSG. Il s'agit bien sûr de Kylian Mbappé. Outre leur portefeuille, les dirigeants du club font exploser de joie des supporters qui passent, en l'espace de cinq mois, de la dépression à l'euphorie. Quelques semaines avant la diffusion de la série *La Casa de Papel*, Paris réalise, en avant-première, le braquage du siècle. « *Quel cadeau ! Ils sont en France, ils vont dans 19 stades de France. À chaque fois que je regarde le PSG, j'ai une petite joie car je sais que je vais voir du spectacle* », confesse le consultant Pierre Ménès.

Paris tient ses deux génies, et les plus jeunes d'entre nous leurs deux nouvelles idoles. Leur jeu nous fascine mais leurs attitudes agacent parfois, souvent même. D'autant plus qu'ils composent le trio d'attaque avec… Edinson Cavani. Le contraste est saisissant. L'Uruguayen est aimé du Parc, les deux autres doivent apprendre à l'être. Un nom ne suffit pas à faire une popularité, surtout au PSG. Les plus aimés du Parc n'ont pas toujours été les plus forts. Les supporters parisiens comprennent rapidement que les deux hommes viennent à Paris avant tout pour leur carrière personnelle, et non pour ce que le PSG représente à leurs yeux. Comme la plupart des joueurs signant dans leur nouveau club… Mais eux ont multiplié, depuis leur arrivée, les velléités – déjà – de départ ou les signaux qui pourraient le faire penser. Ajoutez à cela les aspects « individualistes » et « superstars » présents chez les deux joueurs, et l'agacement prend vite le pas sur l'immense joie présente lors de leur signature.

Les Parisiens, par nature, sont des gens fiers. À juste titre, ils n'apprécient pas qu'un joueur, quelle que soit son importance, se considère au-dessus du club. Nous privilégions les valeurs aux flambeurs. Dès lors, l'histoire d'amour qui aurait pu naître entre les deux hommes et le Parc est d'emblée tuée dans l'œuf. En témoignent les sifflets à l'égard de Neymar en janvier 2018, lorsque celui-ci refuse de laisser le soin à Cavani de tirer le pénalty qui peut lui permettre de battre le record de buts au PSG, et ce malgré la prestation stratosphérique réalisée par le Brésilien. «*Leurs déclarations m'agacent. Ils prennent la grosse tête. J'espère qu'ils vont revenir à la raison et se concentrer sur le terrain et sur la progression du club*», résume Xavier Coulant. «*C'est fabuleux, mais si l'histoire se termine là, Ronaldinho aura autant marqué le club que ces deux-là, car Neymar et Mbappé nous laissent sur notre faim*», conclut Yacine Hamened.

Neymar et Mbappé sont ce rêve, inaccessible et toutefois présent, mais qui nous prend de haut, nous frustre régulièrement. Mais puisqu'ils sont un rêve, on s'y attache, encore, jusqu'à la gloire… ou au point de non-retour ?

3. PARIS EST-IL ENCORE PARIS ? LA CRAINTE DE PERDRE NOTRE IDENTITÉ, UNE ANGOISSE EXISTENTIELLE

Un seul logo, un seul maillot ? Dilemme chez les supporters...

Paris… Capitale économique, capitale culturelle et désormais véritable capitale sportive. Avec un temps de retard. Elle aurait dû accueillir les jeux Olympiques 2012, mais les membres du CIO en ont décidé autrement. Paris aura finalement 2024, mais pour l'heure, la plus belle ville du monde peut compter sur le PSG en guise de vitrine pour la faire briller.

Tandis que les plus jeunes d'entre nous se nourrissent de culture rap, les boîtes de nuit parisiennes vivent au rythme de la tendance brésilienne, emmenée par Gusttavo Lima, Michel Telo et Alex Ferrari. Dans le vestiaire du PSG, Marquinhos et Lucas font danser le reste de l'équipe sur un air *auriverde*. Samba !

Face à ces bouleversements, les repères s'estompent. Le PSG devient grand, il devient aussi marketing, à l'image de ses concurrents européens. Le chantier est vaste pour les nouveaux dirigeants, qui se doivent de moderniser le club à la hauteur de leurs ambitions. Or la modernisation, souvent présentée comme vertueuse dans la société, ne s'inscrit que rarement dans les aspirations de supporters très attachés à la conservation des valeurs traditionnelles qui font l'identité de leur club. « *Les dirigeants sont de passage, les supporters restent.* » L'argument semble banal, il est pourtant inattaquable.

Nos supporters sont rois du fait de leur fidélité et de leur ancienneté. Les principes, valeurs, couleurs, symboles prédominent et tout changement s'expose à la gronde. Pourtant, la progression du PSG passe par une évolution indispensable. Le dilemme est plus grand que jamais.

Janvier 2013. Nous sommes fiers, Paris est fier, la France est fière de voir signer au PSG l'un des visages les plus connus de cette planète, l'ancienne gloire du Real Madrid et véritable produit marketing, David Beckham. Après Zlatan, Thiago Silva, Thiago Motta, Paris développe encore davantage son image. Mais une contrariété vient ternir le bonheur du peuple rouge et bleu. Les dirigeants qatariens décident de modifier le logo du club, la énième modification de son histoire.
Si les couleurs rouge et bleu, la tour Eiffel et la fleur de lys sont toujours présentes, le berceau et la date de création du club, eux, disparaissent, tandis que « Paris » est mis en avant par rapport à « Saint-Germain ». Un blason qui divise. « *C'est ce qu'a fait West Ham depuis trois ans en ajoutant "London" en dessous de leur blason. On sait que c'est dans une logique d'optimisation des recettes et qu'ils se positionnent sur la marque Paris. Pour moi, il y a vraiment une volonté de scinder Saint-Germain et Paris. C'est dénaturer l'ADN du club. C'est pas Paris, c'est Paris SG ! Je pense qu'on peut populariser un club sans casser son ADN* », regrette Olivier Laval, membre des Boulogne Boys entre 1986 et 1996. Un point de vue qui ne fait pas l'unanimité. Attachés à nos valeurs, nombreux parmi nous sont aussi conscients de ce qu'est et ce que doit devenir le PSG. « *On était les premiers à mettre des banderoles "Colony Capital, mettez des moyens ou dégagez", donc on ne peut pas retirer ça aux nouveaux dirigeants* », reconnaît Xavier Coulant. Riche, ambitieux, moderne et dépensier, le PSG est dans l'ère du temps, un impératif pour « *rêver plus grand* », mais loin d'être une première dans l'histoire de

notre club, comme le rappelle Julien Cazarre, né rue des Princes, juste à côté du Parc. « *Ceux qui critiquent le plus les nouveaux dirigeants, ce sont les jeunes, les moins de trente, quarante ans, ceux qui sont arrivés à la fin de l'ère Canal. Mais ces gens doivent savoir que quand Canal reprend le PSG, en 1991, c'est exactement pareil. Ils évincent Francis Borelli, un historique du club. Ils investissent beaucoup d'argent, changent le logo. À leur arrivée, c'était aussi ultra marketing.* »
Le PSG, depuis Canal, est pourtant resté le même, avec sa ferveur, ses couleurs, son stade, son identité. Cette identité qui tourmente tant certains d'entre nous, porte de Saint-Cloud. Rappelons d'abord qu'elle désigne le caractère permanent et fondamental d'un groupe, en l'occurrence d'un club, ce qui fait son individualité, sa singularité. Alors, ces investisseurs venus du Moyen-Orient, qui veulent faire du PSG une marque mondiale, sont-ils en train de modifier notre identité ? Une hérésie selon Daniel Riolo, très attaché au club. « *Ce sont des bêtises, tout ça. Le PSG, son histoire, cela a toujours été le peuple et l'argent. Daniel Hechter, quand il arrive au club, il est créateur de mode. Qu'est-ce qu'on aurait dit aujourd'hui ? Il y a toujours eu le show-biz au PSG, et à côté de cela tu avais les concierges, les ouvriers, les banlieusards qui venaient voir les matchs. Canal, ce n'est pas show-biz aussi ?* »

Autre motif d'inquiétude dans les travées du Parc des Princes : le maillot du club. Lui occupe une place bien plus importante dans l'histoire du club et notre cœur. Le blason, passe encore, le maillot, pas question. Très attachés au maillot Hechter, signé du célèbre couturier qui a dessiné le premier maillot du club au début des années 70, nombreux sont ceux qui s'exaspèrent de voir la « modernité » envahir une tunique pourtant si belle et si symbolique quand elle reste simple. Après tout, « *la simplicité est la réussite absolue* », disait Chopin.

Représentation officielle du club en France, en Europe et dans le monde entier, le maillot du PSG, du moins le maillot domicile, se doit selon beaucoup de rester bleu, à bande rouge au milieu, par respect pour nos couleurs et notre tradition. Des pétitions ont été lancées ces dernières années pour voir le « maillot Hechter » réapparaître sur le dos des joueurs, un maillot que portent d'ailleurs la plupart des membres du Collectif Ultras Paris. « *Je fais partie de ceux qui pensent qu'on ne peut pas faire n'importe quoi avec le maillot domicile. Le PSG, à la maison, doit jouer avec son maillot traditionnel, c'est important. Quand je vois le club jouer à domicile, en Ligue des Champions, avec le maillot Air Jordan blanc, ça me met le cafard. Je comprends le côté business et le football d'aujourd'hui, mais à un moment donné il faut faire attention* », pointe Yacine Hamened. Si de grands clubs tels que le Real Madrid, la Juventus Turin ou encore Liverpool restent fidèles à leur tradition concernant leur maillot domicile, pourquoi nos dirigeants ne font-ils pas de même, au lieu de chercher à se réinventer, se démarquer, comme avec le maillot Air Jordan noir et blanc utilisé lors des matchs de Ligue des Champions 2018-2019 ? Une vision que partagent beaucoup d'amoureux du PSG, et dont a témoigné une banderole déployée dans le virage Auteuil : « *C'est un maillot de foot ou de basket ?* »

Partagés mais assez compréhensifs sur le blason, les supporters de notre club sont quasiment unanimes quant à l'importance du maillot domicile, jamais plus beau que lorsqu'il ressemble à la tunique Hechter. Un positionnement que tempère l'éditorialiste Daniel Riolo. « *Le maillot aussi a changé maintes et maintes fois. Évidemment qu'on aimerait que ce soit sans arrêt la bande rouge au milieu, parce qu'esthétiquement, c'est le plus beau. Mais ça n'a pas toujours été le cas dans l'histoire du PSG. J'aurais aimé qu'on ne varie jamais, comme la Juve (excepté cette année), le Milan, l'Inter, le Real, Liverpool... On aurait aimé plus de stabilité. Mais c'est faux de dire que le PSG a vendu son âme. C'est une absurdité totale* », s'exclame-t-il.

Le débat sur l'identité est finalement une éternelle interrogation, une introspection même qui sonne chez nous comme un rappel permanent à nos valeurs, notre passé et notre histoire. Ces symboles, ils sont importants, essentiels, mais ils ne doivent pas nous restreindre à regarder en arrière. Il faut avancer, aller de l'avant, grandir en même temps que le club… et que le Parc des Princes. Lui a bien évolué.

Le Parc a changé

Il est 8 heures du matin, le Parc des Princes a fermé ses portes depuis plusieurs heures déjà. Les éboueurs sont passés, ont ramassé les derniers pétards et verres en plastique, alors que l'église Sainte-Jeanne-de-Chantal s'apprête à faire sonner ses cloches.
Juste à côté, la terrasse des Trois Obus voit affluer les plus matinaux d'entre nous, le journal en poche. Les cafés ont remplacé les pintes de la veille, et la vie reprend son cours. De l'autre côté, à Auteuil, les tables des Deux Stades, ce traditionnel bar situé entre le stade Jean-Bouin et le Parc des Princes, sont encore vides. Ses serveurs, souvent vêtus de maillots du PSG les soirs de match, vivent au rythme du club et de ses supporters. Les soirs où le PSG joue, on peut à peine y pénétrer, tant l'endroit est bondé et respire la passion. Les plus chanceux ont une place assise, en terrasse. Les autres restent debout. Dans les deux cas, conversations et chants se succèdent. Ici respire le PSG.
L'âme du club s'y ressent à chaque instant. «*Des yeux d'enfants sur des visages d'adultes*», décrit Michel Montana, notre speaker. Le Parc est prêt, il nous attend. Nos joueurs sont déjà arrivés au stade. Les ultras ne vont pas tarder à donner de la voix, dans cette arène si particulière, mais pour autant différente, désormais.

Depuis le plan Leproux instauré en 2010 et l'arrivée des propriétaires qataris en 2011, un match au Parc ne ressemble plus à ce que l'on pouvait voir par le passé. Si les incidents survenus à la fin des années 2000 ont mis fin aux groupes de supporters entre 2010 et 2016, la prise en main du club par les nouveaux dirigeants implique aussi une évolution de la politique menée dans l'environnement du Parc des Princes, à l'image de la métamorphose du club. «*Mon rapport au Parc est aujourd'hui distant et nostalgique. C'est une partie de moi qui s'en est allée*», regrette Mathieu Zagrodzki, supporter historique de la tribune Boulogne. Notre Parc a changé. Stratégie de développement marketing, hausse généralisée et significative du prix des places, à l'image des concurrents européens, tout ceci sans contestations majeures. Une aubaine pour les dirigeants qataris qui voient notre public s'embourgeoiser, aux dépens des classes populaires qui, pour beaucoup, n'ont plus les moyens de se rendre porte d'Auteuil.

Theo et son père Julien[110], abonnés depuis 2006 en tribune Paris, ne viennent plus au Parc : c'est devenu trop cher. Celui qui serait leur voisin aujourd'hui ne vient que trois fois dans l'année, sinon il revend ses places. Lorsqu'il est là, il s'en prend aux joueurs supposés plus faibles. C'est insupportable. C'est comme ça, on ne peut rien y faire. Le hot-dog, dans les coursives, passe d'abord à quatre euros, puis cinq, puis six, tandis que les maillots et équipements du PSG demeurent inaccessibles pour beaucoup. À nos côtés, les touristes ont remplacé les camarades qui prenaient toujours le même plaisir à raconter les déplacements de la semaine passée. Les téléphones se sont substitués aux écharpes rouge et bleu. Ah, les smartphones dans les stades, ce poison, ce fléau ! «*J'étais au Parc contre Liverpool en Ligue des Champions. Les mecs sont là à tweeter, à mettre leur photo en story sur Instagram. Ce n'est pas ça pour moi, être supporter*», s'agace Éric Krissi. Les lumières des appareils photos évincent les yeux d'enfants sur un pénalty de Cavani.

110 Les prénoms ont été modifiés.

« Le Parc, je n'y mets plus les pieds depuis sept ans, ce n'est pas pour rien. Je ne reconnais plus le Parc des Princes que je côtoyais. Je ne critique pas ceux qui y retournent. Mais aujourd'hui il y a des gens, au lieu d'exulter lors des buts, ils sortent leur téléphone pour filmer… Ce n'est pas mon Parc », surenchérit Xavier Coulant, pourtant abonné plusieurs années en virage. On ne peut pas leur donner tort. Le Parc est un package. Il est désormais l'endroit où il faut être après la tour Eiffel, l'Arc de Triomphe et la malheureuse Notre-Dame. Dans et autour de l'enceinte, l'atmosphère aussi a changé. À l'extérieur, l'accès au stade est balisé par tout un parcours qui dérange autant qu'il agace. Plus question d'accéder à la tribune Paris en passant par Auteuil. En avant-match, la boutique officielle est réservée aux spectateurs de la tribune Borelli. Une hérésie.

« J'ai été très surpris car le Parc a rapidement changé, aussi bien à l'extérieur qu'à l'intérieur, avec du personnel partout. Quand j'emmène mon fils, je lui dis "Tu vois, après le match on attendait les joueurs à la sortie, ils allaient chercher leur voiture au parking en face." Aujourd'hui, ce n'est plus du tout le cas, mais ça fait aussi partie de la vie d'un grand club de se structurer de la sorte. Cela fait très bizarre. Chaque fois que je vais au stade, je suis surpris de voir ce show super bien rythmé, tous les clips, le marketing… on sent qu'il y a une grosse machine derrière », témoigne Éric Krissi. L'avant-match est animé par des clips, des musiques, des fanfares. Les chants, avant le retour du CUP en 2016, disparaissent et laissent place à ces animations, pour la plus grande tristesse de ceux qui ont connu le Parc « d'avant ». Michel Montana, qui a fait ses débuts en tant que speaker du Parc en 1994, constate depuis la pelouse cette évolution. Il nous évoque sa nostalgie et ses souvenirs de l'atmosphère d'antan. *« C'est normal d'être nostalgique de la période où les deux virages se répondaient. Ce qui est incroyable, c'est que comme beaucoup de supporters, je garde un souvenir ému de la période Colony Capital, même si on a tout connu. Parfois il y avait des grèves de chants, je me faisais siffler. Mais les*

supporters me disaient après "C'est pas après toi qu'on en a." Il y a une nostalgie de cette époque car on connaissait tout, les grandes joies et les grandes peines. J'ai toujours rêvé de l'équipe qu'il y a aujourd'hui avec les deux virages qui se répondent», confie-t-il.
Boulogne est désormais une tribune grand public. Au même titre que la tribune Paris et la tribune Francis Borelli. Le premier virage, la première ambiance, les premiers tifos ne sont plus. Ceux qui les ont connus n'en démordent pas, «*le Parc, c'était mieux avant*».
L'essentiel est ailleurs. L'arrivée du Collectif Ultras Paris en 2016 au sein du virage Auteuil a redonné vie à un Parc qui manquait de souffle, mais un Parc éternel. Un temps annoncé au Stade de France, en raison de la difficulté à accroître la capacité du Parc des Princes, le PSG n'a finalement pas bougé. Il ne bougera jamais. Les dirigeants ont très bien compris qu'il était la maison du PSG, de notre famille. Là où tout s'est écrit et tout continuera à se graver. Rien ni personne ne pourra jamais l'empêcher.

« La victoire a cent pères mais la défaite est orpheline »

La maison, restons-y. Depuis l'apparition du nouveau stade Jean-Bouin, moderne et magnifique, dans lequel évoluent l'équipe féminine du PSG et l'équipe de rugby du Stade Français, notre Parc a pris un coup de vieux. Sa façade extérieure, plus archaïque que celle de son voisin, semble être la même depuis le premier jour. Qu'importe, il est notre Parc. Ses détracteurs sont nombreux. Grand bien leur fasse. Il n'a aucune équivalence dès le franchissement des grilles.
Le public, lui, a pris un coup de jeune. Certains ne sont plus là pour revenir, d'autres en ont fait le choix, d'autres encore ont été contraints de partir. Le public du Parc, depuis 2011, est désormais comme neuf. Outre l'évolution sociologique déjà abordée, c'est une mutation plus profonde qui caractérise nos supporters.

De l'eau est passée sous les ponts depuis le PSG-Saint-Étienne de 2008, la dernière de Pedro Pauleta au Parc, avec un Paris au bord de la Ligue 2. Le ou l'un des souvenirs les plus intenses au Parc, pour ceux qui l'ont vécu. PSG rimait avec échecs et déboires, mais le Parc était plein, coûte que coûte, jusqu'à la dernière seconde, jusqu'au dernier espoir. Les plus nostalgiques d'entre nous reparlent de ce match, pourtant horrible à vivre sur le moment, avec émotion. Aucune rencontre de championnat, sous l'ère QSI, n'a eu pour l'heure la même dimension, la même atmosphère, le même engouement, aussi incroyable que cela puisse paraître.
Le dévouement sans faille au PSG a laissé place aujourd'hui à une exigence simplement normale qui avec le recul, si l'on repense aux désillusions et aux périodes délicates qu'a traversé le club, peut déconcerter. Quand il arrive au PSG, avec Thiago Silva, Verratti et Cavani, de regagner les vestiaires à la mi-temps sur un match nul, les sifflets accompagnent nos joueurs. «*Avec le public d'aujourd'hui, je mets un billet que si on était 17e, il n'y aurait pas 40 000 personnes toute la saison. Certains râlent déjà quand il y a 0-0 au bout d'un quart d'heure de jeu. J'ai envie de leur dire "Attendez, c'est un match de foot, avec un adversaire, il peut y avoir 0-0"*», s'irrite «Giscard». «*Siffler nos joueurs, c'est cracher sur nos couleurs*», une devise que ne connaissent pas encore les nouveaux vacataires porte de Saint-Cloud, dont certains préfèrent quitter le stade à la 75e minute, quand ils estiment en avoir assez vu.

La question suivante ne se pose pas. Le PSG est champion tous les ans, et l'attrait que suscite notre équipe fait du Parc un stade à guichets fermés ou presque, de manière quasiment systématique. Mais si demain notre club venait à multiplier les échecs en Coupe d'Europe et en championnat, notre stade ne se viderait-il pas au fil des défaites, comme à Marseille, Bordeaux ou Rennes ? Difficile de répondre à de la *football fiction*, et compliqué à envisager au vu de la fidélité qui caractérise notre public depuis désormais 50 ans. Certains, comme Xavier Coulant, ancien abonné d'Auteuil et de Boulogne, s'y osent. «*Je les vois les mecs, je vois leur mentalité. Je suis quasiment certain qu'ils ne supporteraient pas ce que l'on a vécu à la fin des années 2000. Ils sont davantage attachés au succès du PSG qu'au PSG lui-même.*»

À l'heure des réseaux sociaux, du développement des images, de l'intensification des émotions, de la culture de l'instant, tout va si vite. Les plus jeunes d'entre nous sont moins sensibles à une culture club transmise par leurs aînés qu'au spectacle qu'ils observent un peu partout en Europe. La mode est de supporter un club en France et un autre en Espagne ou en Angleterre. On supporte le PSG et le Real, ou l'OL et le Barça. Face à ce phénomène, la défaite ne peut qu'être orpheline. L'attachement est corrélé au succès. Tant pis pour les amoureux, les vrais, du PSG. «*Tu supportes le PSG depuis l'arrivée du Qatar, hein ?*» est désormais la question favorite des anti-PSG. Sur les réseaux sociaux, devenus le terrain de vrais débats mais aussi et surtout malheureusement de pseudo-analyses et de propos déplorables, certains s'approprient la passion rouge et bleu et disparaissent aussitôt qu'une défaite survient en Coupe d'Europe. Ils ne méritent pas le PSG.

Face à toutes ces évolutions, ces bouleversements, on ne peut que s'interroger sur ce qu'est et représente le PSG aujourd'hui, ainsi que son public. Un débat qui d'ailleurs dépasse notre club. Ces personnes sont-elles nos héritières dans les travées du Parc ? Supportons-nous la même identité, les mêmes valeurs ? Quand nous prônons le retour du maillot Hechter, elles ne consomment que la marque Air Jordan. Pourquoi pas. À l'heure où la société évolue, le PSG suit le rythme, effectue sa mutation à l'aube de ses 50 bougies.

Mais ne dramatisons pas. Notre club est si particulier qu'il voit quand même ceux qui ne l'ont pas connu dresser Amara Diané en sauveur, voire en icône. Ce besoin de passion inhérent à Paris depuis la seconde moitié du XXe siècle fait du PSG plus qu'un club : un sentiment hors d'atteinte. Si les fidèles de la période Borelli ont vu leurs héritiers triompher sur un coup franc de Bruno Ngotty, ces derniers ont suffisamment bien fait leurs devoirs pour que les moins de vingt-cinq ans d'aujourd'hui fassent de Pauleta et Cavani leurs joueurs préférés. Qu'importe la victoire, qu'importe la défaite.

Le PSG en quête d'institution

La figure tutélaire, l'autorité, l'incarnation de l'institution. Le besoin est encore plus vital en football que dans les autres disciplines. L'influence des médias au quotidien rend absolument indispensable la présence d'une institution forte dans les plus grands clubs européens. Partons du modèle du Real Madrid, de loin le meilleur exemple. Déjà bien avant l'émergence des médias de masse, en plein cœur des Trente Glorieuses et vers la fin du franquisme, la mainmise de Santiago Bernabeu sur le club *merengue* faisait du club madrilène une force de frappe indétrônable. Le Real remportait ainsi pas moins de six Coupes d'Europe des clubs champions, l'ancêtre de la Ligue des Champions, entre 1956 et 1966. Près de quarante ans plus tard, durant les années 2000, la *Casa Blanca* n'a remporté aucune Coupe d'Europe pendant près de douze ans, malgré ses Galactiques. Il a fallu attendre le retour d'une figure, LA figure, Zinédine Zidane, incarnant l'institution, le passé et la gloire du Real Madrid, pour que le club espagnol se remette à enchaîner les triomphes sur la scène continentale.
Malgré sa croissance fulgurante en tant que club depuis l'arrivée de QSI en 2011, le PSG ne franchira un nouveau cap que s'il réussit son institutionnalisation, loin d'être acquise, et qui demeure à ce jour un frein, peut-être le plus important, à sa quête de Ligue des Champions. « L'institution PSG », nous en avons tous entendu

parler ces dernières années, nous la réclamons tous. Que signifie-t-elle exactement ?

Le PSG deviendra une institution forte quand il sera à la fois un club respectable, respecté, gage d'autorité, de rigueur, au-dessus de n'importe lequel de ses membres, y compris ses stars les plus importantes. Ce qui est somme toute une forme de respect envers les engagements multiples des supporters envers notre club. Après la théorie, la pratique. C'est là où le bât blesse.

Le projet « *Rêvons plus grand* » se veut fort et ambitieux, il se doit de respecter notre histoire, ce et ceux qui ont fait notre force, pour que nos ambitions soient pérennes. L'évolution d'un club ne doit pas lui faire oublier ses composantes au seul prétexte que de très grands joueurs portent désormais son maillot. L'adhésion doit suppléer l'addition et les millions. Cela peut paraître démagogique, ça l'est sans doute d'une certaine façon, mais c'est pourtant ce qui a fait notre succès et notre légende.

« *Je ne connais pas un club qui ait gagné sur la durée avec un joueur plus fort que lui. Pour qu'un club puisse avancer, il doit avoir le contrôle sur tout. Y compris les joueurs les plus importants.* » Commençons pas ces mots prononcés par Leonardo, il y a quelques mois, lors de son retour à la tête de la direction sportive du PSG. Évacuons d'emblée l'argument financier, dont on a tous conscience qu'il est primordial pour attirer de grands joueurs, *a fortiori* quand, comme nous, le club sort de saisons peu glorieuses.

Une fois à Paris, nombreux sont ceux qui ont su faire preuve de professionnalisme et montrer des signes d'affection à l'égard du club et de ses supporters, puis manifester une affection réelle. Thiago Silva, Marquinhos, Cavani, Pastore… Sans oublier certains Français et joueurs formés au club. Mais parallèlement, combien sont-ils à considérer le PSG comme un club de passage, un remplisseur de porte-monnaie, ou bien les deux en même temps ? Qu'importe leur statut, leur talent ou leur importance dans le

projet QSI, rien ni personne ne peut excuser qu'un joueur se considère au-dessus de l'institution. Les mots de Leonardo sont clairs. En ce sens, les propos irrespectueux, abordés précédemment, de Zlatan Ibrahimovic à l'égard de notre histoire, les voyages à répétition de Neymar ou encore les vidéos de Serge Aurier sont littéralement incompatibles avec un club qui se veut fort et qui ambitionne de remporter la plus prestigieuse des coupes d'Europe. Les supporters le savent. Leur affection ne dépend pas du nom. Éric Maxim Choupo-Moting n'a-t-il pas eu plus de chants à sa gloire que Neymar ? S'il est souvent moqué et décrié pour ses quelques maladresses, l'attaquant camerounais a su, dès son arrivée, faire preuve de respect et d'attachement à l'égard des trois lettres qui nous unissent, le PSG.
« *Un club qui gagne, qui fonctionne, c'est forcément quand l'institution est forte. C'est pour cela que le retour de Leonardo est important. C'est fantastique de voir tous ces grands joueurs au PSG aujourd'hui. Mais ce qu'il faut désormais, c'est structurer le club, l'institutionnaliser. Il faut un club fort, une entité forte. Il faut que les joueurs respectent davantage le club* », estime Antoine Kombouaré. Pour l'ancien entraîneur du PSG et responsable de la direction technique nationale Guy Lacombe, il est également essentiel pour le PSG de franchir ces paliers s'il souhaite un jour triompher à l'échelle européenne. «*Le PSG doit comprendre qu'un club, c'est une institution. Il faut passer ce cap. C'est tout un environnement, des décisions qui doivent être prises au bon moment pour que les joueurs comprennent que le club est plus important qu'eux. Ce n'est pas le cas aujourd'hui. Ce n'est pas possible quand vous souhaitez être parmi les grands* », se désole-t-il. La plus importante de ces décisions, c'est peut-être le retour de Leonardo au poste de directeur sportif à l'été 2019.
Si le Brésilien avait commencé à faire du PSG un club structuré et respecté entre 2011 et 2013, sa suspension suivie de sa démission prématurée avaient laissé la direction du club orpheline de cette

figure durant près de six ans. Un trou immense, jamais compensé en termes d'autorité et de représentation du club, laissant libre cours à de nombreuses dérives. Ni Nasser Al-Khelaïfi, ni Antero Henrique, et encore moins Olivier Létang et Patrick Kluivert n'ont su faire du PSG l'institution qu'il devait être. «*Leonardo avait amené un peu ce sentiment d'appartenance à l'institution PSG, car il avait connu Bucarest en tant que joueur. Finalement aujourd'hui, qui sont les garants du passé, de l'histoire ? Il n'y a personne. Dans les grands clubs, quand on regarde la tribune présidentielle, on croise plusieurs personnes qui ont marqué l'histoire du club. Ils sont où les historiques du PSG ? Il n'y en a pas. Ça c'est un problème*», regrette Yacine Hamened dans des propos tenus avant le retour de Leonardo.
Les dirigeants parisiens ont donc décidé de jouer leur va-tout sur le retour de l'ancien milieu parisien au poste de directeur sportif. Il est d'ailleurs le seul ancien du club à figurer dans l'organigramme. Alors que l'on aperçoit régulièrement Sir Alex Ferguson, Ryan Giggs ou encore Bobby Charlton dans les tribunes d'Old Trafford, nos anciennes gloires manquent cruellement, voire sont littéralement oubliées par la nouvelle direction.
En mars 2019, lors de la réception de Manchester United en Ligue des Champions, Carlos Bianchi, légende du club durant les années 70, avait indiqué ne pas être convié au match, avant que le club ne rattrape la bourde au dernier moment. Une anecdote qui fait écho à cette confidence de Jean-Marc Pilorget, joueur le plus capé de l'histoire du club avec 435 matchs disputés. «*Il ne faut jamais perdre de vue que le football reste humain. Je ne demande pas souvent à aller aux matchs mais bon, ça m'arrive de temps en temps. Une fois, j'ai voulu y aller, on m'a dit oui et au final je n'avais pas de place. Quand je vois ça, je me dis que ce n'est pas normal. Je trouve ça choquant.*» Nous aussi.
Notre direction n'aurait-elle pas tout à gagner à accorder plus d'importance à nos anciens, certainement très heureux de voir

le club prendre cette dimension, afin de maintenir le lien entre le passé et le présent ? Perpétuer nos traditions, véhiculer notre identité, faire de Raí, Leonardo et Safet Susic nos représentants. Ils sont des figures prépondérantes, auxquelles notre histoire doit tant, auxquelles nous nous identifions. Les respecter, c'est aussi respecter notre famille, celle qui s'est tant déchirée, qui a connu peines et joies, mais qui est souvent le recours face aux maux qui nous bouleversent au quotidien. Encore une fois, nous n'avons de cesse de le répéter, tout est toujours plus difficile pour le PSG.

4. SOUFFRIR POUR GRANDIR : CHELSEA, BARCELONE, MANCHESTER, UN MÊME RÉSULTAT, LES MÊMES ERREURS

Chelsea, acte I : l'espoir douché

Existe-t-il quoi que ce soit qui procure plus de frissons dans le football que la musique de la Ligue des Champions à l'entrée des joueurs sur le terrain ? Ces quelques notes de musique qui nous rappellent les soirées printanières dont nous fantasmons. Celles où rien n'existe hormis la Ligue des Champions. Celles qui paraissaient encore utopiques à l'approche des 40 ans du PSG, celles qui nous font tant rêver… et tant souffrir. Des émotions qu'il est difficile de dissimuler. Il est même impossible de tricher sur ce que nous sommes, sur notre histoire et nos sentiments. Avec les sentiments, on ne triche pas. On a décidé que ce serait le PSG. Pour toujours. Comme à l'église, pour le meilleur et pour le pire.
« *Quel fiasco !* », « *Inqualifiable* », « *Encore pire* ». Vous les avez sans doute reconnues, ces unes de *L'Équipe*. Ces gueules de bois qui ont du mal à partir, un mardi ou un mercredi, un soir de mars ou d'avril. Il est temps d'y revenir. Des regrets à la honte, de la tristesse à la colère. Avec un rêve en ligne de mire, qui persiste mais ne s'approche pas. Le football est parfois cruel, le PSG est souvent terrible.

Pour bien comprendre l'abattement qui s'est produit à Stamford Bridge, le soir du 8 avril 2014, il faut nous replonger quelques mois plus tôt. Une année même, en 2013. Zlatan et ses tatouages aussi nombreux qu'indéchiffrables sont à Paris. Thiago Silva, Ezequiel Lavezzi, Alex et Marco Verratti également. Paris et le Parc sont des attractions. C'est le moment de se souvenir des paroles de Jean-Paul Belmondo : *« L'histoire du PSG a toujours suivi un scénario époustouflant, plein de rebondissements. On peut l'aimer, ou pas. La réalité, c'est que ce club respire la vie. »*

L'attente et l'espérance sont fortes. Paris s'apprête à devenir champion de France, 19 ans après son dernier sacre national. 19 ans après nos héros qui s'appelaient Raí, David Ginola, Bernard Lama, Antoine Kombouaré. Le rêve est à portée de main. *« Des yeux d'enfants sur des visages d'adultes. »* Cette phrase, on ne s'en lasse pas. Cette phrase de « Michel ». « Montana », ça fait trop Américain. Michel est un Parisien, un vrai.

Nous voici donc en 2013. L'équipe de France n'y arrive toujours pas, mais ça ne fait rien. Le PSG terrasse Valence en huitième de finale pour notre première campagne de Ligue des Champions sous QSI. Naïfs et rêveurs, nous ne savons plus vraiment à quoi cela ressemble, une phase finale de Ligue des Champions. Le tirage au sort nous oppose au FC Barcelone. Comme ça, Paris Saint-Germain et FC Barcelone, côte à côte, face à face. Qui dit Barça dit Guardiola (son héritage), Piqué, Xavi, Messi, Iniesta. Tous ces monstres au Parc, face à notre PSG, celui qui finissait treizième de Ligue 1 trois ans plus tôt. Des heures et des heures de queue devant le Parc des Princes pour décrocher le précieux sésame, une place pour la rencontre. La fête est immense, David Beckham est même titulaire lors du match aller. Soyons fous !

Le rêve est en marche, rien ne semble pouvoir l'arrêter. Nous sommes même provisoirement qualifiés lors du match retour après le but de Javier Pastore. Notre artiste. L'égalisation de Pedro élimine le PSG sans que nous ayons perdu le moindre match. La déception est moindre, le parcours suscite la fierté et même l'espérance. L'Europe sait désormais qui nous sommes : les nouveaux champions de France. Prêts à rêver plus grand.

Un statut hégémonique que le PSG renforce avec l'arrivée sur le banc de Laurent Blanc, ancien Marseillais. L'homme qui préférait dire *« le Paris Saint-Germain »* plutôt que *« nous »* tout au long de ses trois ans en tant qu'entraîneur du club. Le Cévenol, sa prise de distance et son accent du sud font de Paris une machine redoutable. Son adjoint, qui connaît bien la maison, Jean-Louis Gasset, y est pour beaucoup. Alors que Marseille est le temps d'une année la capitale européenne de la culture, Paris devient le centre d'intérêt numéro un dans une Europe du football bluffée par le jeu déployé sous l'égide de Thiago Motta. Plus question d'atterrir. Le but de Javier Pastore à Barcelone n'est plus seulement porteur d'espoir, il est le début de quelque chose de beaucoup plus grand. Rien ne semble pouvoir contrer notre ultra-domination. La fin du monde prévue pour 2012 a échoué et laisse entrevoir un nouveau monde. Celui qui nous voit basculer et lutter avec le FC Barcelone, le Real Madrid, Manchester United ou encore Chelsea. Pour rêver plus grand, il faut s'imposer dans la cour des grands.
L'échec face au Barça ne doit être qu'une étape, un apprentissage. C'est comme cela que c'était prévu, vendu du moins. La clef de la réussite passe par l'échec, c'est bien connu. En quart de finale, c'est le Chelsea de José Mourinho qui s'offre à nous. « *The Special One* » au Parc, ça aussi ça a de la gueule. L'ambiance porte de Saint-Cloud fait plaisir à voir. Rien ne vaut l'atmosphère des affiches européennes au Parc des Princes. Sans ultras, notre enceinte résonne quand même, le temps d'une soirée.
Au Parc, le PSG triomphe. 3-1. Un score net mais un score piège. Ceux qui décident de quitter leur siège avant la fin du temps réglementaire, afin d'éviter une sortie de parking compliquée, se font alors avoir comme des bleus, comme les *Blues* de Chelsea.

Dans les arrêts de jeu, le magnifique Javier Pastore ouvre sa boîte à magie pour nous régaler d'un tour dont il a le secret. Un but hors du commun, à son image. Grégoire Margotton est *on fire* sur Canal+. Mourinho est dépité, nous sur une étoile, déjà en demi-finale, avant même le match retour. C'est une quasi certitude. La nuit sera longue rue Princesse.
Comme avant un jugement, ou entre deux tours d'une élection présidentielle, le plus terrible, c'est l'attente. Il peut s'en passer des choses en une ou deux semaines. *Land of Hope and Glory.* Dans leur chant, les fans de Chelsea ne s'y trompent pas. Stamford Bridge est bien une terre d'espoir et de gloire. Eux l'ont gagnée, la Coupe aux grandes oreilles, et ont dû s'armer de patience. José Mourinho est un homme de coups. Paris est sur un nuage. Le piège paraît inéluctable.
« *Quand Pastore met le troisième but au match aller, j'étais inquiet car on n'avait pas une équipe pour garder un résultat. Il fallait que l'on joue. Si on était resté à 2-1, je suis certain que le retour aurait été plus évident. Là, on a attendu, reculé, et pris ce but. J'étais dégoûté.* »
C'était pourtant notre année. Éric Bidault ne décolère pas. La tribune réservée aux supporters parisiens est pleine et se fait entendre. Pas difficile à Stamford Bridge. Le scénario se dessine au fil des minutes. L'impuissance et l'inquiétude dans nos regards ne mentent presque jamais dans le sport de haut niveau. Demba Ba, remplaçant voire réserviste à Chelsea, et surtout grand supporter du PSG, élimine le club de la capitale en toute fin de rencontre (2-0). Les visages se déchirent et les larmes coulent. L'espoir est brisé, premier gros coup de massue depuis le rachat du club par QSI. « *Je l'ai très mal vécu, j'ai cassé la table basse du salon à la maison. J'étais furieux* », se souvient Éric Krissi.
José Mourinho court comme un fou, la tristesse est infinie. Tout va si vite dans le football, tout va trop vite au PSG. Demba Ba est un traître, le temps de quelques jours, voire de quelques semaines.

Paris est champion de France pour la deuxième fois consécutive mais le temps n'est déjà plus à la fête. La destinée tragique connaît ses prémices dans la capitale anglaise, dans la terre d'espoir et de gloire, le soir du 8 avril 2014.

Barcelone, acte II : l'humiliation de la *remontada*, la risée

Jamais le PSG n'avait à ce point dominé la scène du football français. Jamais ses supporters ne s'étaient sentis aussi intouchables. À mesure que Paris engrange les triomphes, son palmarès s'étoffe et nos exigences augmentent, sans parfois suffisamment profiter du moment présent, celui que nous recherchions depuis de (trop) longues années. Notre esprit n'a qu'une obsession, la Ligue des Champions. Celle qu'on nous a mise dans le crâne, telle une propagande, dès 2011. Celle à laquelle on pense comme si elle était déjà là, oubliant à quel point nous désirions cette équipe et cette dimension.

Dans notre optique de rêver plus grand, la déroute à Chelsea fait mal et sonne comme un premier revers majeur. La revanche prise l'année suivante (en 2015) en huitième de finale au terme d'un scénario rocambolesque, puis la belle remportée l'année d'après (en 2016), toujours en huitième de finale, toujours à Stamford Bridge, atténuent la plaie. Mais à chaque fois, le rêve se retrouve brisé au même stade, comme à Barcelone en 2013, comme à Londres en 2014, celui des quarts de finale.

Le fameux plafond de verre qui nous fait passer pour des faibles en Europe, nous qui paraissons si forts en France. Un entre-deux inconfortable, celui du désir de ce qui est pour l'heure l'inaccessible, et de la lassitude de l'accessible, devenu normalité.

Le PSG est à l'image de sa ville, brillant, toujours, mais abasourdi. Comme sonné par ce qui est en train de se passer. Paris et le PSG ne font qu'un quand la première est attaquée, frappée par les attentats les plus violents de son histoire. C'était un 13 novembre 2015, nous ne l'oublierons jamais. Jamais nous ne nous sommes sentis autant Parisiens. « *On a senti le Parc empreint d'une gravité que je n'avais jamais vue* », nous confie Michel Montana. Dans la corbeille du Parc, Nicolas Sarkozy et Manuel Valls ont la gorge nouée, la larme à l'œil, comme nous, pendant que la fanfare nationale reprenait l'hymne « *Ô Ville Lumière* », puis la Marseillaise. Cet après-midi du 28 novembre 2015, le Parc des Princes rendait aux disparus un hommage qui restera à tout jamais dans l'histoire du stade. « *Le Parc est un résumé de vie* », dit avec fierté Montana. Une vie, une ville et un club qui ne s'arrêtent pas. Plus soudés que jamais, la capitale et son club se doivent de franchir un cap. Rien de tel qu'un affrontement hautement symbolique contre l'autre « nouveau riche » qu'est Manchester City pour asseoir son statut de nouveau cador sur la scène européenne. Pour les supporters, c'est désormais une question d'honneur, de fierté. Il ne faut pas perdre à nouveau en quart de finale, qui plus est contre Manchester City. Nous sommes présents à l'Etihad Stadium, au match retour, ce soir d'avril 2016. Dans le centre-ville de Manchester, au niveau de Piccadilly Station, écharpes et chants du PSG sont au cœur de l'attention des habitants qui semblent toujours stupéfaits de voir un tel brouhaha quand le PSG se déplace outre-Manche. Les bières coulent à flots dans le métro qui nous mène au stade. Un stade qui a de l'allure, il faut le reconnaître.

Dans la queue réservée aux visiteurs, la composition du PSG tombe. Laurent Blanc opte pour un 3-5-2 avec Gregory van der Wiel et Serge Aurier titulaires. Ce dernier, aligné lors du match aller après avoir humilié son coach sur les réseaux sociaux quelques semaines plus tôt, avait déjà coûté le but égalisateur au Parc des Princes (2-2). Les têtes enjouées et festives se crispent. La tendance se poursuivra tout au long de la rencontre. Paris fait un non-match,

s'incline (1-0) et se fait sortir lâchement. Le chemin du retour sera long, et rempli de colère.
Le PSG terrasse (encore) l'OM en finale de Coupe de France, dix ans après le sacre de 2006, mais le sort de Laurent Blanc est déjà scellé. Le fusible a, dans toutes les têtes, sauté depuis la défaite contre Manchester. L'hégémonie nationale ne nous suffit plus, le beau jeu non plus. Ils sont nécessaires, mais pas suffisants. Les fins de saison n'ont plus de saveur porte d'Auteuil. L'Hexagoal est soulevé par Thiago Silva, *We Are The Champions* de Queen résonne le temps de quelques minutes, avant que le Parc ne ferme ses portes dans une joie mesurée, contenue par une frustration grandissante.

Laurent Blanc et Zlatan Ibrahimovic ne sont plus. Ils ont réussi et échoué. Ils ont fait grandir le PSG, jusqu'à un seuil qu'ils ne sont jamais parvenus à franchir. Le Parc des Princes réclame du changement. Les jeux Olympiques 2016 de Rio voient la France finir à une modeste septième place, bien loin derrière les Anglais. Décidément. Le grand changement se prépare, à tous les niveaux. Emmanuel Macron est dans les starting-blocks, Unai Emery aussi. Il s'apprête à reprendre le navire, après avoir remporté trois Ligue Europa avec Séville, sans y connaître l'intensité du vent. Le Collectif Ultras Paris réintègre progressivement le Parc des Princes. La vague de l'espérance ressurgit. Personne ne le sait encore, mais la tempête s'apprête à frapper. Une tempête jamais vue au PSG.

«As-tu déjà pleuré pour le PSG ?»
Voici la question que l'on décide de poser à Michel Montana, speaker officiel du Parc des Princes depuis 1998, au bout d'une demi-heure d'entretien. Elle n'était pas prévue cette question, pour être tout à fait honnête. Mais la voici posée, comme cela, subitement. Peut-être parce que l'homme nous paraît attachant, sincère, innocent, amoureux.

«*J'ai du mal à en parler.* (En larmes.) *Il y a eu deux, trois trucs, oui. C'est notre passion, c'est le foot. Tu as appuyé sur le bouton, je ne m'y attendais pas.*» Et nous voici plongés au cœur de l'enfer, au cœur d'un moment d'émotion, de franchise, d'humanité. «*Je vais te parler d'un truc précis*, enchaîne Montana. *Dans mon salon, il y a la une de* L'Équipe *après le match aller PSG-Barcelone. Il y a écrit "Prodigieux".*» C'est un soir de Saint-Valentin. Edinson Cavani fête ses 30 ans. Les amoureux du PSG n'en croient pas leurs yeux. Paris étrille Barcelone, 4-0, au Parc des Princes. Des étoiles plein les yeux. Le rêve est à nouveau permis. La bande à Messi est au tapis. Le retour de flamme subi à Chelsea trois ans plus tôt semble lointain, presque oublié, obsolète. Thomas Meunier, Blaise Matuidi, Julian Draxler et Marco Verratti décident de se filmer autour d'une bonne pizza, bavardant, rigolant, s'imaginant qualifiés malgré une défaite 5-1. Et nous rigolons avec eux, ce sont nos joueurs. Ils sont sur un nuage, nous aussi. On est naïfs face à ses propres joueurs.
«*Au match retour, j'ai dû présenter une soirée au Parc des Princes. Personne n'aurait pensé qu'il se passerait l'impensable. J'avais une animation à faire, il y avait des enfants et des supporters. Et j'ai vu des enfants pleurer.* (Il s'arrête de nouveau.) *Ça me touche beaucoup. C'est bizarre que ça me fasse ça aujourd'hui, comme si le supporter reprenait le dessus sur le speaker.*» Voici la tempête.
Chacun sait où il était, ce qu'il faisait et avec qui, le soir du 8 mars 2017. La nuit n'est pas encore tombée sur Barcelone quand monsieur Aytekin… monsieur Aytekin donne le coup d'envoi du match le plus dramatique de l'histoire de notre club. La pression catalane est telle que Paris ne parvient pas à résister, comme inhibé, gelé par la tempête. Le scénario est en train de s'écrire, ce scénario qui fait qu'avec le PSG, la sérénité n'existe pas, jamais, même après un 4-0 au match aller.
«*Quand on revient à 3-1, on se dit que c'est bon, les mecs dans le parcage visiteurs chantaient "Adios la remontada, adios la remontada".*

Je leur disais "Arrêtez les mecs, dans le football tout peut arriver." À 6-1, je leur ai dit "Vous ne chantez plus là ?", ils me répondaient "Oh ta gueule toi !"», se remémore Éric Bidault, présent au Camp Nou lors du match retour. La foudre a frappé. Ce qui était inenvisageable devient réalité. Le PSG subit la *remontada* du siècle. 6-1.
Nous sommes inconsolables. Le monde vient de s'abattre sur nous. PSG rime avec cauchemar. À Marseille, sur le Vieux Port, c'est la fête, comme dans d'autres endroits de l'Hexagone. Paris est cette fois-ci seul au monde. «*Après le match, t'as envie d'être seul, d'éteindre ta télé et d'aller te coucher… Mais tu n'es pas devant ta télé, t'es au Camp Nou comme un blaireau, tout en haut d'une tribune. Quand au bout de deux heures, tu as réussi à sortir de cet enfer, tu erres dans les rues comme un zombie jusqu'à ton hôtel que tu avais bien choisi car c'était celui des joueurs du PSG. Et quand tu arrives devant, comme si le cauchemar n'avait pas suffi, tu vois le bus des joueurs avec écrit en gros "Rêvons plus grand". Tu vas à la conciergerie de l'hôtel, et tu demandes qu'on te change ton billet d'avion pour le premier qui part le lendemain.*
- Mais monsieur, ça va vous coûter deux fois le prix du billet de partir à 7 heures du matin.
- Ta gueule connasse, balance le premier avion et m'emmerde pas avec tes ristournes, je ne suis pas en mode puces de Montreuil, là !»
Comme l'ensemble du parcage visiteurs, Julien Cazarre vit un véritable cauchemar. L'envie de disparaître et de ne jamais revenir. Le souhait de ne plus jamais entendre parler du PSG. Les enfants sont traumatisés, ils ne dormiront pas de la nuit. «*La passion, je la vis davantage à travers mon fils, qui est petit. Les dernières minutes, je les ai vues enfermé dans une salle avant de prendre l'antenne. Je me suis fait 30 secondes de méditation avant de prendre l'antenne pour encaisser le coup. Ce qui m'a le plus perturbé, c'est d'entendre mon fils qui m'appelle au coup de sifflet final, il pleurait, c'était horrible comme il pleurait. Ça m'a fait beaucoup de peine*», témoigne le journaliste Daniel Riolo.

Paris ne sera pas champion de France cette année-là. Tant mieux, peut-être. Mais comment faire pour rebondir après un tel désastre sportif ? Le trauma est si ancré que rien ne semble pouvoir l'atténuer.

9 mars 2017. Il est 7 heures. Le réveil sonne, une nouvelle journée commence. Il pleut sur la capitale. Le RER, comme toujours, a du retard. Il nous faut marcher, avancer, relever la tête. Survivre à la *remontada*. La tête est à l'exil, cette espèce de longue insomnie, comme le disait Victor Hugo. Il nous faut nous éloigner du PSG, quelque temps, plus que d'habitude. Plus que juin et juillet. Ce club qui hante nos esprits à travers des images qui défilent en boucle. « *On ne peut s'en défendre, le mieux est de fuir.* » Les mots d'Homère, dans *L'Odyssée*, prennent soudain tout leur sens.
L'exil est un monde idéal. Une utopie. La réalité est toute autre. Les collègues sont à l'affût. Les mêmes qu'en 2014, après le but de Demba Ba à Stamford Bridge. La convalescence (d'un point de vue psychologique, il s'agit bien d'une convalescence) est longue, très longue. « *J'ai mis plus d'un mois à m'en remettre. Encore aujourd'hui, ça me fait quelque chose. J'ai revu un résumé du match en 2018 seulement. J'ai revisionné les buts et c'est encore pire que ce que je pensais. Pendant un mois, je n'ai plus été sur Facebook. Je n'ai pas répondu au téléphone pendant plus d'une semaine, sauf à mon patron, ma femme et mes enfants* », nous précise, d'un air encore excédé par l'humiliation, Éric Bidault, qui a connu d'autres moments difficiles avec le PSG. Télévisions et radios sont éteintes. Les journalistes et consultants favoris deviennent inaudibles. On boycotte les réseaux sociaux, insupportables. Le temps est à l'introspection. Est-ce bien réel, vraiment ? « *Jusqu'au premier match de Coupe d'Europe de l'année suivante, je me suis dit : "Est-ce que c'est vraiment possible ce qu'il s'est passé ?" Pendant l'été, tu revois des images en plus... Tu le vis mal, tu t'en remets jamais en réalité* », admet Yacine Hamened, qui a

pourtant lui aussi vécu la désillusion contre La Corogne en 2001. C'était un 7 mars.
La tristesse ne s'efface en vérité jamais. Ce match restera pour toujours comme l'une des plus grandes humiliations du XXIe siècle, notre humiliation. À ce moment-là, plus personne pour incarner l'institution. Leonardo est parti, Nasser Al-Khelaïfi sonné, tout comme Unai Emery et ses joueurs. Patrick Kluivert, un temps directeur du football, est un ancien *Blaugrana*. Nous sommes seuls. Seuls avec les images que nous refusons de voir, seuls avec les voix de Stéphane Guy et Paul Le Guen, commentateurs de la rencontre sur Canal+, dans nos têtes.
«*Je ne souhaite à aucun supporter de vivre ça (sauf aux Marseillais). Et le pire dans tout ça ? Tu dois supporter réflexions, blagues et remarques. C'est un véritable traumatisme. À tel point que lors de la finale de la Coupe du monde 2018, après la bourde de Lloris et le but de Mario Mandzukic, j'ai vu la Croatie nous prendre la victoire sur le fil. Après la* remontada, *pour un supporter de Paris comme moi, tant que l'arbitre n'a pas sifflé la fin du match, tout reste possible. C'est terrible*», déplore Émilien Legras, jeune supporter encore affecté par le destin de son club.
La vie suit son cours. François Fillon, candidat à la présidentielle, connaît une descente aux enfers au moins aussi intense que celle du PSG. Nous ne sommes pas si seuls, finalement. En sport ou en politique, la bataille est cruelle. Emmanuel Macron en profite, il devient notre nouveau président de la République. Le PSG prépare lui aussi sa révolution, en coulisse, sans le moindre bruit. La *remontada* a laissé des traces. Marco Verratti réclame son départ alors que dans le secret le plus total, Neymar prépare son arrivée. Le Parc des Princes s'apprête à se relever. C'est à se demander si ce n'est pas dans la douleur et la souffrance que la passion PSG s'est forgée. N'aime-t-on pas ce club parce qu'on a pleuré pour lui, à cause de lui, comme Michel Montana ? C'est fait, Neymar

et Kylian Mbappé sont Parisiens, quelques mois seulement après la désillusion. 2017 est une année folle, presque aussi folle que Johnny Hallyday, parti cette même année. Lui ne connaîtra et n'enflammera plus le Parc des Princes. On avait tous en nous quelque chose de Tennessee.

Real Madrid, acte III : perdre sans combattre ni Neymar

Le sport et le football sont fascinants. Ils ont la faculté d'influer sur nos sentiments de manière à les faire basculer d'un extrême à l'autre, en un rien de temps. Vingt ans après sa défaite en finale de Coupe des Coupes, contre le même Barcelone, Paris doit à nouveau se relever et laver l'affront. C'est l'histoire de notre club. Neymar et Mbappé sont des nôtres. Jamais le PSG n'a paru si ambitieux. Leur arrivée change tout. Rien, absolument rien ne semble pouvoir contrarier le destin glorieux qui nous attend. L'Europe du football tremble, elle peut. Avec la MCN (Mbappé, Cavani, Neymar), Paris est l'adversaire à éviter. La magie doit se substituer à la tragédie qui hante encore nos esprits.

Le Parc des Princes est comme neuf. Le Collectif Ultras Paris refait du virage Auteuil cette «*terre bénie*» du Parc. En face, Boulogne est toujours silencieuse, orpheline de son allégresse d'antan, avec l'espoir partagé par tout un Parc qu'un jour, l'ambiance revienne aussi là-bas. En attendant, tout semble réuni pour y croire de nouveau. Cavani est la nouvelle idole du Parc et chacun rêve en secret que l'Uruguayen ramène la Coupe aux grandes oreilles à Paris.

C'est pourtant sur Neymar que tout repose. Le Brésilien est le centre de l'attention, le cœur de l'espoir, le leader de l'armée PSG. Quand il touche le ballon, tout peut se produire. Tel Achille, fils de Pélée dans la mythologie grecque, Neymar est l'héritier au Brésil du «roi» Pelé. Ses faiblesses semblent invisibles tant l'attaquant

est doué. Le Parc est pris d'admiration pour sa nouvelle star. Paris a besoin de son meilleur soldat pour vaincre l'ennemi, Neymar de briller pour entrer dans la légende. L'adversaire est de taille et aussi prestigieux que la cité troyenne. Le Real Madrid.
Le Real Madrid, c'est l'histoire d'un souvenir lointain, un soir de mars 1993. Pierre Bérégovoy était encore Premier ministre. Le Parc rempli à ras bord, une ambiance survoltée, la feinte de Valdo, la tête de Kombouaré, « Casque d'or » et le paradis. C'est ça, PSG-Real. En 2018, le Real, double tenant du titre, est annoncé fragile, «*pas aussi fort que les autres années*». La confiance est de mise en France, un peu trop, comme un élève qui ne retient pas ses leçons. «*Après le deuxième but au match aller, le troisième semblait inéluctable. Les mecs flippaient par rapport à l'an passé. C'est psychologique. On se dit "Ça recommence". C'est mental*», admet avec fatalité Julien Cazarre. 3-1. Comme en 1993, ce qui atténue la déception et laisse à nouveau place au souvenir, l'espoir d'un remake, au Parc. Le supporter n'admet jamais ses faiblesses, il les balaye derrière la porte qui, à Paris, finit inlassablement par lui claquer à la figure. Y croire pour masquer ses lacunes, ses défaillances, comme le talon d'Achille, comme le métatarse de Neymar. Le Brésilien se blesse avant le match retour et sera forfait plusieurs mois, le début du calvaire. Les rois grecs auraient-ils vaincu Troie sans Achille ? Peu importe. Le PSG lance une campagne folle à laquelle nous adhérons tous. «*Ensemble on va le faire.*» Joueurs, dirigeants, historiques, supporters, médias, tous y participent. Le jeu en vaut la chandelle mais l'enjeu dépasse les acteurs. Le Parc est pris d'assaut dès l'ouverture des portes. L'ambiance est au rendez-vous mais paraît pesante pour des joueurs à qui l'on rappelle depuis trois semaines le scénario de 1993.

Nous y croyons tous. Ensemble, on peut le faire. 20h45, Felix Brych donne le coup d'envoi, le match est déjà terminé. « *On se dit qu'au Parc, chez nous, ça peut se passer. C'était horrible car on était impuissants, notre équipe ne jouait pas, ne mettait pas de rythme. Ces soirs-là, on n'y croit pas vraiment*», reconnaît Yacine Hamened, présent 25 ans plus tôt dans les travées du Parc lors de l'exploit des partenaires de David Ginola. Le scénario fantasmé depuis trois semaines est balayé par un non-match, puni d'une tête de Cristiano Ronaldo. «*Je suis sorti du Parc en n'étant même pas déçu. J'ai vu une équipe du Real qui a fait son match alors que nous, hormis Verratti, on n'était pas là. Ils les ont regardés jouer et se sont laissés endormir. Comment à ce niveau et après le match aller encourageant, on peut faire un tel match retour ? Je les ai trouvés anesthésiés.*» L'incompréhension, encore. Comme pour Éric Krissi, présent au Parc, le destin semble s'abattre sur nos épaules, sans la moindre issue, sans un début d'explication, hormis peut-être, en guise d'excuse, l'absence de Neymar. Cette année-là, le Real Madrid triple la mise et remporte encore la Ligue des Champions, mais Paris semble avoir cessé d'y croire, de combattre. Les titres nationaux n'ont plus de saveur. Seul le cri de rage d'Unai Emery et son «*Allez PSG, allez PSG !*» à l'accent basque, ainsi que les larmes de Thiago Motta pour son départ, relèvent un peu le bilan d'une saison terne en termes d'émotions. Le paradoxe d'une suprématie nationale dont nous sommes si fiers, mais d'un rêve européen qui semble toujours si lointain.

La déception est mise de côté, le temps d'un été réparateur, celui qui nous anime tous les quatre ans lors de la Coupe du monde. L'équipe de France, sous l'égide de l'ancien Marseillais Didier Deschamps et emmenée par le Parisien Kylian Mbappé, s'apprête à rendre fier tout un pays, à rendre noire de monde sa capitale où se repose, apaisé, le plus beau parc de France.

Manchester, acte IV : la débâcle de trop

La France est championne du monde. 20 ans après Zidane, Jacquet et Petit, Mbappé, Griezmann et Kanté ramènent la coupe à la

maison. Même si ce n'est pas le PSG, nous sommes aux anges. La parenthèse est géniale et la communion admirable. L'attaquant parisien est la nouvelle coqueluche nationale, l'homme à qui rien ne semble pouvoir arriver, celui qui, à son tour, doit permettre à Paris de rêver plus grand.
Avec Gianluigi Buffon en gage d'expérience et de caractère, et Thomas Tuchel comme nouveau technicien à la patte créative, Paris est la ville où tout est permis, capitale cosmopolite toujours crainte, malgré les déboires passés. Neymar enfin guéri, nos attentes demeurent plus que jamais élevées. Liverpool est une bonne occasion de constater la ferveur que continue de susciter le PSG, contrairement à l'idée reçue par certains bien-pensants pour qui la présence de stars et de millions ne peut coïncider avec public populaire.
À Anfield, le 18 septembre 2018, supporters de Liverpool et du PSG ne font qu'un. Le cortège des supporters parisiens en direction d'Anfield Road est un moment de partage unique, des chants qui résonnent sous les regards admirateurs des supporters anglais, des écharpes échangées entre fans des deux camps, des applaudissements. Bienvenue à Liverpool. La passion que génère le PSG impressionne, même au-delà des frontières tricolores.
Mais notre Achille est définitivement trop fragile. Alors que la France est frappée par l'une des plus grandes crises sociales de son histoire, Paris attaquée de toute part, ses kiosques brûlés et ses vitrines brisées, le pied droit de Neymar rechute, à quelques semaines seulement du huitième de finale de Ligue des Champions contre Manchester United. Le nord de l'Angleterre n'en reste pas moins notre terrain de jeu. Le temps d'une soirée, les supporters rouge et bleu, emmenés par le Collectif Ultras Paris, ont la mainmise sur Manchester, tels les Peaky Blinders à Birmingham. Les parcages parisiens n'ont que peu d'équivalents sur la scène européenne. En l'espace de six mois, Anfield et Old Trafford n'ont

jamais autant ressemblé au Parc des Princes. Paris s'impose 2-0 et l'histoire a tout pour être belle, enfin.

L'attente est moins lourde et douloureuse après une victoire nette et sans bavure. Paris peut accueillir sereinement la cérémonie des César du cinéma, où sont mis en lumière les plus grands réalisateurs et les scénarios les plus intenses. Tout en ignorant que le plus terrible d'entre eux allait s'écrire bientôt, deux ans tout juste après l'humiliation du siècle en Catalogne.

« *Ce club-là n'est pas comme les autres. Rien ne se passe jamais comme prévu. Pour supporter le PSG, il faut être costaud mentalement.* » Nous revoilà au cœur de l'enfer, là où rien n'est jamais acquis, là où boire le calice jusqu'à la lie devient banalité. Devant sa télévision, comme des millions de personnes, Xavier Coulant vit le match, son déroulé dramatique et grotesque à la fois, comme un cauchemar sans cesse recommencé. Le Parc est un sentiment, son atmosphère ne trahit jamais. Les minutes passent et même à Paris, la tragédie prend forme. Nous sommes le 6 mars 2019.

Voici le Parc des Princes pris par quelque chose qui le dépasse. Une peur qui se ressent jusque dans les travées. « *La déception est à la hauteur des espérances. Tu perds contre toi-même. Dès l'erreur de Thilo Kehrer, je sais que ça va être une soirée cauchemardesque. Même nous, on est gagnés par tout ça* », reconnaît Yacine Hamened. Contre une formation qui n'est elle-même pas totalement convaincue que l'exploit est possible, nos joueurs reculent, encaissent et se laissent habiter par le trauma qui rôde dans leur tête. Le ver est dans le fruit. « *Ils ont eu peur de gagner* », nous confie Alain Cayzac, ancien président du club.

Alors que le PSG avait impressionné le monde du football quelques semaines auparavant lors du match aller, et que les médias replaçaient le club de la capitale parmi les favoris à la victoire finale, patatras ! Tout retombe à l'eau. « *Quand t'es maudit, t'es maudit. Ça s'est enclenché comme une tragédie. La boulette de Kehrer au bout de*

deux minutes, la faute de main de Buffon, et puis on recule. Barcelone 2017 qui ressurgit. Les mecs n'ont pensé qu'à ça. Et puis encore un pénalty en fin de rencontre, si c'est contre un autre club il siffle pas, mais c'est nous», se désole Éric Bidault. Le PSG fait les frais du VAR dans les arrêts de jeu. «*C'est écrit*», chantait Francis Cabrel. «*Quand l'arbitre vient consulter le VAR, tu es juste à côté. Qu'est-ce que tu te dis à ce moment précis ?*» demande-t-on à Michel Montana. «*J'ai eu très peur. C'était horrible, dans ce cas-là tu n'es plus speaker, tu redeviens supporter. Tu te dis "Non, pas de nouveau". C'est juste l'horreur, il y a une espèce de fatalité. J'ai vu une forme de peur collective s'emparer de tout le monde, tout le monde était figé et regardait une personne qui regardait un petit écran.*»
Le Parc ne bronche plus. Il ne siffle pas, comme abattu avant la décision. Le cauchemar se dessine. Paris récidive et la peine est salée. «*Le public avait accepté qu'il y ait pénalty, le capitaine avait accepté qu'il ait pénalty, le banc de touche avait accepté qu'il y ait pénalty. Les seuls qui mettaient la pression, ce sont les mecs de Manchester United. À la place de l'arbitre, tu siffles ou tu siffles pas ? Dans le doute, tu siffles. On avait abdiqué*», se remémore Julien Cazarre, présent au Parc. 1-3.

C'est la débâcle de trop. L'humiliation qui ne passe pas. L'élimination traumatisante. Le départ du Parc est insupportable. Un silence pesant nous escorte. Dans le sport, dans le foot et dans l'amour d'un club, l'abattement est à la mesure des joies procurées. Quand on te vend du rêve, qu'on te fait monter si haut dans les têtes, la chute ne peut qu'être terrible. «*Manchester, c'est sûrement mon pire souvenir du PSG. Je ne pensais pas que l'on pouvait faire pire, et on l'a fait*», nous confie Daniel Riolo.
Le divorce est tout proche. Les supporters sont en colère et les ultras boycottent les premières minutes du *clasico* contre Marseille en signe de mécontentement. L'analogie avec la *remontada* de 2017

est inévitable. Les avis divergent sur celle des deux humiliations qui est la pire. Les deux sont en réalité cataclysmiques pour le club et ses supporters. Le calvaire se poursuit jusqu'à la finale de Coupe de France contre Rennes. Le PSG se fait remonter deux buts et s'incline aux tirs au but. Nous ne le pardonnons pas.

« *Voici le printemps ! Mai fleuri, juin brûlant, tous les beaux mois amis !* », écrivait Victor Hugo. La Ligue des Champions a cessé de nous faire déprimer. L'édition 2019 est fabuleuse. Manchester United est balayé en quart de finale et le Barça subit à son tour une *remontada*, dans cette magnifique terre qu'est Anfield. En qualifiant respectivement Tottenham et Arsenal en finale de Coupe d'Europe, Lucas Moura et Unai Emery ont rappelé que tout est toujours plus facile loin du PSG.

L'été approche et le retour de Leonardo au poste de directeur sportif résonne comme un nouvel espoir. Celui qui doit placer le PSG au cœur des préoccupations et ériger le respect de ses valeurs comme priorité. Le mois de juillet est radieux sur l'ensemble de l'Hexagone. La France vit au rythme de l'épopée de Julian Alaphilippe et Thibaut Pinot sur le Tour. Ce dernier n'a jamais paru aussi fort et proche de remporter la Grande Boucle avant d'abandonner prématurément, blessé, à deux jours de l'arrivée. Un destin de supporter du PSG, ce qu'il est. Ses larmes sont celles d'un pays. Ce sont les nôtres. L'amoureux du club de la capitale remonte seul dans sa voiture. Il sait qu'il devra faire plus que les autres pour accéder au Graal.

5. PARIS MARTYRISÉ, PARIS OUTRAGÉ... SEULS CONTRE TOUS ?

Paris face au football français : l'envie d'être aimés, l'impression d'être seuls

Émile Zola, Guy de Maupassant, Victor Hugo, Édith Piaf, Pablo Picasso, Auguste Renoir et tant d'autres. Tous ont fait de Paris leur terrain de jeu, leur source d'inspiration, le socle de leur réussite. Paris est unique par ce qu'elle est, ce qu'elle dégage. «*Il n'y a jamais de fin à Paris [...] Paris valait toujours la peine, et vous receviez toujours quelque chose en retour de ce que vous lui donniez...*» écrivait déjà Ernest Hemingway.

Le PSG est Paris, le grand Paris. Son centre, sa richesse, sa banlieue, sa diversité, ses ancêtres et aussi sa modernité. Si Paris est la capitale des ambitieux, comme le dit l'écrivain Aurélien Bellanger, elle devient avec le PSG la capitale de toutes les ambitions. La Ville Lumière brille par sa splendeur. Le pouvoir qu'elle exerce à travers le centre névralgique qu'elle représente est une réalité qui agace dans une France empreinte d'une véritable culture provinciale. Certains parlent d'un jacobinisme persistant.

Dans ce contexte, pas facile d'être le PSG. Son rachat en 2011 par QSI n'a fait qu'accentuer cet antagonisme, plutôt que de rassembler derrière nous, comme le mériterait celui qui est désormais le plus grand club français. «*Le football est le reflet de notre société*», affirmait Aimé Jacquet, ancien sélectionneur de l'équipe de France. Alors notre club voit en ce complexe plus sociologique que sportif un

prétexte pour l'aimer encore moins, le détester encore plus, pour quiconque vit loin de Paris.
Pourtant, rien ne laissait présager une telle antinomie entre la France et son club phare. Bien que le PSG ait toujours été le club de la capitale, et donc pas forcément le plus apprécié (c'est un euphémisme), la longue et souvent vaine recherche d'une grande équipe au sein du football français, capable de rivaliser avec le Real Madrid, le FC Barcelone ou encore le Bayern Munich, aurait dû conduire à un engouement bien plus largement partagé qu'il ne l'a été en réalité.
Nous voici donc seuls, mais pour autant plus nombreux. Le changement de propriétaire et la croissance exponentielle qu'il a engendrée ont fait du PSG l'un des clubs les plus populaires de France. Les maillots du PSG se multiplient dans la rue, jusque dans la cité phocéenne, et le club de la capitale est, de loin, le plus suivi sur les réseaux sociaux. Au cœur de l'attention, le Paris Saint-Germain ne fait pas que combler le Parc des Princes, il remplit également les stades de province. PSG rime avec attrait et la ferveur populaire derrière le club est à son maximum, même à travers le monde.
Plus nombreux sont aussi les *haters* du PSG. Alors que la situation sportive délicate du club à la fin des années 2000 atténuait quelque peu l'anti-parisianisme présent dans l'Hexagone (bien que beaucoup rêvaient de le voir descendre en Ligue 2) pour laisser place à l'indifférence, voire la pitié, son retour au premier plan et son hégémonie sur la scène nationale depuis 2011 nous rappellent au quotidien que le PSG est Paris, et qu'il n'est pas aimé partout. «*La neige ne tombe pas à Paris: elle fond*», racontait l'écrivain Alain Schifres.
«*Tout est toujours à charge contre le PSG. C'est vrai que sportivement, ils le cherchent un peu avec les éliminations grotesques en Ligue des Champions, mais à un moment donné, ça va! N'oublions jamais que le PSG, c'est la capitale et un club qui appartient à des milliardaires qui ont en plus le mauvais goût d'être des Arabes. Tu ne peux pas*

lutter contre ce triple racisme», assène le consultant Pierre Ménès. Bien résumé, osera-t-on. Les banderoles anti-Qatar et anti-PSG sont l'apanage des stades de Ligue 1 qui nous accueillent, alors que nous espérions naïvement voir nos stars désirées, attendues, mais en aucun cas prises à partie. Le 1er septembre 2018, à Nîmes, Neymar avait ainsi fait l'objet de sifflets récurrents, d'une banderole indiquant «*Neymar pleureuse*», avant que le Brésilien ne fasse le bonheur d'un jeune supporter des Crocos à l'issue de la rencontre. Neymar en Ligue 1, c'est pas mal quand même, non ? Les exemples de la sorte abondent, encore une fois sans véritable explication. «*Cela a toujours eu lieu. C'est encore plus le cas aujourd'hui avec le budget que l'on a. Tout le monde a la haine de Paris, du "QSG" comme ils disent. Mais si les Qataris vont à Marseille ou ailleurs, tu penses vraiment qu'ils vont dire "Non, on n'en veut pas" ? C'est juste de la jalousie et c'est compréhensible quelque part*», constate Yacine Hamened. Paris est accusé d'acheter son histoire, de fabriquer son palmarès. Alors, quand arrivent les soirs de Coupe d'Europe, ceux qui ont bercé notre jeunesse, après avoir vu la France toute en vert derrière les partenaires de Dominique Rocheteau dans les années 70, le football français rêvant de Lyon et d'un coup franc de Juninho dans les années 2000, nous voici à notre tour rêveurs, prêts à représenter la France, l'incarner en Ligue des Champions. C'est notre tour, notre chance. Zlatan Ibrahimovic, Thiago Silva, Edinson Cavani, Neymar, Kylian Mbappé, le tout en France, en Ligue 1, à Paris. Des paillettes, des moyens, tout est enfin réuni pour que la France espère une Ligue des Champions. Il n'en est rien.

Nous sommes un mardi de septembre, le PSG fait sa rentrée en Coupe d'Europe. La musique composée par le mythique Tony Britten s'apprête à résonner à 20h45 précises. La journée n'est qu'attente, impatience pour nous tous. Paris n'attend que le PSG, la France entière, elle, ne le supportera pas. Les sondages, sur les réseaux sociaux, sont pour une fois révélateurs. Les discussions « foot » tout au long de la journée le confirment. Le pays, la France « qui trime » comme le dit Thierry Laurey, ne sera pas derrière Paris ce mardi soir. Ni durant toute la campagne européenne, d'ailleurs. Le sixième but de Sergi Roberto en 2017, au Camp Nou, a fait des heureux, et pas qu'en Espagne. Le PSG est coupable de ce qu'il est : le club de Paris, le club le plus riche, le club brillant et donc arrogant. Un cas unique en France, dont nous devons nous accommoder.

Il n'y a pas que le grand public que le PSG n'a pas su dompter. Une plaie plus historique et lointaine ne s'est malheureusement pas résorbée avec l'arrivée de QSI à la tête du club : les rapports tumultueux entre Paris et les instances du football français. Alors que le PSG est aujourd'hui une aubaine comme jamais la Ligue 1 n'en a connu par le passé, afin d'augmenter les revenus des clubs, promouvoir la Ligue 1 à l'étranger et proposer un surplus de spectacle, l'actuel président de la Fédération Française de Football, Noël Le Graët, multiplie les attaques verbales à l'encontre du club parisien. Comme si lui, le Breton, se faisait le porte-parole de l'anti-parisianisme dans une France du football qui ne vit qu'au rythme du PSG ou presque ces dernières années.
Il en va de même pour le corps arbitral qui, s'il est certes un problème structurel et inhérent au football français, n'a jamais été notre meilleur ami depuis de longues années. Si l'hérésie des tirages de maillot dont faisait l'objet Mario Yepes à la fin des années 2000 n'est plus d'actualité, la volonté de faire du PSG un exemple n'est plus à démontrer, pour notre plus grande stupeur et à notre grand agacement. Ainsi, les expulsions grotesques de Thiago Silva[111] et Edinson Cavani[112] en 2013 et 2014 nous interrogent sur la capacité réelle de notre championnat à accueillir de grandes

111 Expulsé par M. Castro lors de PSG-Valenciennes en mai 2013 pour une "bousculade".
112 Expulsé par M. Rainville lors de Lens-PSG en octobre 2014 pour un motif similaire.

stars. Tous ces éléments nous amènent à penser que la Ligue 1 n'était finalement peut-être pas prête à ce bouleversement. Nous voici désarmés face à un football français qui nous attendait, sans pour autant nous désirer. Dans ce contexte, il nous faut rêver plus grand, de Ligue des Champions, d'Europe, ce vieux continent pas tout à fait enclin à accueillir le nouveau monde qu'incarne le PSG.

Indésirables en Europe

Paris et l'Europe. L'Europe et Paris. Inutile de refaire l'histoire. Des débuts contrastés, la découverte de l'Europe, PSG-Real 1993, la Coupe des Coupes en 1996, les joies, les peines, La Corogne 2001, Barcelone 2017. Une relation passionnelle, un rendez-vous manqué quelque part, puis un divorce consommé lorsque Paris s'est mis à grandir, un peu trop vite pour l'Europe.
«*Le PSG est jalousé car il a tout. Il manque seulement la Ligue des Champions à ce club. C'est l'un des clubs les plus riches au monde. C'est Paris… La capitale, l'une des plus belles villes du monde. Vous ne pouvez pas lutter contre ça. Les gens du Bayern Munich, du Barça, du Real, ils peuvent dire ce qu'ils veulent, mais ils ont peur du PSG*», considère Antoine Kombouaré. La donne a changé depuis 2011. Paris ne vise plus seulement la France, mais plus haut. L'Europe. La Coupe aux grandes oreilles. Celle qui n'était encore qu'une utopie pour nous durant le mandat du Kanak sur le banc parisien, mais qui est aujourd'hui le fil conducteur sur lequel se fondent nos principales espérances. La Ville Lumière est remplie d'espoir. Les supporters rêvent d'Europe. Les investissements réalisés par le club et son ambition débordante le justifient. Paris retrouve sa place sur la carte de l'Europe, une carte de laquelle il avait disparu depuis la dernière décennie. Paris, au cœur du projet européen au siècle dernier, est désormais le centre de l'attention d'une Europe

davantage préoccupée qu'enjouée à l'idée de voir le club de la capitale prendre une toute autre dimension.

L'hostilité constatée sur la scène française est également une réalité dans une Europe du football où les quatre dominants (le FC Barcelone, le Real Madrid, la Juventus Turin et le Bayern Munich) semblent peu enclins à voir un nouveau prétendant venir contrarier leur hégémonie continentale. Le nouveau mastodonte inspire la crainte, la réticence. Il vient contrarier l'ordre établi. Le *Big Four* n'entend pas devenir un Club des cinq. Et pour cela, il semble prêt à tout, même à remettre en question la légitimité d'un système qui a permis à ces clubs, par le passé, de devenir grands. Tous ont construit leur force et leur palmarès en réalisant des investissements massifs sur le marché des transferts : des Galactiques du Real Madrid durant les années 2000 aux arrivées onéreuses de Neymar et Suarez au FC Barcelone, les exemples affluent. Exactement ce qu'ils souhaitent interdire (ou du moins limiter) au PSG. Notre frustration est considérable. Tout est et sera toujours plus difficile pour le PSG. La donne est connue de chacun, et la transformation du club sonne comme un rappel. Le fair-play financier est donc instauré par l'UEFA au moment même où Paris part à la conquête de l'Europe. Le principe est relativement simple, un club ne peut dépenser plus qu'il ne gagne. Les « clubs émergents » sont donc, *de facto*, pénalisés dans leur développement. Chahutés en France, nous voici désormais indésirables en Europe. L'oligarchie ne souhaite pas d'un nouvel invité, même s'il s'appelle Paris. Mais puisque notre club est autre, qu'il est le club de l'entrain et que rien ne se passe jamais comme prévu, il parvient tout de même à dépenser plus de 400 millions d'euros à l'été 2017 en recrutant Neymar et Kylian Mbappé, comme pour signifier que rien ne peut empêcher Paris de briller, que rien ne pourra jamais affaiblir notre soif de vaincre.

L'indésirable est fiché comme le nouveau riche qu'il faut surveiller, à qui il ne faut pas faire de cadeau. Et tant pis si nous avons été sevrés d'Europe pendant des années, qu'importe que notre club ait tant souffert il y a quelques saisons seulement. Le président du Bayern Munich, Karl-Heinz Rummenigge, multiplie les propos désobligeants envers le PSG, tout comme le patron de la ligue espagnole de football, Javier Tebas, qui entretient une détestation viscérale et un acharnement de tous les jours contre le club de la capitale. Dans ce contexte, nous paraissons seuls avec nos ambitions, nos rêves, nos désirs.

Des désirs refoulés en permanence, au début du printemps, par des scénarios aussi rocambolesques que tragiques, auxquels bien souvent participe un arbitrage litigieux, voire défaillant. De manière générale, il est de bon ton, chez tout supporter, de se plaindre et se cacher derrière l'arbitrage. De manière générale aussi, les arbitres européens sont bien meilleurs que ceux du championnat de France. Mais l'idée selon laquelle le PSG dérange en Europe semble avoir imprégné dans l'inconscient collectif du corps arbitral, qui fait preuve d'une intransigeance redoutable lorsqu'il s'agit d'arbitrer Paris. «*En Europe, le PSG n'a jamais particulièrement été aidé par l'arbitrage. Mais depuis quatre, cinq ans, c'est tellement flagrant que ça en devient ridicule. C'est le PSG, ce sont les Qataris, les nouveaux riches, le club qui vole Neymar au Barça… Effectivement, on ne lui fera aucun cadeau*», déplore Yacine Hamened. Le scandale de la *remontada* (en 2017), le pénalty dans les arrêts de jeu contre Manchester United suite à la consultation du VAR (en 2019), les erreurs à répétition à Santiago-Bernabeu contre le Real (en 2018), ou encore la défaillance absolue de Björn Kuipers à Stamford Bridge (en 2015) qui aurait pu coûter cher au PSG, on ne compte plus les décisions arbitrales en défaveur du PSG en Ligue des Champions. Les pénaltys concédés s'accumulent, sans pour autant diminuer la responsabilité indéniable de l'attitude et des prestations parisiennes dans ces scénarios. Nous sommes spectateurs du sort qui semble inlassablement se dessiner de la même manière, le sort d'un indésirable, d'un indésiré. Trop grand pour la Ligue 1, trop dérangeant pour l'Europe, Paris est seul, seul contre tous.

Paris face aux médias : le club s'impose comme un « sujet » qui nous énerve jusqu'au rejet

L'Europe, la France... et les médias. Depuis son rachat en 2011 et l'arrivée de joueurs majeurs au club, le PSG est le centre de toutes les attentions, au sein d'un football français en perte de vitesse. La nouvelle locomotive suscite toutes les interrogations, tous les fantasmes.

Paris est un univers médiatique. Un monde à lui tout seul. Les principaux médias y sont installés, dans un environnement propice à la traque frénétique du moindre scoop, de la moindre information. Tout ou presque se passe à Paris. Le PSG n'échappe pas à la règle. Quand le club de l'entrain devient enfin capital, les médias sportifs s'embrasent, vivent au rythme de Beckham, Neymar et Ibrahimovic. Plus populaire et impopulaire que jamais, le PSG fait parler, il faut donc le traiter en abondance. Les ventes et audiences grimpent à mesure que le PSG devient grand. Paris est capable de tout, du meilleur comme du pire, les informations et spéculations vont bon train, allant jusqu'à créer une bulle médiatique qui bien souvent nous dépasse. Sur les réseaux sociaux, chacun commente le PSG. Les émissions radio et télé consacrent une bonne partie de leur sommaire à l'actualité de notre club. Pour autant, le PSG et ses supporters entretiennent une relation délicate avec de nombreux médias.

Alors que tout pourrait être rose, porté par l'élan de voir enfin un grand club, une grande équipe et des stars en Ligue 1, beaucoup de médias suivent le chemin précédemment évoqué, celui d'une incompréhension entre la France, ses médias et son club phare. Le club de Paris. En 2012, *L'Obs* titrait même l'un de ses articles « *Peut-on encore supporter le PSG ?* » Osé. « *Les médias reflètent ce que disent les gens, les gens reflètent ce que disent les médias. Ne va-t-on jamais se lasser de cet abrutissant jeu de miroirs ?* » demandait Amin Maalouf. Avec le PSG, visiblement non.

En Angleterre, la multitude de grands clubs rend impossible la comparaison avec la France. En Espagne, les quotidiens *AS* et *Marca* marchent pour le Real, tandis que la presse catalane emmenée par *Mundo Deportivo* et *Sport* vit au rythme du FC Barcelone. En France, *L'Équipe* est le seul quotidien sportif national. Au niveau régional, si *La Provence* se place indéniablement derrière le club de sa ville, l'OM, *Le Parisien*, lui, ne s'affiche pas pro-PSG. Une absence, un vide que l'on ne parvient pas à combler et une étonnante configuration au vu du panorama footballistique en France.

Quand la France vit au rythme des épopées monégasque (en 2017) et marseillaise (en 2018), les médias font preuve d'enthousiasme, de soutien même[113]. Le PSG, lui, n'a jamais suscité le même engouement. « *La presse sportive et les médias sont les premiers à dire que la Ligue 1 n'attire personne et qu'elle est inférieure aux autres championnats. Là, il y a des gros investisseurs qui font venir des grands joueurs, et malgré tout il y a sans cesse des critiques sur ces stars, leur jeu, leur vie. Il y a une limite à ne pas franchir, celle de ne pas écœurer les grands joueurs. Sinon, ils vont vouloir partir. C'est ce que voulait dire Zlatan à travers sa phrase à Bordeaux "La France ne mérite pas le PSG". Les médias poussent le bouchon trop loin. La vie de Neymar est commentée 24 heures sur 24, ce n'est pas normal. Les unes de veille de Coupe d'Europe, quand c'est Paris, ce ne sont pas les mêmes que quand*

113 *"Tous Monégasques"* avait titré *L'Équipe* en 2017 avant le huitième de finale contre Manchester City. *"Allez l'OM"* avait écrit le compte Twitter du journal avant la finale d'Europa League en 2018.

c'est Marseille ou Lyon. À un moment donné, les grands joueurs et les investisseurs ne viendront plus », prévient Éric Krissi.
Le sujet est sensible. Il ne faut pas faire de généralité. Le traitement de notre club diffère selon les médias, les journalistes et les consultants. Ces derniers, bien qu'ils n'aient pas vocation à devenir supporters compte tenu de leur fonction, ont toutefois souvent été d'anciens joueurs professionnels, de Bordeaux, de Marseille, de Paris… L'opinion qu'ils ont du PSG reflète donc naturellement celle du grand public. Quelque part, à travers eux, s'entretient une forme d'anti-parisianisme dans la sphère médiatique. « *J'ai fréquenté pas mal de rédactions. Tu y croises beaucoup de gens qui aiment le PSG, et ceux-là ont souvent un regard assez critique sur le club et arrivent à rester objectifs. Mais tu en as énormément qui détestent le PSG, et eux ont une haine assez viscérale de Paris, du PSG, et sont un peu moins objectifs. J'ai vécu la* remontada *dans une rédaction, je peux t'assurer qu'il y avait beaucoup de sourires. Je n'ai jamais vu ça pour l'OM, par exemple. Le traitement médiatique de l'OM est plus unanime que celui du PSG, parce que les gens se forcent, ils se disent que ça représente plus de gens en France, et ça donne une sorte d'hypocrisie généralisée. Pour le PSG, c'est : "De toute façon, si on leur tape dessus, on sera dans le sens du vent". Il y a plus de gens en France qui sont anti-PSG que l'inverse. C'est incontestable. Après, pour les autres clubs, il y a des médias affiliés. Par exemple,* La Provence *avec l'OM. Ils soutiennent à fond le club. À Paris, ça n'existe pas. Même* Le Parisien *n'est pas pro-PSG. Le traitement médiatique du PSG est trop excessif et trop passionnel. Il est un peu à la hauteur de ce que disait Charles Biétry. Paris, c'est beaucoup de gens qui veulent le voir gagner, et une majorité qui souhaitent le voir perdre parce que c'est Paris, c'est la capitale* », conclut le journaliste Daniel Riolo.

CONCLUSION

PSG, un rendez-vous manqué, un éternel espoir

Voilà, c'est fini
On va pas s'dire au revoir comme sur le quai d'une gare
J'te dis seulement bonjour et fais gaffe à l'amour

Il est temps de tourner la page et d'en ouvrir une autre. Le PSG s'apprête à fêter ses 50 ans et nous grandissons avec lui. Sans connaître notre destinée, et peu importe d'ailleurs : la fidélité ne vacille jamais.

Le PSG va fêter ses 50 ans et pour autant, le rendez-vous ne semble jamais avoir eu lieu. À l'image d'Alain Cayzac, le supporter du PSG ne prend jamais la mesure réelle de son club. Son absence est un immense vide et sa présence un poids incommensurable. Celui de la passion. « *Pour moi, le PSG est une passion éternelle. Elle va au-delà des contingences, des défaites, des victoires. Il est une personne, un ami* », nous dit celui qui se fait encore appeler « président » dans la rue, sans trop comprendre pourquoi. Une personne qu'il n'a jamais su parfaitement dompter, mais pour qui il éprouve un amour indubitable.

Le PSG procure des émotions irraisonnées. Une histoire comme la sienne n'a pas d'équivalent. « *C'est sans arrêt des hauts, des bas, des espoirs, des humiliations, des grands moments, des moments plus durs. On a toujours l'impression que le PSG n'est jamais à la hauteur de ce qu'il doit être. C'est une sorte de rendez-vous manqué permanent. L'histoire de ce club est un roman. Entre les personnages, les côtés fantastiques et dramatiques, un club où il s'est passé autant de choses… c'est digne d'un roman* », estime l'éditorialiste Daniel Riolo.

Tout a commencé il y a si longtemps, et pourtant c'était hier. Just Fontaine est encore là, il pourrait nous en parler. Pas Francis Borelli, parti en 2007, en laissant son empreinte au Parc des Princes. Elle ne s'effacera jamais.
« *Un jour tu vas devoir partir, quitter le Parc toi aussi, tu le sais ?* » lance-t-on à Michel Montana, l'homme derrière le micro du Parc depuis 1998.
« *Ça va être très dur. J'y pense de temps en temps. On s'en rapproche, c'est inévitable. Ça va être terrible, un grand vide. Je ne sais pas comment je vais combler cela. D'où mon émotion.* »
Soudain ressurgissent les propos d'Antoine Kombouaré, à la voix émue. « *Le PSG pour moi, c'est une histoire d'amour, de passion. Le PSG, c'est une reconnaissance éternelle.* » Les peines succèdent aux joies, et inversement. Humiliations et exploits s'entrelacent avec toujours le même effet sur nous, des émotions qui surpassent la raison. « *Le PSG m'a apporté quelques-uns des plus beaux moments de ma vie. Il y a peu de choses qui me procurent cela, rien n'est égal à l'impression de faire partie de quelque chose qui te dépasse* », nous confie Mathieu Zagrodzki, longtemps abonné en tribune Boulogne.
Dix mois sur douze, le PSG est un chemin semé d'embûches. Les fins de saison ne sont jamais insipides. Le plus souvent, elles sont irrespirables. La pression accumulée est telle qu'il faut décompresser. On n'oublie jamais vraiment, mais on passe à autre chose, le temps de se remettre la tête à l'endroit, le temps d'y croire de nouveau. On lâche prise tout en y pensant. L'été, le PSG sommeille seulement, avant de s'agiter de nouveau.
Nous sommes en août. La Grande Boucle vient de s'achever et marque la transition entre juilletistes et aoûtiens. Le championnat reprend et le Parc des Princes rouvre ses portes. Enfin. La voix graveleuse de Michel Montana nous a manqué, tout comme les Grim et les Leffe du traditionnel avant-match.

Le mois d'août est assurément le plus beau. L'excitation des nouvelles recrues, le plaisir de revoir les copains. Même pour se garer, c'est plus agréable, c'est dire !

Les vacanciers regardent les premiers matchs dans les bars où finissent toujours par se retrouver des supporters du PSG, un peu partout dans l'Hexagone. Le PSG est une famille. Une gigantesque famille. *« Il y a cinq ans, j'étais à New York pour le boulot. J'entends "Giscard !", je me dis "c'est pas possible", je ne me retourne pas. J'entends à nouveau "Giscard !" C'était un ancien du Kop avec sa femme. C'est incroyable.* » Éric Bidault est un visage familier, comme des dizaines de milliers d'autres visages. Didier Domi a raison. PSG rime avec famille.

Les nouveaux maillots illuminent le boulevard Murat. À Nice, à Bordeaux ou en Bretagne, les chanceux profitent encore du soleil, de la plage, avec en guise d'interrogation l'identité de celui qui sera le premier buteur rouge et bleu de la saison. C'est important ça.

Ne quittons pas plus longtemps les abords du Parc. Les boutiques sont prises d'assaut. Quand on dit boutique, c'est boutique du PSG. Le reste on s'en fiche. Écharpes, maillots, casquettes… les soldes viennent de s'achever, mais l'heure est aux dernières folies estivales. Les esprits sont neufs et les têtes remises à l'endroit. Il faut au moins deux mois pour cela. Chaque son, chaque musique, chaque refrain résonne comme celui de l'espérance. Et si dans dix mois, nous faisions la fête sur ces musiques ? Tout est possible, en août.

Il est temps de souffler,
Il est temps d'y croire,
Il est temps de sourire,
Il est temps d'aimer,
Il est temps d'être heureux,
enfin… [114]

---

114 *La pensée du 130e jour*, Catherine Rambert.

Enfin, oui. D'ailleurs, nous n'avons peut-être pas suffisamment précisé la chance inouïe que nous avons de côtoyer cet endroit, si riche en symboles et en histoire. Un endroit si convoité aujourd'hui, mais loin d'être accessible pour tous les amoureux du PSG.

Et si nous étions les plus chanceux ? La France, Paris, le PSG, le rouge, le bleu, le Parc des Princes, son passé, son présent. « *Les Italiens disent souvent "prisonniers d'une foi", le supporterisme est une forme d'aliénation* », nous dit Olivier Laval, ancien des Boulogne Boys. Quitte à être aliéné, autant l'être au PSG, non ? Alors que les pétards (pas ceux qui font du bruit…) sont fumés à coup de tirage de lattes dans les travées du Parc, il est dur d'anticiper les effets que procure le PSG, hormis l'addiction. Jeunes et moins jeunes, aucun ou presque ne lâche sa carte d'abonnement et la place qui lui est associée, d'une saison à l'autre. Comme on ne lâche pas son alliance de l'annulaire gauche, ou son premier diplôme, pas question de lâcher sa carte d'abonné.

Il y a aussi le Camp des Loges. Cet endroit si symbolique, en plein cœur de la forêt de Saint-Germain-en-Laye, où ont généralement lieu les premiers autographes et les premières photos. S'y rendre, un matin d'été, sous le soleil francilien, à l'heure où le château et la forêt qui le borde ne font qu'un, pour rencontrer ses idoles, n'a pas de prix. On s'y sent si bien, si apaisé, si songeur. Le lieu est romantique, comme le club qu'il abrite. À l'image de son histoire, faite de grandeur et de noblesse, la ville dégage quelque chose de romanesque, les princes d'un Parc situé à quelques dizaines de kilomètres y ont remplacé les rois d'antan.

Tout semble plus simple. Quel que soit le plaisir ou la déception de l'année précédente, l'été efface tout. Il purifie. Les inquiétudes sont derrière nous. Place au rêve, à l'espoir. Place au Paris Saint-Germain.

REMERCIEMENTS

À nos pères qui nous ont fait découvrir le Parc des Princes, à ceux qui nous ont fait aimer le PSG. À ce stade si unique, si beau, son odeur, ses rituels resteront à jamais. À ceux qui le font vibrer, les joueurs comme les supporters.

À nos familles et à nos proches, merci de supporter notre passion.

À Éric « Giscard » Bidault, Yacine Hamened, Xavier Coulant, Éric Krissi, Émilien Legras, Olivier Laval, Milan Crolot, Vincent Duchaussoy, Jean-François Chenut, Christophe Chenut, Mathieu Zagrodzki, Nassima Driouach, Pascal Jeanne, Aurélie Gascon, Gilbert, Hugo Cappaelere, Jean-Guy Lebreton, Quentin Migliarini, Ruben Slagter pour leur passion, leur amour, leur sympathie.

Un grand merci à Antoine Kombouaré, Didier Domi, Dominique Rocheteau, Luis Fernandez, Guy Lacombe, Jean-Marc Pilorget, Alain Cayzac, Robin Leproux, Michel Montana, Daniel Riolo, Pierre Ménès, Chérif Ghemmour, Thibaud Leplat et Julien Cazarre pour leurs témoignages, leur expertise, leur engagement et leurs souvenirs parisiens. Merci également à Jérôme Touboul et au PSG pour leur accessibilité, ainsi qu'aux équipes de Paris United pour leur travail au quotidien.

Merci à tous les passionnés qui nourrissent la galaxie de sites qui traitent avec qualité du passé et du présent du PSG.

Remerciements sincères à Hugo Sport pour leur confiance.

Enfin, une pensée pour toi Alexis, amoureux du PSG et de ton virage Auteuil. Le Parc ne t'oublie pas, tu ne seras jamais seul.

Ici, c'est Paris.

Clément Pernia, Jean-Baptiste Guégan, Mustapha Boullime